U0910012

交通运输对区域经济空间关联的影响研究

孙勋长 梁君 刘雁凌◎著

中国商业出版社

图书在版编目(CIP)数据

交通运输对区域经济空间关联的影响研究 / 孙勋长，梁君，刘雁凌著. -- 北京 : 中国商业出版社，2024. 7.

ISBN 978-7-5208-2998-4

Ⅰ. F512.3;F127

中国国家版本馆CIP数据核字第2024HX9019号

责任编辑:杨善红

中国商业出版社出版发行

（www.zgsycb.com 100053 北京广安门内报国寺1号）

总编室:010-63180647 编辑室:010-83125014

发行部:010-83120835/8286

新华书店经销

北京虎彩文化传播有限公司印刷

*

710毫米×1000毫米 16开 14.25印张 208千字

2024年7月第1版 2024年7月第1次印刷

定价:68.00元

* * * *

（如有印装质量问题可更换）

前　言

21 世纪以来，中国先后实施了西部大开发、东北老工业基地振兴、中部崛起等区域发展战略，目前已探索出一条具有中国特色的多元、渐进式的区域协调发展道路。在区域协调发展战略指导与引领下，每个地区通过制定符合自身区位特点和经济发展状况的经济政策，使得区域间经济差距呈现逐渐缩小态势，区域协调发展成效显著。党的十九大将区域协调发展战略列为决胜全面建成小康社会、开启全面建设社会主义现代化国家新征程的七大战略之一。习近平总书记在两个阶段目标中，提出“到 2035 年，城乡区域发展差距显著缩小，基本公共服务均等化基本实现；到 2050 年，全体人民共同富裕基本实现”。党的二十大对区域协调发展做出更加长远、更加系统的战略部署和总体安排，以区域协调发展推进中国式现代化。这充分体现了我国政府高度重视区域协调高效发展，也说明区域协调发展战略将成为中国的一项长期发展战略。

在区域协调发展战略背景下，区域经济发展也面临新状况、新问题，如交通基础设施规划不优、区域创新能力差异较大、区域经济差距依然明显等。目前，中国经济不断向高质量发展阶段迈进，正处于转变发展方式、优化经济结构、转换增长动力的关键期。由此表明，我国今后一段时期内经济增长更加注重“质”的提升，而不仅仅是简单追求“量”的扩张，需要将高质量发展理念融入区域协调发展战略中，在区域协调发展与区域高质量发展之间建立联动和衔接机制，推动形成区域高质量协调发展新格局，从而为全面建成社会主义现代化强国提供重要支撑。因此，统筹推进区域协调发展与区域高质量发展，探索符合新时代背景下区域高质量协调发展之路，将会成为“十四五”期间乃至今后更长一段时期内中国区域发展的重心所在。

本书主要由六个章节组成。第一章为绪论，一是阐述研究背景及意义；二是对本书的相关概念进行严格界定，以此明确本书的具体研究对象；三是对本书所要借鉴的相关理论进行详细概述。第二章为交通运输影响区域经济增长的理论框架，立足于新古典经济增长理论、新经济增长理论、新经济地理理论等分析框架，将本书的核心研究对象交通基础设施与人口、资本和技术紧密结合在一起，通过扩展至人口流动、产业集聚和技术创新三个层面，从而构建了一个整体的分析框架，后文主要在这个分析框架基础上展开研究。第三章为基于人口流动分析的交通运输对区域经济空间关联的影响，首先在新经济地理学中两区域、两要素和两部门空间均衡模型的基础上，将其扩展为两区域、两要素和三部门空间均衡模型，以此阐释了交通基础设施、人口流动与区域经济增长之间的理论机制。其次以高铁开通作为衡量交通基础设施的变量指标，基于 2005—2019 年中国 284 个地级以上城市的面板数据，运用多期双重差分模型对城市高铁开通影响区域经济增长的人口流动渠道进行实证分析，以此检验本章提出的相关研究假说。最后还通过引入倾向得分匹配－双重差分法、工具变量法、安慰剂检验等计量分析方法进行了稳健性与内生性检验。第四章为基于产业集聚分析的交通运输对区域经济空间关联的影响，首先结合研究议题，在第三章理论模型的基础上进一步调整了相关假定，构建了两区域、两要素和三部门空间均衡模型，分析了交通基础设施、产业集聚与区域经济增长之间的理论机制，基于交通运输成本变化的视角，推演不同贸易自由度下产业空间结构的演进过程，分析了空间均衡状态下贸易自由度变化与地区经济增长的变动情况。其次以高铁开通作为衡量交通基础设施的变量指标，以 2005—2019 年中国 284 个地级以上城市的面板数据作为样本研究集，运用多期双重差分模型对城市高铁开通影响区域经济增长的产业集聚渠道进行实证分析，以此检验本章提出的相关研究假说。最后，为了确保研究结论的可靠性程度，还通过引入倾向得分匹配－双重差分法、工具变量法、安慰剂检验等计量分析方法进行了稳健性与内生性检验。第五章为基于技术创新分析的交通运输对区域经济空间关联的影响，首先通过引入技术创新部门，构建了两区域、两要素和三部门空间均衡模型，基于交通运输成本变化的视角，推演出不同交通运输成本下技术创新的演化过程，分析了空间均衡状态下交通运输成本变化与地区经济增长的变动情况，揭示了交通基础设施、技术创新与区域经济增长之间的理论机制，并提出了相关的理论研究假说。其次，以高铁开通作为衡量交通基础设施的变量指标，以2005—2019 年中国 284 个地级以上城市的面板数据作为样本研究集，运用多期双重差分模型对城市高铁开通影响区域经济增长的技术创新渠道进行实证分析，以此检验本章提出的相关研究假说。最后，为了确保研究结论的可靠性程度，还通过引入倾向得分匹配－双重差分法、工具变量法、安慰剂检验等计量分析方法进行了稳健性与内生性检验。 第六章为研究结论与政策展望。首先，对全文内容、结论进行总结。其次，针对结论提出一系列关于交通基础设施有效供给、经济要素空间配置以及区域经济可持续发展的政策建议。

本书在编写过程中，参阅和借鉴了国内外专家、学者的大量著作和论文，我们在此谨向这些专家、学者表示由衷的感谢！交通运输对区域经济空间关联的影响是一门涉及范围较广、发展较快的学科，虽然我们为编写本书付出了努力，但由于水平及能力有限，书中难免有不足之处，恳请读者批评指正。

孙勋长　梁君　刘雁凌

目录 CONTENTS

第一章 绪 论

第一节 研究背景及意义

一、研究背景

（一）区域协调发展成为新时代国家战略

区域经济发展不平衡一直是我国经济社会发展中存在的突出问题，缩小区域差距、促进区域协调发展也一直是我国区域发展面临的重大任务。中央为了减缓区域发展水平差距的继续扩大，从我国国民经济发展的第九个“五年计划”开始，就提出了要区域协调发展。从 1995 年到 2000 年，区域协调发展尚处于概念的提出阶段，在这一阶段，区域协调发展的内涵与主要内容是学术界研究的主要关注点，尤其是研究我国各区域之间的经济发展差距程度，以及如何解释这些差距的产生和扩大，并初步尝试提出解决差距的方法。2004 年政府工作报告提出“要坚持推进西部大开发，振兴东北地区等老工业基地，促进中部地区崛起，鼓励东部地区加快发展，形成东中西互动、优势互补、相互促进、共同发展的新格局”，标志着我国进入了区域协调发展的新阶段。党的十八大以来，习近平总书记多次强调要继续实施区域发展总体战略，促进区域协调发展是今后相当长一段时间内区域发展的基本战略思想。2017 年 10 月 18 日，党的十九大报告中指出实施区域协调发展战略，将区域协调发展战略首次提升为统领性的区域发展战略。2018 年 11 月，出台了《中共中央 国务院关于建立更加有效的区域协调发展新机制的意见》(以下简称《意见》)，强调推动区域合作互动，加强城市群内部城市间的紧密合作。国家区域经济协调发展战略强调要重视区域合作，坚持以线串点、以点带面，依托中心城市和交通干线，实行重点开发，加快完善市场体系，促进要素在不同区域间流动，并引导产业合理转移。党的二十大报告强调，“深入实施区域协调发展战略、区域重大战略、主体功能区战略、新型城镇化战略，优化重大生产力布局，构建优势互补、高质量发展的区域经济布局和国土空间体系”。

（二）区域发展呈现出显著的经济空间关联

改革开放前，中国各个地区处于相对封闭的状态，大规模的经济往来非常有限。但随着改革开放的不断深入，中国各地的经济交流日趋紧密，区域经济合作现在已成为一种覆盖全国的发展模式。区域经济合作发展即各个省份、城市间通过地理、资源、人口、产业结构等方面的相关性形成一体化经济区，一体化经济区的发展趋势导致区域经济发展的空间关联程度不断增强。

空间关联所描述的是在空间中不同位置上同一变量的相关性，可用 Moran's I 指数来反映。潘文卿[1]利用中国 1988 年到 2009 年各省人均 GDP 数据，通过测算 Moran's I 指数，发现在样本期内中国的区域经济发展存在全域范围的正空间自相关性，这种相关性随时间推移在不断增强，而且区域范围越小空间关联性越大。通过对比 2002 年到 2017 年各省经济发展的 Moran's I 指数变化与全国经济增速的走势，可以看出，经济发展的空间关联度与经济增长速度之间存在较紧密的正向关系，在相关文献中这一经济现象也已被多名研究者注意到。

区域经济发展的空间关联性不断增大，这一方面得益于改革开放时期，政府破除了限制区域经济合作发展的制度性壁垒，另一方面得益于近 10 年

[1] 潘文卿.中国的区域关联与经济增长的空间溢出效应[J].经济研究. 2012,47(1):54-65.

来交通运输的快速发展，因为限制区域经济合作发展的制度性壁垒被削弱之后，地理因素越来越多地影响着区域经济的增长，而交通运输的发展极大地缩短了地区之间的时空距离。

（三）新时代对交通基础设施互联互通提出新要求

交通基础设施除了通过直接创造就业、带动生产消费刺激经济发展以外，还可以带动交通沿线地区土地价格上涨，带来巨大的外部经济效益。除此之外，交通运输还是人类社会各项经济活动中重要的一部分，交通运输能使空间上相互隔离的人类群体之间的生产资料交换更为便捷，加速物质和人员的流动，使经济活动可以不受空间限制，进而使得不同空间的人类社会之间的协调发展成为可能。倘若没有交通基础设施，空间上相互隔离的人类群体，将无法实现交流，甚至于正常的生产生活也将变得举步维艰。也正是由于交通运输对于现代社会经济发展的重要性越来越显著，交通运输发展程度越来越成为经济发展的命脉，我国政府十分重视并积极推动交通基础设施的建设。随着交通基础设施的全面建设，我国城市之间的经济交流日益频繁，目前全国范围内形成了多个高度密集的产业经济带。从效果方面来看，产业经济带的形成不仅推动了我国经济的快速发展，增加居民收入，挖掘消费市场潜力，还逐步地改变着全国范围内已有的经济发展模式。

近年来，我国交通基础设施建设成果显著，交通产业发展迅速，已经成为交通大国。在党的第十九次代表大会上，“交通强国”的概念被首次提出来，从交通大国到交通强国，意味着我国交通事业在未来仍将有更大的发展。要实现交通强国，一方面交通事业的实力要世界领先，另一方面还要能够有效支持国家建设。对于其内涵，可以分两方面来看，一是从世界范围内来看，交通运输实力要达到世界前列，无论是交通基础设施的保有量、运输装备的核心技术以及运输服务的水平，还是行业内的管理水平和从业人员素质等软实力，都要成为世界一流；二是从对我国经济发展的支持作用上来看，交通运输要发挥其基础性、先导性、战略性和服务性作用，为将我国建成世界强国而起到重要支持作用。

随着区域协调发展成为新时代国家战略，迫切需要加快构建互联互通的区域综合交通运输体系，通过构建内通外联、高效便捷的区域交通基础设施网络，支撑国家区域发展战略新格局。因此，交通运输建设应该以区域协调发展为契机，合理地配置交通运输资源，以交通运输高质量、高效益发展推动经济发展质量变革、效率变革、动力变革。

二、研究意义

经济发展离不开交通基础设施，同时，交通基础设施的投入还极大地扩展了地域间经济、政治、文化的交流，从而保证人力、物力资源的顺畅流动，帮助各地区之间知识的传播和技术的更新。区域合作可以认为是经济发展的必由之路，而便利的交通运输条件则是区域合作的前提。在区域经济一体化过程中，各地区之间经济发展的空间关联度会随着一体化程度增加而加大，而经济一体化的前提就是交通一体化。交通资源的改善可以促进交流往来，实现对资源的优化配置和经济效率，推动区域经济一体化发展。区域经济发展的空间关联性和交通运输之间有密切的关系，但是交通运输是如何对区域经济发展的空间关联产生影响的？产生了哪些影响，其作用机制又是什么？这些问题正是本书要研究并回答的主要问题。

从空间的视角对中国区域经济增长的分异与趋同进行分析非常有研究价值，一方面，区域经济发展在空间分布上是不平衡的，出现了经济梯度现象；另一方面，某一地区经济活动会对相邻区域经济发展产生影响，这两方面都体现了我国区域经济发展在空间上的关联性。交通资源配置在空间上具有不平衡性，有必要研究交通资源在各地域单元空间经济依赖、空间经济关联的形成中所起的作用，明确区域经济空间关联发展与交通基础设施的相互作用机制，为区域交通资源有效配置提供理论基础。

此外，研究交通基础设施对区域经济发展的空间关联的影响，其重要意义还体现在以下两个方面。第一，我国经济的高速增长在一定程度上和区域间存在着空间溢出效应，或者说与区域经济发展的空间关联机制有密切的联系。第二，我国不同区域间经济发展存在着较大差距，造成这种差距的原因引起了许多学者的关注，有的学者从交通基础设施负空间溢出效应的视角研究了区域经济发展不平衡问题，那么探究交通基础设施是如何通过影响这种空间联系进而对区域间经济发展的差距产生影响显得尤为重要。因此，从上述的两个方面来看，深入研究交通运输对区域经济空间关联的影响及影响机制，对引导交通运输资源配置、促进区域经济发展、缩小区域差距、实现区域一体化发展等，都有着非常重要的现实意义。

综上所述，本书从空间关联的视角对区域经济发展的特征进行研究，并对交通运输影响区域经济空间关联的路径与机制进行深入分析，不仅能拓宽研究视野、明晰二者之间的作用机制，具有较高的学术价值，还能为区域经济协调发展、区域交通互联互通、形成合理的区域发展格局的区域政策目标提供具有现实意义的政策启示。

第二节 相关概念的界定

一、交通运输

中国文字博大精深，同一个词可能有多种不同含义。关于交通一词，自古有之，其在不同语境中含义也不尽相同。例如：《管子·度地》中有“山川涸落，天气下，地气上，万物交通”，交通即交感、感应；晋·陶渊明《桃花源记》中有 “阡陌交通，鸡犬相闻”，交通即往来通达；《史记·魏其武安侯列传》中有“诸所与交通，无非豪杰大猾”，交通即勾结、串通。《现代汉语词典》（第7版）中关于交通的定义给出了五种解释：①往来通达。②原是各种运输和邮电事业的统称。③抗日战争和解放战争时期指通信和联络工作。④指交通员。⑤结交；勾结。关于运输，《现代汉语词典》给出的定义为：用交通工具把人员或物资从一个地方运送到另一个地方。

本书研究的交通运输特指交通运输资源。经济学中将资源解释为“生产活动中的投入”，即认为资源代表物质产品加工生产中所需投入的要素，包括土地、资本、劳动和企业家才能等。同理，交通运输资源也代表一类要素，这类要素主要用于交通运输活动中，是社会经济系统中从事交通活动的手段与条件。程世东[1]对交通运输资源的定义进行了界定，认为其包括人力、物力及财力等资源，交通运输资源投入包括基础设施建设与维护的投入，以及交通运输服务过程中需考虑的投入。樊桦[2]则从供需对交通运输资源进行了解释，认为交通运输资源涵盖了能用以提供交通运输服务，满足客、货运等各种运输需求的经济资源。

综上所述，将资源的概念与交通运输的功能属性结合起来，交通运输资源是投入交通运输业中的一些生产要素以及为人类社会经济活动提供的通行能力。从配置角度看，交通运输资源表现为一定时期内形成的交通基础设施，因此，也可以说本书研究的交通运输主要指交通基础设施。而交通运输基础设施可以通过降低交通运输成本带动资源在区域间流动，使资源配置在无干预情况下达到最佳。

二、区域经济

《辞海》中对于区域的解释为：地区、范围，是为某种目的从全部中区分出的部分。在中国，区域可以依据行政区划划分为省、自治区、直辖市，自治州、自治县、市，以及乡、民族乡、镇等不同层级。也可以根据经济地理区位划分为东部、中部、东北以及西部等四大区域。还可以根据研究目的区分出特殊的区域，如在研究经济集聚或城市群问题时可以区分出京津冀城市群、长三角城市群、粤港澳大湾区等。

区域经济是指以一定地域为范围，与经济要素以及其区位分布密切结合

[1] 程世东.关于交通运输资源优化配置的构想[J].综合运输,2009(6):9–11.

[2] 樊桦.关于交通运输资源配置的若干思考[J].综合运输,2009(7):14–18.

的区域发展实体。为了使研究全面深入，根据不同区域划分方式，本书在对交通资源配置以及区域经济问题进行研究时，考虑了不同大小的三个区域层面。在对区域经济空间关联特征进行分析时，首先以省份及直辖市为单位划分 31 个区域，研究区域间经济空间关联的特征。其次依据 31 个省份及直辖市经济空间关联特征将它们划分为四组，即四大区域板块，然后研究四大板块之间经济关联特征。最后以长三角城市群为例，以地级市为区域划分单位，研究城市群内区域间经济关联的空间特征。另外，在进行实证分析时，通过使用不同地域层面的样本数据，使研究结果更严密，结论分析更为深入。

三、经济空间关联

空间关联也可以称为空间联系，最初出现在地理学研究领域。在地理学中，地表的不均衡分布现象产生的地理功能联系被称为空间联系。朗迪勒里（Rondinelli）[1] 认为，空间联系是某一空间区域在发展过程中产生的各种复杂关系（包括社会、经济、文化、政治等）和地理空间上的其他区域存在的联系。经济空间关联属于经济地理学研究范畴。顾朝林和刘志红 [2] 认为，不同地区之间的联系主要有自然联系、经济联系、技术联系、社会联系和行政联系五种基本类型。经济空间关联即经济上的区域空间联系，是在其他空间联系的基础上建立起来的，因此是一个相对综合的概念。

表 1-1 是对经济空间关联的基本类型以及具体表现方式的总结，其中将贸易关联、产业关联和资金关联归类为经济空间关联的基本类型比较容易理解。针对社会关联和技术关联，本书认为：在现代社会中，人口的流动不仅仅是一种社会联系，更是反映经济活动空间布局的一种形式，因此也是经济联系的一种；另外，技术是经济增长的关键要素，技术关联也应属于经济联

[1] Rondinelli D A. Balanced Urbanization, Regional Integration and Development Planning in Asia[J]. Ekistics,1980: 331–339.

[2] 顾朝林,刘志红.济南经济影响区的划分[J].地理科学, 1992, 12(1):15–16.

系的一种。

表 1-1 经济空间关联的基本形式

类型	具体表现方式
贸易关联	产品贸易往来需要的物流网络、产品供应网等
产业关联	生产联系（中间投入产品流）、产业集聚、产业结构调整与升级
资金关联	金融网、资金流、收入流
技术关联	知识溢出与扩散
社会关联	人口流动

技术关联指两种产业之间具有互补或共同的知识基础，享有类似的知识技术、制度结构等要素。基于组织分工与交易的角度，在知识经济下，技术关联性是一个既体现交易费用又体现生产性技能与知识积累的概念。技术关联的“关联”不仅包括横向空间层面的知识溢出，还包括纵向时间层面的技术创新，技术创新过程中创新主体对历史路径存在依赖，但是由于本书研究的是横向的空间联系，因此本书只将知识空间溢出作为技术关联的具体表现方式。知识空间溢出使得不同企业、产业之间共享技术和知识，使它们具有更多类似的知识基础、制度结构等，从而实现较强的技术关联。知识空间溢出的大小会直接影响技术关联的大小。

经济空间关联可以看作区域内各板块间经济要素（人、物、技术）的交换与流动。由于资金流、收入流等资金联系主要受交通运输的影响，因此，考虑到交通运输的基本作用属性，本书涉及的区域经济空间关联的类型主要包括贸易关联、产业关联、技术关联以及社会关联。其中：贸易关联的具体表现方式是产品贸易往来需要的物流网络、产品供应网等；产业关联除了中间产品贸易往来，还表现为产业集聚、产业结构调整等；社会关联的表现方式主要是人口的流动；技术关联则主要是通过知识空间溢出表现出来。

四、经济空间关联与经济空间溢出的关系

《辞海》中对溢出一词的定义为充满某个容器并向外流出。溢出效应

（Spillover Effect）指一个组织在进行某项活动时，不仅会产生活动所预期的效果，而且会对组织之外的人或社会产生影响。因此，经济空间溢出则指一个地区的经济发展对空间地理上的其他地区的经济发展产生的影响作用，这种影响作用可能是正面的促进作用，也可能是负面的抑制作用。

经济空间关联上文已经给出了定义，经济空间关联的类型包括贸易关联、产业关联、资金关联、社会关联以及技术关联。经济空间关联的本质也是不同地区之间的经济发展存在单方向或双方向的影响作用。不同类型经济空间关联存在多种表现形式，是区域主体经济及经济发展彼此之间相互影响在不同层面的体现。当经济空间关联达到一定程度后，就表现为显著的经济空间溢出效应。因此，在一定程度上可以说经济空间溢出就是经济空间关联。

第三节 研究的理论基础

一、理论基础

（一）新经济地理理论

保罗·克鲁格曼（Krugman）[1]在20世纪90年代发表了《规模报酬和经济地理》，标志着新经济地理学的创立。在以克鲁格曼和藤田昌久等为代表的学者的努力下，新经济地理学不断向前发展，新经济地理学理论也逐渐得以完善。有一些经济现象，例如经济空间非均衡分布，是传统经济学无法解释的，新经济地理学将空间因素纳入分析当中，成功解释了经济活动的空间集聚机制。

传统的区域经济学虽然也提出过区位理论，但是建立在新古典经济学的

[1] 保罗·克鲁格曼，罗宾·韦尔斯.克鲁格曼经济学原理[M].赵英军，译.北京:中国人民大学出版社,2019.

基础上的传统区域经济学理论并没有考虑空间和运输成本等因素，无法解释更复杂的现实经济问题。克鲁格曼认为空间问题之所以被传统主流经济学排斥，主要原因是没有很好的模型工具将“规模经济”和“不完全竞争”统一分析。以迪克西特和斯蒂格利茨[1]的收益递增－不完全竞争模型为基础，新经济地理学将“规模经济”和“不完全竞争”引入模型分析当中。新经济地理理论研究了产业空间集聚的形成机制，指出产业的空间不均衡分布是“报酬递增”的结果。

在克鲁格曼的“核心－边缘”模型中，模型设定工业部门满足规模报酬递增，而农业部门则规模报酬不变，工业生产活动将趋向于在空间上集聚。构成“核心－边缘”模型涉及三种基本效应：一是“本地市场效应”，即垄断竞争厂商倾向于将生产地址放在市场规模较大的地区，而将产品销售往市场规模较小的地区；二是“价格指数效应”，即厂商区位选择会影响居民的生活成本，由于集聚地产品种类数量多，因而该地居民支付较少的运输成本；三是“市场拥挤效应”，集聚达到一定程度后，竞争会越来越激烈，而不完全竞争厂商更喜欢在竞争者少的地区开展生产活动。前两种效应属于集聚力，“市场拥挤效应”属于分散力，产业集聚或分散取决于集聚力和分散力的共同作用结果。

在解释产业集聚的原因时，克鲁格曼肯定了马歇尔关于外部性经济的思想，并对其观点重新进行了诠释。克鲁格曼认为产业集聚的原因是生产要素、中间投入品及技术三方面的外部性，即：第一，劳动力市场的“蓄水池”效应。企业集聚可以吸引更多的工人，充足的劳动力蓄水池可以帮助企业克服各种不确定，加之规模经济效应，报酬递增的效应就会出现。第二，中间投入品效应。某一产业的集聚可以吸引许多提供中间投入品或专业化服务的供应商，逐渐地形成一个生产中心，由于规模经济和范围经济，该生产中心的

[1] Dixit A K, Stiglitz J E. Monopolistic Competition and Optimum Product Diversity [J]. The American Economic Review, 1977,67(3): 297–308.

规模会越来越大，进而吸引更多高效率的供应商。第三，技术的“外溢”效应。企业选址在产业集聚的地区更容易获得新技术、新产品和新工艺的信息，获得正外部性。

（二）集聚经济理论

亚当·斯密[1]对集聚经济进行了描述，基于绝对优势理论和分工协作理论，他指出产业集聚是一群分工协作的企业为了共同完成某项生产而集聚在一起的群体。大卫·李嘉图[2]根据比较优势理论，研究了特定产品生产区位的选择问题，涉及特定产业集聚形成的集聚经济问题。

马歇尔[3]在《经济学原理》中提出外部经济的概念，阐述了存在外部经济和规模经济情况下，产业集聚产生的动因。他首次把生产上的规模经济分为内部经济性和外部经济性。他认为内部规模经济来源于企业内部，外部规模经济则来源于相似企业在空间上的聚集。马歇尔分析了产业集聚的原因，认为聚集后能促进专业化，而且空间集聚能降低企业面临劳动力短缺的风险，此外，产业集聚中产生的溢出效应使企业获得高于非集聚时的额外收益。马歇尔还指出，同一产业内越多的企业集聚在某一地点，越有利于企业获得所需的生产要素（劳动力、资金、能源、运输等），从而越有利于企业降低平均生产成本，生产更有效率。正因为此，马歇尔提出了工业区的概念，并相应地提出了工业区理论。

工业区位经济学家韦伯（A·Weber）[4]在《工业区位论》中探讨了影响产业集聚的因素。韦伯认为合理的区位可以降低企业成本和运费，基于此，企业会选址于生产和流通最节省的地点。产业集聚可以促使劳动力组织专业

[1] 亚当·斯密.国民财富的性质和原因的研究[M].郭大力,王亚南,译.北京:商务印书馆,2017.

[2] 大卫·李嘉图.政治经济学及赋税原理[M].周洁,译.北京:华夏出版社,2013.

[3] 马歇尔.经济学原理[M].章洞易,译.北京:北京联合出版公司,2015.

[4] 阿尔弗雷德·韦伯.工业区位论[M].李刚剑,译.北京:商务印书馆,2010.

化，降低交易成本，还可以共享道路等公共设施。

巴顿（K.J.Button）[1] 对企业集群进行了研究，分析了企业集群与创新之间的关系。二者之间的关系具体体现在三个方面。第一，企业地理集中会促使企业竞争，从而倒逼企业发展创新。第二，企业空间上的集聚，能够促进生产制造者、供给者和消费者之间形成更好的信息传播路径、更多的交流和信息传送，创新往往会发生在顾客需求的产生及解决的过程中。第三，聚集会加快新技术或创新的传播和采纳速度。

（三）新贸易理论

“二战”结束后，尤其是在 20 世纪 80 年代之后，国际贸易出现了较大变化，传统的贸易理论不能解释现实中的一些贸易现象。国际贸易出现了新的特征：一是发达国家之间的贸易成为国际贸易的主流，贸易往来快速增长；二是产业内贸易大大增加；三是知识密集型产品贸易份额不断增大。新的贸易现象激发了部分经济学者对旧贸易理论的反思，同时也促进了新贸易理论的发展。

迪克西特和斯蒂格利茨（Dixit & Stiglitz）[2]1977 年构建了收益递增 – 不完全竞争模型，克鲁格曼首先将该模型应用到国际贸易分析中，建立了一个由规模经济引致贸易的模型，提出了规模经济贸易理论，国际贸易理论获得了丰富。规模经济贸易理论对贸易出现的新特征进行了解释：规模报酬递增条件下，逐渐形成了国际分工，从而导致了一部分国际贸易活动，尤其是经济特征相似的国家之间进行贸易活动。克鲁格曼还指出若某一国家的国内需求大，那么就能够推动该国企业扩大生产规模，从而实现规模经济，降低生产的平均成本，因此，该国的产品在国际上的竞争优势就会更加突出，该国

---

[1] 巴顿.城市经济学: 理论和政策[M].上海社会科学院部门经济研究所城市经济研究室,译.北京:商务印书馆,1984.

[2] Dixit A K, Stiglitz J E. Monopolistic Competition and Optimum Product Diversity [J]. The American Economic Review, 1977,67(3): 297–308.

也会成为该产品的净出口国家。

最开始关于新贸易理论研究，是使用实证方法解释了贸易格局，弥补了传统贸易理论的逻辑空白，后来发展成为规模经济和非完全竞争分析框架下的完整的经济理论体系。

（四）空间相互作用理论

1972 年，海格特（P.Haggett）[1] 借用物理学热传递的三种方式，把空间相互作用按照表现形式的不同分为对流、传导和辐射三种。对流模式，指人和物质的移动，具体表现是产品、原材料等在产地和消费地之间运输，邮件包裹的输送以及人口的移动等；传导模式，指各种各样的交易过程，该模式不以具体物质流动来实现，而仅仅运用登记程序进行记录，具体表现是货币流通；辐射模式，指信息流动、技术创新的扩散等。

1956 年，厄尔曼（ E.L.Ullman）[2] 指出互补性、中介机会以及可运输性是空间相互作用产生的三个条件。首先，关于互补性（Complementarity）。最初认为地区之间职能差异是地区之间相互作用的条件，随后发现并非所有的地区之间都存在相互关系。厄尔曼基于供需关系，提出了地区互补条件。只有二者存在供需关系才能实现两地之间相互作用。对于这种关系他称为互补性，也是构成空间相互作用的基础条件。两个地区之间的贸易关系越是稳定，则表示两个地区之间的互补性越强，区域之间的流动量也越大。其次，关于中介机会（Intervening Opportunities）。两个地区之间的互补性导致了人口、商品和信息的移动和流通。但是，也会存在特殊情况：当产品在 A 和 B 两个地区之间运输时，两个地区之间有可能会存在另一个同样能提供或消费产品的 C 地区，这样就产生了中介机会，导致产品运输原定的起始点发生变换。即使 A 和 B 之间存在互补性，两地的相互作用也难以产生，A

[1] Haggett P. Geography: A Modern Synthesis [M].New York: Harper and Row,1972.

[2] Ullman E L. The Role of Transportation and the Basis for Spatial Interaction [J]. In Man's role in changing the face of the earth, 1956:862-880.

和 B 的互补性会被 A、C 或 B、C 代替。中介机会改变了原来的相互作用的空间格局。中介机会产生的作用主要有：一方面通过中介机会能够有效降低运输费用，如地区 B 与地区 C 同时给 A 地区提供产品，若是 AC 距离小于 AB 距离，那么 C 在相互作用中起到了中介效果，C 到 A 运输距离短，运输费用自然低，产品价格就会相对较低；另一方面中介机会影响了运输和人口移动，减少了长距离的相互作用。最后，关于可运输性（Transferability）。除互补性和中介机会外，第三个条件是可运输性。虽然当前运输、通信发展得已经非常成熟，但是距离因素依然影响着人口移动和产品移动。运输时间和运输距离长短，会影响相互作用的阻力。若是两个地区之间距离非常远，运输成本超出可接受的范围，即便两地存在互补性，两地区也不会产生相互作用。受到运输、物流、生产发展等因素影响，可运输性也会发生改变。例如，从 A 地区运送生鲜产品到 B 地区，由于物流落后，较长的距离使得产品运输成本较大，生鲜产品到达 B 地区之后就会提升成本，价格自然就会提高。若是价格过高，超出了承受的价格范围，B 地区消费者不会接受，产品销售就会受到影响，逐渐地，B 地区与 A 地区的相互作用就会减少。但是随着交通物流技术的改进，物流成本降低，可运输性也会发生改变。

厄尔曼提出了空间相互作用的三大条件，由于物质流方面的研究内容较多，综合对比看货币流、信息流的相关讨论并不多，也未提到产业组织的演变对空间相互作用的影响。随着经济社会不断发展，货币流以及信息流在地区间相互作用中越来越重要。

（五）空间结构理论

空间结构理论学说发源于古典区域经济理论，它是一种动态区位理论。其研究涵盖了某一区域内的各种社会经济组成部分，以及各部分之间的空间相互影响和位置关系，并研究这种关系的集聚规模与程度。该学说的研究着眼于各单个社会经济事物和现象的空间相关性，包括相互作用和相互关系，而不以得出各个研究客体的最佳区位为目标。该理论不仅关注各区域经济组成部分的相关性，也尤为关注各研究客体之间的关联变化过程，即相关性的动态变动规律。根据区域内各组织主体在空间区域中的位置及相互作用和关系，构建合理的区域空间结构，从而获得社会经济活动在空间上的帕累托最优。19 世纪 20 年代经济学家杜能提出了农业区位理论，并在后来的研究中为区域空间理论奠定了基础。从研究过程看，关于区域空间结构理论研究基本上分为三个阶段：20 世纪 40 年代中期之前的研究阶段，区位论理论开始进入了初步研究；从“二战”结束至 20 世纪 90 年代区位理论研究提出了空间聚集和分异理论；20 世纪 90 年代中期之后进入了空间经济学研究阶段。

1. 研究初期：“区位论”

该阶段的研究成果是提出了区位论理论：一是构建影响区域空间结构演变的区位因子体系，其中的运输成本是投入产出及生产要素空间流动特点的决定性因素；二是研究方向及研究目标集中在寻求单个社会经济事物及现象的最佳区域位置，如工业区位、农业区位等，从而能够找出最佳发展工业经济与农业经济的区位点，探索了组织结构发展规律；三是基于地租学理论、成本学理论、几何学理论构建了静态区域空间结构模型。

2. 研究中期：空间聚集与分异理论

从“二战”结束至 20 世纪 90 年代，部分学者围绕古典经济相关理论基础，展开了古典区位研究，在该阶段的研究成果相对较丰富。例如，艾萨德（Isard）引入了空间因素，并构建主流经济学分析模型，提出了古典区位具有动态性和综合性特征，并将研究目标集中在经济部门区位决策和区域综合分析上。阿隆索（Alonso）、米尔斯（Mills）和汉德森（Henderson）等研究学者基于杜能思想理论提出了单中心城市分析模型，分析运输费用、租金及城市的内部空间结构。“二战”之后各个国家开始发展经济，区域问题成为研究的重要课题，在经济理论研究中区位经济增长理论及区域政策一度被推上了研究热潮，这些学者的研究成果形成了一系列空间聚集和空间分异方面的理论。

区域经济空间聚集和分异是20世纪中叶提出的一种理论，它是对均衡发展理论的延伸。布代维尔、弗里德曼、缪尔达尔、赫希曼和威廉姆逊等在弗朗索瓦·佩鲁所提出的增长极理论基础上，经过多年研究，逐步丰富了区域经济空间集聚和分异理论的内容。1955年法国弗朗索瓦提出了增长极理论，该理论指出增长并不是同步出现的，一般会在主导部门或创新能力强的部门首先出现增长，并逐步向外扩散，从而对经济整体发展产生影响。该理论强调了处于支配地位的主导产业，以及产业之间的关联推动效应。布代维尔（J.B.Boudeville）后来将增长极的概念引入区域经济理论中，对区域增长极进行了定义，丰富了增长极理论。赫希曼（Hirschman）[1]从稀缺资源应得到充分利用的角度提出了不平衡增长理论，认为发展中国家应集中有限的资源，重点投入具有较强关联度的产业部门。他指出经济增长过程中会产生很多不平衡的局部特征，国家和区域经济的不平衡发展是经济发展不可避免的。

在该阶段研究中，区域空间结构理论的研究特征主要体现在以下四个方面。第一，研究基于多维度和多视角展开，并且使用了大量实证对区域经济空间变化规律进行验证分析，提出了区域空间结构演变机制（经济极化增长的机制和经济扩散的机制）。第二，建立了空间相互作用的理论，讨论各个经济主体之间的相互关系和相互作用的过程与机制，为区域制定经济发展战略提供了更多理论参考。第三，逐步完善区域经济空间组织模式研究，提出了增长极模式、点轴模式、城市圈层模式等，这些研究模式被广泛运用到了经济规划中。第四，计算机学科的快速发展，运筹理论的成熟等为区域空间结构研究提供了更多方法。以往研究方法集中使用了几何分析法、微积分分析法，后逐步进入到数学模型与计算机模拟相结合的分析阶段，借助先进技术手段，提高了研究质量和研究效率。

---

[1] 艾伯特·赫希曼.经济发展战略[M].曹征海,潘照东,译.北京:经济科学出版社,1991.

3. 研究后期：空间经济学形成与区域空间结构理论的完善

以克鲁格曼等人为代表的经济学家的研究成果标志着空间经济学的形成。空间经济学揭示了区域经济空间结构形成和演变的机制，通过构建分析模型，模拟空间经济现象，并对经济现象进行了直观的解释。例如，克鲁格曼的动态多区域模型，解释了空间结构发展是否均衡的问题。藤田昌久（Masahisa Fujita）[1]研究多个制造业的经济体系中交通运输成本与规模经济差异，并在模型中引入了人口因素，模型预测并发现经济体系发展变化为变形中心体系，随着人口增加，在一定时间点上新城市会在狭长经济体系产生，沿着轴线逐步往外拓展，城市空间结构呈现点－轴型特征。空间经济学理论逐步完善发展，促进了区域空间结构的研究，为其提供了理论基础。

迈克尔和波特的《国家竞争优势》以及克鲁格曼的《收益递增与经济地理》使得产业集群理论重新回到主流经济学的研究范畴。其中，波特基于竞争优势分析了产业集群，并在竞争优势理论基础上构建了产业集群的竞争框架，重新构建了产业集群的竞争经济理论，提出了菱形框架理论。克鲁格曼研究并建立了产业集群模型，假设工业生产满足规模报酬递增，农业生产规模报酬不变，基于此假设对工业区域和农业区域经济空间格局演化进行了全面分析，最终工业区域产生了空间聚集效应。产业集群理论为区域空间结构理论研究提供了补充，丰富了区域空间结构演变机制的相关研究内容。

可以看出在这一阶段的研究中，关于区域空间结构理论研究的特征主要有：第一，建设分析模型，模拟区域经济空间现象及动态变化，并进行全面分析，揭示了区域经济空间结构形成机制及变化机制，逐步完善经济增长极化效应机制和扩散效应机制，将空间研究引入到主流经济范畴中；第二，逐步完善了区域空间结构演变阶段理论研究，逐步优化了空间相互作用理论研究，同时还拓展了城镇空间的研究范围，构建了区域产业集聚理论、扩展理论，促进了区域空间结构理论的深入研究，从而形成了比较完善的理论体系；

[1] FUJITA M, THISSE J F. Spatial duopoly and residential structure [J]. Journal of Urban Economics. 1991, 30(1):27–47.

第三，新方法、新技术为研究区域空间结构提供了更多便捷方法，尤其是统计技术、GIS 技术具有极好的发展前景，同时也为区域空间结构研究提供更多思路，借助这些新技术和方法能够让研究范围更广。区域经济发展具有动态性，利用计算机技术能够构建三维动态模型，从而更好演绎了区域空间结构变化。另外，通信技术、智能物流、大数据分析等技术全面发展，这些均为区域空间经济结构研究提供了无限可能，推进了研究的深度和广度。

二、文献梳理与评述

本书研究交通运输影响区域经济空间关联时，涉及的经济空间关联主要指贸易关联、产业关联、技术关联、社会关联。这四种经济空间关联都需要通过交通运输来实现，其中，贸易关联的具体表现方式是产品贸易往来需要的物流网络、产品供应网等；产业关联除了中间产品贸易往来，还表现为产业集聚、产业结构调整等；技术关联主要通过知识空间溢出表现出来；社会关联的表现方式主要是人口的流动。本书基于交通运输对不同经济空间关联方式的影响机制不同，将从产业关联、社会关联、技术关联三个维度进行深入分析。因此，在文献分析时会对区域经济空间特征、产业空间关系、人口空间流动、知识空间溢出、交通运输对经济的影响等相关领域的文献进行梳理。

（一）区域经济空间特征研究

1. 经济空间溢出及空间自相关

经济空间溢出效应是地理经济学、区域经济学中研究的主要问题之一，随着空间计量工具的发展、实证研究的不断深入，理论结合实证对现实社会经济现象给予了很好的解释。Ying[1] 采用空间计量模型进行实证检验，发现中国沿海地区经济的增长对其他地区经济存在溢出效应。Zhang 和

[1] Ying L G. Measuring the Spillover Effects: Some Chinese Evidence [J]. Papers in Regional Science, 2000, 79(1): 75-89.

Felmingham[1] 利用 1984 年至 1998 年期间的面板数据验证了中国区域经济的空间溢出效应。潘文卿和李子奈[2]，以及薄文广和安虎森[3]使用投入产出表并根据“边界效应”构建指数，研究了我国区域之间的增长溢出效应。

Groenewold 等[4]考察了中国东部沿海、中部和西部三大地区之间的经济溢出效应，发现中部地区在经济空间溢出中承担着中介作用。颜银根、安虎森[5]从新经济地理学视角阐述了经济空间的 E- 关联和 K- 关联，指出中国东部地区经济增长对内陆地区没有形成溢出效应，相反内陆地区经济增长对东部地区具有显著的溢出效应；内陆地区相互之间具有较强的经济关联，中部地区和东北地区表现出“互补型”区域关系，而西部地区与中部地区和东北地区表现出“竞争型”区域关系。

王雨飞和倪鹏飞[6]研究发现高铁开通后城市经济空间外溢效应显著增强。覃成林等[7]运用理论模型证明空间外溢可能会引起空间俱乐部趋同，并实证检验出长江三角洲的空间俱乐部趋同速度为 1.57%。

潘文卿[8]利用中国 1988—2009 年各省人均 GDP 数据，通过测算 Moran's I 指数，发现在样本期内中国的区域经济发展存在全域范围的正空间自相关

[1] Zhang Q,Felmingham B.The role of FDI,exports and spillover effects in the regional development of China[J].Journal of Development Studies.2002,38(4):157-178.

[2] 潘文卿,李子奈.三大增长极对中国内陆地区经济的外溢性影响研究[J].经济研究,2008,(6):85-94.

[3] 薄文广,安虎森. 中国被分割的区域经济运行空间——基于区际增长溢出效应差异性的研究[J]. 财经研究, 2010(3): 77-89.

[4] Groenewold, Nicolaas, Lee Guoping, Chen Anping. Regional output spillovers in China: Estimates from a VAR model [J]. Papers in Regional Science. 2007, 86(1): 101-122.

[5] 颜银根,安虎森.中国分割的经济空间:基于区域间经济增长溢出的实证研究[J].当代经济科学,2014,36(4):47-57+125-126.

[6] 王雨飞,倪鹏飞 . 高速铁路影响下的经济增长溢出与区域空间优化 [J]. 中国工业经济,2016(2):21-36.

[7] 覃成林,刘迎霞,李超.空间外溢与区域经济增长趋同基于长江三角洲的案例分析.中国社会科学,2012 (5): 76-94.

[8] 潘文卿.中国的区域关联与经济增长的空间溢出效应[J].经济研究, 2012(1): 54-65.

性，这种相关性随时间推移在不断增强，而且区域范围越小空间关联性越大。Bai 等[1]应用 Moran's I 指数检测了 1998—2008 年中国各省经济的空间自相关，并从新经济地理理论模型和空间计量实证模型证明了市场潜力在促进区域经济增长中的作用，他们发现在控制其他变量的前提下，市场潜力每增加 10 个百分点，人均 GDP 增长率提高 3 到 5 个百分点。

雷伊（Rey）和加妮卡斯（Janikas）[2]，以及吴玉鸣和徐建华[3]主要基于地理因素解释了经济发展的空间关联或差异。李敬等[4]使用网络分析方法对中国区域经济发展的空间关联进行了解释，他们发现地理位置的空间相邻、投资消费结构和产业结构的相似可以解释 50.2% 的空间关联。

2. 区域经济空间集聚

经济空间集聚是新经济地理学的主要研究内容之一，有大量文献从理论和实证两方面对经济集聚的原因及其对经济增长的影响展开了分析。金煜、陈钊和陆铭[5]基于新经济地理学分析了经济地理和经济政策等因素对工业集聚的影响，并利用省级面板数据验证了影响我国工业集聚的因素。吴玉鸣、徐建华[6]分析了中国 31 个省级区域经济增长集聚及其影响因素。张艳、刘亮[7]实证研究了经济集聚对于人均实际 GDP 的影响，指出经济集聚能显著地促进城市经济增长。

---

[1] Bai C E, Ma H, Pan W. Spatial spillover and regional economic growth in China [J]. China Economic Review, 2012, 23(4):982–990.

[2] Rey S J, Janikas M V. Regional Convergence, Inequality, and Space [J]. Journal of Economic Geography, 2005, 5(2): 155–176.

[3] 吴玉鸣,徐建华.中国区域经济增长集聚的空间统计分析[J].地理科学,2004(6):654–659.

[4] 李敬,陈澍,万广华,付陈梅. 中国区域经济增长的空间关联及其解释——基于网络分析方法[J]. 经济研究, 2014(11): 4–16.

[5] 金煜,陈钊,陆铭.中国的地区工业集聚:经济地理、新经济地理与经济政策[J].经济研究,2006(4):79–89.

[6] 吴玉鸣,徐建华.中国区域经济增长集聚的空间统计分析[J].地理科学,2004(6):654–659.

[7] 张艳,刘亮.经济集聚与经济增长——基于中国城市数据的实证分析[J].世界经济文汇,2007(1):48–56.

除此之外，还有不少学者对集聚对生产效率的影响进行了研究。刘修岩等[1]基于城市面板数据，实证分析了就业密度、城市相对多样化水平和相对专业化水平等集聚经济因素对非农劳动生产率的影响，结果表明，一个城市的集聚经济因素能显著地促进其非农劳动生产率的提高。周圣强、朱卫平[2]利用1999—2007年全国60个工业城市数据，实证分析拥挤效应对全要素生产率的影响，证实了拐点的存在，即集聚度与全要素生产率存在着倒U形关系。孙浦阳等[3]利用287个地级及以上城市2000—2008年的面板数据，实证检验了中国城市的产业集聚对劳动生产率的影响，结论与周圣强等一致。

3. 区域经济空间结构特征及演化

得益于里昂惕夫投入产出模型的提出，分析和考察国民经济各部门在产品生产与消耗之间的数量依存关系有了模型依据，最开始很多学者利用该模型及其扩展对区域产业经济空间结构特征进行了研究。拜尔斯（Beyers）和威廉（William）[4]利用投入产出模型分析了1980年美国不同地区之间相互依赖关系，探讨了产业结构的特征以及可能的演变特质。秋田（Akita）和贵宏（Takahiro）[5]基于扩展的投入产出模型研究日本区域经济增长的来源，并测算出区域间和产业间联系在区域经济增长中所起的作用，发现区域之间相互依赖性逐渐增强，这种区域间的相互依赖对日本的区域经济增长产生了

[1] 刘修岩,贺小海,殷醒民.市场潜能与地区工资差距:基于中国地级面板数据的实证研究[J].管理世界, 2007(9): 48-55.

[2] 周圣强,朱卫平.产业集聚一定能带来经济效率吗:规模效应与拥挤效应[J].产业经济研究,2013(3):12-22.

[3] 孙浦阳,韩帅,许启钦.产业集聚对劳动生产率的动态影响[J].世界经济,2013,36(3):33-53.

[4] Beyers, William B. The interregional structure of the US economy [J]. International regional science review. 1983,8(3): 213-231.

[5] Akita, Takahiro. Interregional interdependence and regional economic growth in Japan: An inputoutput analysts [J]. International Regional Science Review. 1993,16(3): 231-248.

显著的影响。休因斯（Hewings）、杰弗里（Geoffrey）等[1]基于扩展的投入产出模型研究，发现芝加哥大都市区内城市社区与郊区之间经济相互依存性极强。

随着可视化空间数据探索工具及空间计量方法的发展，区域经济空间结构特征及演化成了经济地理学研究者关注的主要问题之一。李小建和樊新生[2]以县域为基本空间单元分析了河南省经济空间结构演变过程，结果表明，总体上河南省县域间经济增长的空间相关性不显著，只有在高水平县域集聚区表现出区域之间的经济溢出效应。罗庆、李小建等[3]对中国县域经济空间分布格局进行了研究，发现中国县域经济发展存在空间自相关性，正相关集聚主要集中于长三角、珠三角和环渤海地区，负相关集聚主要集中于西北和西南地区。

文骁飞[4]利用空间统计分析技术与 GIS 软件揭示了区域经济发展的空间自相关和空间集聚特征。李晶和张倩琳[5]以 2004—2014 年辽宁 14 个地级市生产总值和 44 个县或县级市人均 GDP 为研究对象，运用空间计量技术研究了辽宁经济的空间格局、空间关联性以及演化趋势。冯朝阳[6]采用网络分析方法，对 1995—2014 年环渤海地区区域经济空间网络关联结构进行了分析。

---

[1] Hewings, Geoffrey J D, Yasuhide Okuyama, Michael Sonis. Economic interdependence within the Chicago metropolitan area: a Miyazawa analysis [J]. Journal of Regional Science 2001, 41(2): 195–217.

[2] 李小建,樊新生.欠发达地区经济空间结构及其经济溢出效应的实证研究——以河南省为例[J].地理科学,2006(1):1–6.

[3] 罗庆,李小建,杨慧敏.中国县域经济空间分布格局及其演化研究:1990年—2010年[J].经济经纬,2014(1):1–7.

[4] 文骁飞.基于空间统计与GIS 的区域经济空间关联性分析方法[J].中国科技信息,2011(20):146+151.

[5] 李晶,张倩琳.辽宁区域经济空间关联性与空间格局分析[J].东北财经大学学报,2016(5):80–85.

[6] 冯朝阳.环渤海地区区域经济空间网络关联结构研究[J].西部论坛,2017,27(1):43–52.

王雨飞和倪鹏飞[1]通过绘制各城市到上海的最短时间距离图，发现高铁的开通改变了经济的空间格局，经济基础相对较好的东部和中部城市进入中心区，而基础薄弱的东北和西部地区面临边缘化的危险。

（二）产业空间关系研究

产业集聚体现了人、物、资金、信息等要素在空间上的分布和组合状态，是产业间空间联系及联系方式的体现，也是区域经济活动集聚的一种形态。以克鲁格曼为代表的“新经济地理学派”既研究产业集群产生的原因，也对产业集聚的路径、集聚条件下的区域竞争、产业集聚的区域表现等进行研究。克鲁格曼将不完全竞争和规模报酬递增放入同一模型，该模型分析表明，制造业会出现一种自我持续集中的现象，并且运输成本的降低，会使制造业所占份额变大，规模经济更为明显，更有利于集聚。戈登（Gordond）和麦肯（McCann）[2]指出产业集群具有地理接近性和关系接近性两个重要特征，导致产业集聚的内在因素是运输成本的地理分布不平衡。

张公嵬和梁琦[3]利用赫芬达尔指数、区位熵与产业的绝对份额三个指标测度了我国产业转移情况，指出劳动密集型产业在 2004 年以后加快了转移步伐，并探讨了我国发展劳动密集型产业的持续性和可行性。张永庆和鲍宗客[4]分析了长三角制造业平均集中率和空间集中度，指出长三角地区的制造业发生了明显的空间调整和转移。蒋昭乙[5]研究了中国东部、中部和西部区际产业转移，并建议从战略高度重新定位中西部地区的工业部门结构取向。成艾华

[1] 王雨飞，倪鹏飞.高速铁路影响下的经济增长溢出与区域空间优化[J].中国工业经济,2016(2):21–36.

[2] Gordon I R, McCann P. Industrial clusters: complexes, agglomeration and/or social networks? [J].Urban studies. 2000, 37(3):513–532.

[3] 张公嵬,梁琦.产业转移与资源的空间配置效应研究[J].产业经济评论,2010,9(3):1–21.

[4] 张永庆,鲍宗客.长三角制造业产业空间转移实证研究[J].科技与经济,2010,23(1):8–12.

[5] 蒋昭乙.空间经济学视角下我国东部产业向西部转移动力分析——基于 2000—2009 年中国省域面板数据分析[J].世界经济与政治论坛,2011(6):148–160.

和喻婉[1]通过指标构建测度了长江经济带上中下游地区的产业分工与产业转移状况，研究发现产业由下游向中上游转移，区域间的差距在逐渐缩小。

王琦博士[2]研究了产业集群与区域经济空间耦合的内在机制，指出产业集群的分工网络和区域经济网络系统有着内在耦合关系。温科和张贵[3]运用社会网络分析法对京津冀产业空间关联特征及其转移进行了实证研究，发现产业空间关联网络稳定性在逐步提升。

来逢波博士[4]指出交通运输可以提高产业结构的关联效应，通过对产业关联水平、关联规模和关联质量的作用，促进区域经济的稳定发展。陈春和董冰洁[5]通过主成分分析、空间计量和 Monte-Carlo 模拟等方法研究了长江经济带产业转移及各地区的联动协同发展，研究结果表明，不同地区在承接产业转移吸引力的组成上存在差异，其中下游地区的吸引力来源主要是地区发展潜力和运输能力，上游吸引力则主要受劳动供给、货币外部性和市场潜力的影响。

（三）人口空间流动研究

已有文献中，对于人口流动的相关研究一般分为两类：一类是研究人口流动会受哪些因素的影响，以及是否表现出地理空间上的规律性。鲍常勇[6]利用地级市数据，实证研究了劳动力流动在地级市层面表现出来的统计分布

---

[1] 成艾华,喻婉.长江经济带产业转移、产业分工与一体化发展[J].中南民族大学学报(人文社会科学版),2018,38(6):128–133.

[2] 王琦. 产业集群与区域经济空间耦合机理研究[D].长春：东北师范大学,2008.

[3] 温科,张贵.京津冀产业空间关联网络特征及其转移效应研究[J].河北工业大学学报(社会科学版),2019,11(1):1–12.

[4] 来逢波. 综合运输体系对区域经济空间格局的塑造与优化研究[D].济南：山东师范大学,2013.

[5] 陈春,董冰洁.长江经济带地区产业转移引力测度及其空间关系研究 [J].工业技术经济,2018,37(9):138–144.

[6] 鲍常勇.我国 286 个地级及以上城市流动人口分布特征分析[J].人口研究,2007(6):67–75.

情况。宋一森和苏宏伟[1]利用省级数据，实证研究了不同区域工资水平受人口和交通因素的影响。张耀军和岑俏[2]从更细化的角度——省内和省际两个角度，分别研究各项经济（如产业结构等）和非经济指标（如城市医疗资源和基础设施水平等）对劳动力流动的影响。陈浩和孙斌栋[3]选择就业机会为切入点研究人口或劳动力流动的特点。另一类则是偏向于研究宏观指标与人口流动的关系，包括经济发展指标和区域经济差距指标等。段平忠[4]认为劳动力的跨区域流动能够在很大程度上促进区域经济增长，以及造成地域经济差异，无论是区域间经济差异还是区域内差异。樊士德和姜德波[5]将移民因素考虑在内，设计出一个新的经济增长模型，以此分析人口流动与不同地区经济增长差异化的关系，并得出结论：人口流动使得发达区域的经济增长加速收敛。江小国和贾兴梅、成祖松[6]利用模型揭示了劳动力流入如何促进净流入地区的经济发展。此外，还有不少关于人口流动和产业结构相互关系的研究。赵楠[7]采用省级数据，实证研究了跨区域人口流动对产业结构的提升作用。高波等[8]考虑了房价因素，对新经济地理模型进行更新，并以此分析

[1] 宋一森,苏宏伟.人口流动、运输成本和空间工资分布[J].西南民族大学学报(人文社科版),2009,30(9):72–78.

[2] 张耀军,岑俏.中国人口空间流动格局与省际流动影响因素研究[J].人口研究,2014,38(5):54–71.

[3] 陈浩,孙斌栋.工资水平、就业机会与人口流动——基于分位数回归的实证分析[J].产业经济评论,2016(5):105–115.

[4] 段平忠.1978 年以来我国地区差距形成过程中人口流动的影响分析[J].中国人口·资源与环境,2008(5):27–33.

[5] 樊士德,姜德波.劳动力流动、产业转移与区域协调发展——基于文献研究的视角[J].产业经济研究,2014(4):103–110

[6] 江小国,贾兴梅,成祖松.人口流动的经济增长效应及其模型解释[J].统计与决策,2016(17):58–61.

[7] 赵楠.劳动力流动与产业结构调整的空间效应研究[J].统计研究,2016,33(2):68–74.

[8] 高波,陈健,邹琳华.区域房价差异、劳动力流动与产业升级[J].经济研究,2012,47(1):66–79.

房价与人口流动和产业升级之间的传导关系。

此外，还有一些文献特别分析了交通运输对区域人口流动的影响。岳钦韬[1]分析了长三角地区1905—1936年的人口流动和铁路交通发展情况。李祥妹等[2]则设计了劳动力空间联系和产业人口联系指数等指标，以及经济关联强度模型，据此实证分析了中国铁路进入高铁时代后，沪宁高铁对长三角区域劳动力流动的影响。

（四）知识空间溢出研究

知识溢出往往涉及多个不同主体，他们通过直接或间接的方式将信息、知识和技术等，在互动、交流中进行传播和共享。知识溢出可以在相邻的地理空间内发生，也可在较大的地理空间内发生。卡尼埃尔斯（Caniels）[3]认为在知识溢出的过程中，通过信息交流获取的智力成果无法完全补偿给知识的创造者。阿尔梅达（Almeida）和科格特（Kogut）[4]指出，人才在不同空间范围内流动并发生互动，这个过程一方面有利于新知识的创造，另一方面也有利于已有的先进知识或技术的传播和共享。

雷伊（Rey）和蒙图里（Montouri）[5]指出技术的空间外溢效应是导致区域经济增长发生趋同的一个关键性机制，即知识溢出是影响空间集聚、创新

[1] 岳钦韬.近代长江三角洲地区的交通发展与人口流动——以铁路运输为中心(1905—1936)[J].中国经济史研究,2014(4):154-167.

[2] 李祥妹,刘亚洲,曹丽萍.高速铁路建设对人口流动空间的影响研究[J].中国人口·资源与环境,2014,24(6):140-147.

[3] Caniels M C: Knowledge spillovers and economic growth: regional growth differentials across Europe [M]. Cheltenham: Edward Elgar Publishing, 2000.

[4] Almeida P, Kogut B. Localization of knowledge and the mobility of engineers in regional networks [J]. Management science. 1999, 45(7):905-917.

[5] Rey S J, Montouri B D. US regional income convergence: a spatial econometric perspective [J]. Regional studies. 1999, 33(2):143-156.

与区域增长的重要因素。刘斯敖和柴春来[1]通过构建我国制造业集聚与知识溢出效应分析模型，研究发现制造业集聚存在显著的知识空间溢出效应，专业化集聚有利于区域经济增长，但是不利于区域创新，而多样化的产业集聚则与之相反。

金刚等[2]指出中国省际外显知识和内隐知识均存在显著的空间溢出效应，并且随着地理距离的增加，知识空间溢出效应呈现下降趋势。韩莉娜等[3]将知识产出对经济增长的作用分解为总效应、直接效应和间接效应，使用空间杜宾模型研究了珠三角地区知识溢出对经济的增长作用，结果发现知识溢出对经济增长有显著的正向作用。

马丁（Martin）和奥塔维亚诺（Ottaviano）[4]在资本完全流动的假设条件下，构建了知识全域溢出模型及知识局部溢出模型，通过模型分析，发现在运输成本足够低以及北方工业集聚的前提下，由于知识溢出的存在，提高创新也可以使南方受益。莫塞思（Maurseth）和韦尔斯帕根（Verspagen）[5]，罗森塔尔（Rosenthal）和斯特兰奇（Strange）[6]研究并指出空间临近性是影响知识溢出吸收效率的重要因素。

---

[1] 刘斯敖,柴春来.知识溢出效应分析——基于制造业集聚与 R&D 投入的视角研究[J].中国科技论坛,2011(7):32-37+57.

[2] 金刚,沈坤荣,胡汉辉.中国省际创新知识的空间溢出效应测度——基于地理距离的视角[J].经济理论与经济管理,2015(12):30-43.

[3] 韩莉娜,韦文求,林雄,刘洋.知识空间溢出对经济增长的作用研究——以珠三角城市为例[J].特区经济,2018(3):60-64.

[4] Martin P, Ottaviano G I. Growing locations: Industry location in a model of endogenous growth [J]. European Economic Review. 1999, 43(2):281-302.

[5] Maurseth P B, Verspagen B. Knowledge spillovers in Europe: a patent citations analysis [J]. Scandinavian Journal of Economics. 2002, 104(4):531-545.

[6] Rosenthal S S, Strange W C. Evidence on the nature and sources of agglomeration economies [J]. Handbook of regional and urban economics. 2004, 4: 2119-2171.

毕（Bi）和赵（Zhao）[1]实证验证了中国省际知识空间溢出的存在，并且分析了空间溢出的动因。巴特尔特（Bathelt）等[2]指出改善地区间相互联系会增强区域之间的知识溢出效应，并可能进一步影响区域工业动态。赵云[3]和朱（Zhu）等[4]研究了高速铁路与知识溢出效应间的关系，指出高速铁路能够增加知识创新的对外溢出潜力，并且这种影响是高速铁路对社会经济产生影响的主要动力。

（五）交通运输对经济的影响研究

交通基础设施的建立不仅可以直接通过乘数效应在短期内创造经济活动和就业，从长远来看，交通基础设施还可以通过降低运输成本促进要素流通和贸易往来。土屋（Tsuchiya）、多多纳（Tatano）和冈田（Okada）[5]利用可计算客运和货运的区域间流动空间的一般均衡（SCGE）模型，以日本为案例，估算了交通基础设施中断对经济造成的损失。韦特威图（Wetwitoo）和加藤（Kato）[6]指出拥有高铁站的地区比没有高铁站的地区具有更高的经济生产力，高铁网络外部性对区域经济生产力产生积极影响，高铁网络沿线

[1] Bi C, Zhao Y. A study on the motivation of knowledge spillovers under the influence of high speed railway [C]. 2017 International Conference on Economics, Finance and Statistics (ICEFS 2017). Atlantis Press, 2017.

[2] Bathelt H, Malmberg A, Maskell P. Clusters and knowledge: local buzz, global pipelines and the process of knowledge creation [J]. Progress in human geography. 2004, 28(1):31–56.

[3] 赵云. 高速铁路对区域知识溢出的影响机理与效应估计[D].北京交通大学,2017.

[4] Zhu S, Wang C, He C. High–speed Rail Network and Changing Industrial Dynamics in Chinese Regions [J]. International Regional Science Review. 2019,42(5–6):495–518.

[5] Tsuchiya S, Tatano H, Okada N. Economic Loss Assessment due to Railroad and Highway Disruptions [J]. Economic System Research. 2007, 19(2): 147–162.

[6] Wetwitoo J, Kato H. High–speed rail and regional economic productivity through agglomeration and network externality: A case study of inter–regional transportation in Japan [J]. Case Studies on Transport Policy. 2017,5(4): 549–559.

地区及距离沿线更近的地区，高铁的收益更大。韩彪、张兆民[1]采用1990—2012年中国29个省、直辖市、自治区的面板数据实证检验区域间运输成本对中国经济增长的影响，实证结果表明，区域间运输成本的降低可以促进要素流动，改善经济增长。

张学良[2]、胡鞍钢、刘生龙[3]、刘勇[4]实证验证了交通运输对中国经济发展的外部溢出效应。张学良[5]还研究了交通基础设施与区域经济增长的关系，实证时将空间溢出考虑在内，发现外地交通基础设施对本地经济的增长具有正向的空间溢出效应，但也有可能呈现出负的空间溢出效应。

秋田（Akita）和冈聪（Kataoka）[6]研究了1965—1990年日本经济发展以及政府政策变化对经济增长的影响，研究指出新干线铁路、高速公路等交通基础设施促进了地区间工业联系以及区域间经济发展相互依赖程度。何（He）和达钦（Duchin）[7]研究了中国交通基础设施的建设对运输成本的影响，以及由此带来的区域比较优势和区域间生产和贸易模式的变化。

刘秉镰和赵金涛[8]利用格兰杰因果检验方法和省级数据，实证检验了交

[1] 韩彪,张兆民.区域间运输成本、要素流动与中国区域经济增长[J].财贸经济,2015(8):143-155.

[2] 张学良.中国交通基础设施与经济增长的区域比较分析[J].财经研究，2007.8.

[3] 胡鞍钢,刘生龙.交通运输、经济增长及溢出效应——基于中国省际数据空间经济计量的结果[J].中国工业经济,2009(5):5-14.

[4] 刘勇.交通基础设施投资、区域经济增长及空间溢出作用——基于公路、水运交通的面板数据分析[J].中国工业经济,2010(12):37-46.

[5] 张学良.中国交通基础设施促进了区域经济增长吗——兼论交通基础设施的空间溢出效应[J].中国社会科学,2012(3):60-77+206.

[6] Akita T, Kataoka M. Interregional interdependence and regional economic growth: An interregional input-output analysis of the Kyushu region [J]. Review of Urban & Regional Development Studies. 2002, 14(1): 18-40.

[7] He L, Duchin F. Regional development in China: interregional transportation infrastructure and regional comparative advantage [J]. Economic Systems Research. 2009, 21(1): 3-22.

[8] 刘秉镰,赵金涛.中国交通运输与区域经济发展因果关系的实证研究[J].中国软科学,2005(6):101-106.

通运输网络密度与国内生产总值、工业化、城市化之间的因果关系。刘生龙和胡鞍钢[1]指出交通基础设施对中国的经济增长以及区域经济一体化有着显著的正向促进作用，不同的地理位置和交通基础设施条件在区域经济发展差距中扮演了重要的角色。尹希果和刘培森[2]研究了城镇规模、交通运输、制造业集聚三者之间的关系，实证并发现该关系呈现非线性，其中城镇规模与制造业集聚呈"U"形关系，东部地区交通运输与制造业集聚呈"倒 U"形关系，中西部地区交通运输将长期处于集聚效应递增阶段。

（六）相关文献研究评述

由于世界范围内各经济体都或强或弱地呈现出区域经济发展空间关联度增强的现象，一些研究开始关注不同国家或地区间经济的空间溢出效应，这一效应可理解为一区域除自身内部因素外，还受周边区域经济发展影响而促成的自身发展。经济的空间溢出效应在很大程度上反映了区域经济发展的空间关联性，溢出作用越强则空间关联度越大。

已有的文献对空间溢出效应的分析主要通过两种方法实现：一是采用空间计量模型进行估算；二是利用空间权重矩阵计算市场潜能指标，根据市场潜能对经济的影响程度，测算某一地区对其周边地区经济的吸附能力（或者说测算区域经济发展的空间溢出能力）。地区的市场潜能指基于某种空间权重矩阵，测算出的周边区域经济发展指标（如 GDP）的加权值。市场潜能已利用了空间相关的信息，可直接通过传统的线性回归模型对空间溢出效应（市场潜能对因变量的回归系数）进行估算。

上述两种估算空间溢出效应的方法，虽然都考虑到了使用经济距离或地理距离的信息，但是这些信息并不能完全反映区域间运输通达性的影响。事实上，区域交通运输通达性越高，交通运输的成本就越低，相邻地区之间

[1] 刘生龙,胡鞍钢. 交通基础设施与经济增长:中国区域差距的视角[J]. 中国工业经济, 2010(4): 14–23.

[2] 尹希果,刘培森.中国制造业集聚影响因素研究——兼论城镇规模、交通运输与制造业集聚的非线性关系[J].经济地理,2013,33(12):97–103.

就越可能发生经济交流，因此也越有可能对区域经济空间关联的程度（区域经济空间溢出效应）带来正向影响。通过综述发现在交通运输对经济影响的研究中，很少有研究交通影响区域经济空间关联的文献。

汉森（Hanson）[1] 基于克鲁格曼的经济地理模型设定了一个含有参数的市场潜能模型，估算结果表明，交通运输成本的降低对市场潜能具有重要影响。虽然这一研究没有直接探讨交通运输通达性与经济空间溢出效应的关系，但是说明了交通运输通达性在研究与经济发展空间关联有关的问题上，应该作为一个重要指标纳入研究范畴。雷丁（Redding）和特纳（Turner）[2] 甚至认为交通运输是影响区域经济空间关联的最根本因素。在有关中国区域经济发展的文献中，研究者已注意到了交通运输通达性对经济发展的影响。例如，刘生龙和胡鞍钢 [3] 研究发现不同的地理位置和交通基础设施条件在我国区域经济发展差距中扮演了重要的角色，区域交通一体化能促进区域经济的一体化发展。但已有文献很少研究交通运输对区域经济发展空间溢出效应（区域经济空间关联性）的影响机制及作用的大小。

影响区域经济空间关联性的因素主要包括三类：第一，制度因素，不同的政府偏向性政策可能会对区域间经济往来产生鼓励或抑制的作用。第二，经济距离因素（反映经济相似性），经济发展水平及结构相似，或者产业关联密切的区域可能会有更频繁的经济交流。第三，地理因素，处于不同地理位置的区域倾向于优先选择最邻近区域开展经济合作。例如，雷丁（Redding）和维纳布尔（Venables）认为，市场准入制度对区域间的经济往来与发展具有显著的影响。市场准入程度越高，意味着市场化越彻底，越有利于破除地域壁垒，加快一体化市场的形成。雷伊（Rey）、贾尼卡斯（Janikas）、吴玉鸣、

[1] Hanson G H. Market Potential, Increasing Returns and Geographic Concentration [J]. Journal of International Economics, 2005, 67(1): 1–24.

[2] Redding S J, Turner M A. Transportation Costs and the Spatial Organization of Economic Activity[R]. National Bureau of Economic Research, 2014.

[3] 刘生龙,胡鞍钢. 交通基础设施与中国区域经济一体化[J]. 经济研究, 2011(3): 72–82.

徐建华主要基于地理因素解释了经济发展的空间关联或差异。李敬等使用网络分析方法对中国区域经济发展的空间关联进行了解释，他们发现地理位置的空间相邻、投资消费结构和产业结构的相似可以解释 50.2% 的空间关联。在 1992 年政府确定建立市场经济体制目标以后，由于限制区域经济合作发展的制度性壁垒被逐渐削弱，相较而言，后两种因素对中国经济发展空间关联度的影响更大。

通过资料收集以及文献研究，发现关于区域经济空间关联与交通运输的关系的研究并不多，且未对交通运输影响区域经济空间关联的路径及机制进行深入的研究。研究交通运输对区域经济空间关联的影响是很有研究价值和应用价值的。

第二章　交通运输影响区域经济增长的理论框架

第一节　交通运输影响区域经济增长的理论建模策略

本书主要以新经济地理学相关理论为基础，遵循空间均衡分析范式，运用空间均衡模型研究交通基础设施与区域经济增长之间的理论机制，揭示空间均衡下交通基础设施影响经济活动的区位选择与区域经济增长的相关问题。接下来，本书将逐一阐述理论建模策略。

一、遵循空间均衡模型分析范式

新经济地理学强调空间均衡，因为聚集经济和运输成本之间的均衡决定经济活动空间分布格局。一般均衡是经济学理论研究框架的基础，Krugman将一般均衡分析与空间经济活动相结合，开创了新经济地理学相关理论。新经济地理理论主要以微观主体行为决策最优为基础，在引入地理空间因素的前提下，通过建立空间均衡模型来解释短期均衡和长期均衡条件下各种资源要素分布的空间格局，形成经济空间分布的研究结论，用以阐释和模拟现实中的各类经济现象，从而为制定相关的经济政策提供决策依据。同时，空间均衡模型的延展性较强，通过引入不同的生产部门、资源禀赋、产品种类来贴合现实经济运行状况，因而无论是理论上还是实践中均具有广阔的应用前景。一般而言，空间均衡模型分析过程中主要由这几个部分所组成：一是消费者偏好与需求，二是生产者与生产行为，三是市场份额与总支出，四是短期均衡与长期均衡。

第一，消费者偏好与需求。正如理论基础部分所述，新经济地理学的空间均衡模型一般假定消费者效用函数主要由两种差异化的产品所构成，分别是工业品（或称为制造业产品）和农产品，其子效用函数为 CES 函数形式，该函数主要基于 Dixit–Stiglitz（简称“D–S 效用函数”）垄断竞争（或不完全竞争）框架，每个企业利用资本和劳动力生产差异化的工业品，工业品之间具有固定不变的替代弹性 $1/(1-\sigma)$（$1>\sigma>0$），这也说明效用函数对于工业品的效用存在对称特征，替代弹性越大，则两类工业品之间的替代性就越大。然后，在约束条件下根据消费者效用最大化的一阶条件，就能够推导出消费者对各类产品的需求。总的来说，D–S 垄断竞争模型的优势主要在于：首先，模型建立了能够体现多种产品类型的效用函数；其次，模型假设厂商有不变的固定成本和边际成本；最后，模型根据利润最大化的一阶条件（边际收益等于边际成本）推导出均衡产量、均衡价格和均衡产出，从而为分析多种产品类型的垄断竞争经济提供了简洁的理论框架。

第二，生产者与生产行为。关于生产者行为，主要采用企业的成本函数来进行刻画，通过将劳动力、资本等生产要素和工业品相结合，求出企业在实现利润最大化条件下的产出水平。在现阶段经济理论研究中，主要将企业的生产成本函数设定为线性模式：

$$TC(j)=a+bQ(j)$$

式中，a 为固定成本，b 为边际成本，Q 为产量，j 为产品种类。公式背后隐含着企业生产规模报酬递增的特征，由于生产过程存在固定成本，因而企业的平均成本随着产量的增加反而是减少的。企业在生产中可以运用的要素很多，譬如，假定企业主要运用资本和劳动力两种生产要素，这两种生产要素的价格分别与利率和工资相对应。此外，企业利润最大化的产品定价与相关企业行为具有关联性，当本地区相关企业数量或市场份额增加时，不完全竞争将使得企业利润最大化的产品价格下降，反过来，若相关企业数量或市场份额减少，则使产品价格上升。

第三，市场份额与总支出。新经济地理学与新古典经济增长模型的假设相一致，存在收入与支出相等的情形。在新经济地理学中，经济总收入（或总支出）是各部门生产要素与生产价格乘积的总和，根据总支出函数就可以求得地区市场支出份额或相对市场规模的函数表达式。地区相对市场规模是分析短期均衡和长期均衡时经济空间分布的关键变量，一般而言，相对市场规模受到资本份额、替代弹性、贸易自由度等的共同影响。为了有效分析区域经济的空间结构分布及变化特征，在实际建模过程中，有必要引入地区市场份额这一变量来对比分析不同地区经济发展特征，譬如，通过观察地区市场份额的变动情况来间接分析空间均衡状态下交通运输成本变化（或贸易自由度变化）对两个地区经济发展水平的影响效应，以此揭示交通基础设施对区域经济增长的理论机制。

第四，短期均衡与长期均衡。空间均衡模型在市场出清状态下主要存在短期均衡与长期均衡两种状态，其中，短期均衡是各种变量在空间可移动品分布固定的条件下实现均衡的情况，而长期均衡则是各种变量在空间可移动品流动状态下实现均衡的情况。长期均衡可以用来分析经济的空间布局及结构分布问题，例如，分析交通基础设施对人口流动的理论机制过程中，通过刻画空间均衡状态下资本使用与市场规模之间的关系，剖析了人口流动与区位选择的理论机制，考察了交通基础设施条件改善对人口流动以及地区经济增长的作用效应；又如，分析交通基础设施对产业集聚的理论机制过程中，立足于经济实现长期均衡条件下，对于不同范围的贸易自由度，其所产生的产业空间布局效应是不同的，本书相关的理论研究结果表明，产业空间分布的稳定结构主要有“对称结构稳定均衡”（可移动品在两个地区占比相同）、

"非对称结构稳定均衡"（可移动品大部分集聚于一个地区）、"'中心－外围'结构稳定均衡"（可移动品主要集聚于一个区域）三种类型；再如，通过引入技术创新部门，构建了交通基础设施、技术创新与区域经济增长的空间均衡模型，基于交通运输成本变化的视角，推演不同交通运输成本下技术创新的演化过程，分析长期空间均衡状态下交通运输成本变化与地区经济增长的变动情况。此外，对于空间短期均衡和长期均衡是否存在解析解的问题也是值得关注的，因为理论建模的复杂性，在模型均衡时无法求解，这就需要借助数值模拟的方法来进行。然而，数值模拟的方式无法判断模型是否真的存在解以及解的数量问题，并且不同参数的变化也可能使得研究结论出现一定的偏差，所以反复进行数值模拟试验来验证空间均衡的稳定性是十分必要的。为此，本书在分析过程中，通过不同的参数取值来进一步观察空间结构的稳定性问题，并采用计量经济学的方法来验证本书所提出的理论研究假说，从而使得理论分析更加贴合现实经济的运行状况。

综合上述，本书在充分借鉴新经济地理理论分析框架基础上，将继续传承和发扬空间均衡模型的研究范式，结合当前微观经济理论建模的相关研究成果，通过经济主体行为的最优化来分析经济的空间分布结构。在此基础上，探究交通基础设施建设引起的交通运输成本减少及其经济增长效应，并讨论空间均衡条件下经济空间结构的稳定性问题，从而为空间均衡模型研究提供一个较为完整的分析范式和框架借鉴。

二、传承交通运输成本基本假设

交通运输成本作为集聚与增长的核心变量，是影响经济活动的关键要素。为了有效运用新经济地理理论进行科学研究，需要传承经典理论中那些逻辑自洽的前提假设。交通运输成本是影响空间均衡的关键因素，因而基于交通运输成本的视角研究交通基础设施对区域经济增长的影响是最为直接有效的方式。从广义角度来看，交通运输成本内涵主要包括四个方面：一是运输成本本身，是指物体在空间位置上发生移动时所需要耗费的资源多少；二是运输时间成本，即物体在运输过程中所耗费的时间长短；三是交易成本，包括社会制度、风俗习惯、语言文字等所产生的信息不对称问题，为规避信息传播不畅则需要付出一定的成本；四是跨境关税和非关税成本。

传统的经济学理论一般假定经济生产要素在地理空间上的移动具有瞬时特征，所以经济生产要素的流动是不需要付出经济成本的，交通运输成本的减少并未对经济活动造成实质性影响。但是，交通运输成本在现实经济运转过程中却起到了不容忽视的作用，譬如，生产要素的流动与商品货物贸易在一定程度上会牵涉到交通运输问题，公路、铁路、水运等交通基础设施除了提供基本的运输功能以外，还具有典型的网络性与外部性，其对经济活动具有重要影响。一方面，交通基础设施具有网络结构特征，能够在不同地区紧密联系在一起，加强了各地区之间的经济活动交流，通过降低交通运输成本来实现“扩散效应”，从而带动邻近地区经济发展。另一方面，交通运输成本的降低会使得地区通达性发生变化，有利于提升地区对人口等经济要素流入的吸引力，从而加快经济要素流动速率，进一步激发经济增长潜在动力。由此可见，现实中由于交通基础设施建设的不完备性会使得经济活动面临一定的交通运输成本，若忽略广义层面上的运输成本则会导致对现实经济现象理解的片面性，容易出现理论分析偏误。

此外，由于交通运输成本的核算存在一定复杂性，如何有效整合现实中各类交通工具所产生的交通运输成本是本书理论研究的重要环节。为此，本书借鉴萨缪尔森（Samuelson）的“冰山”运输成本形式来衡量地区间的交通运输成本，根据他所提出的核心思想，企业生产的产品在地区贸易过程中，其价值会有一部分在运输途中损耗掉，剩下的那部分未损耗的产品才能被运输到相应的目的地。举个例子，即某一初始价值为 V 的产品从地区 1 运输至地区 2 过程中将损失掉一部分，这一逻辑就好比冰山在运输途中不断“融解”或“蒸发”的过程，最终到达产品运送目的地的那部分价值即为 $V\tau 0$（1

$> \tau 0 > 0$），而将会有价值 $V(1-\tau 0)$ 遭受损失。在本例中，$\tau 0$ 越大则表明区域之间的运输成本较小，反之，$\tau 0$ 越小则表明区域之间的运输成本较大，即 $\tau 0$ 是交通运输成本的逆指数。

总而言之，本书传承了新经济地理学研究中关于可移动品交通运输成本的理论假定，这一假定符合现实中交通基础设施不断完善而使得交通运输成本出现递减的一般性经济规律，能够将抽象的交通运输成本问题形象化，从而有助于本书构建空间均衡模型来解析交通基础设施条件改善所引起的交通运输成本变化与区域经济增长之间的理论机制。

三、强调微观经济主体的异质性

本书之所以强调微观经济主体的异质性，是因为现实经济运行是十分复杂的过程，受到多部门、多要素的相互影响和相互制约。现实经济活动不仅存在大量均质的空间分布现象，而且也存在大量非均质的空间分布现象，这种不均匀具体体现在资源禀赋、人口流动和产业构成等方方面面的异质性。这是由于经济增长、人口迁移、产业转移等是逐渐的、选择性的演变过程，资本、技术、劳动力等生产要素无法在一瞬间实现同步流动、转移，经济活动也无法在短时间内完成，生产厂商更无法在短时间内向同一地区集聚。正是由于微观经济主体之间具有异质性特征，才使得经济活动呈现出了各种各样的空间分布结构和发展演化格局，进而导致一些地区拥有大量资本、企业和劳动力，而另外一些地区对生产要素的吸引力严重不足。因此，为了能够清晰地阐释微观经济主体的相互作用，厘清经济主体行为对经济增长的影响过程，则要强调微观经济主体的异质性特征，从而建立一个与现实经济活动相符合的理论模型。

首先，从微观行为主体来看，本书在构建空间经济理论模型过程中，主要引入了消费者、生产者两类微观行为主体，这两类微观行为主体存在明显的异质性特征。其中，从消费者角度来看，借鉴 Krugman 的做法，代表性消费者的效用函数用柯布消费者效用函数表示，其主要由工业品和农产品两部分构成，在预算约束条件下，其通过消费这两种不同的商品来满足自身效用的最大化；从生产者角度来看，生产者主要指的是工业企业，假定每个企业仅生产制造一种工业产品，且仅投入一单位的物质资本和若干单位的劳动力，二者分别对应的是不变投入和可变投入。与此同时，生产每一种潜在商品具有固定的生产成本和不变的边际成本，然后结合需求函数和企业自由进入的相关条件，就能够推导出每个企业所面临的均衡价格、均衡产量以及产品种类数量。除此之外，上述关于企业的假定也意味着其成本函数存在平均成本递减、边际成本不变、内部规模经济的特征，由此构建一个相对符合实际经济情况的空间经济理论模型。

其次，从各类生产部门来看，本书假定基本的经济系统主要由农业部门和工业部门所构成，并在此基础上进一步引入了资本创造部门和技术创新部门。其中，工业部门以规模报酬递增和 Dixit–Stiglitz 垄断竞争为特征，每个企业利用资本和劳动力生产差异化产品；农业部门主要使用劳动作为投入要素，同时，农业部门以规模报酬不变和完全竞争为主要特征；与农业部门类似，资本创造部门具有规模报酬不变和完全竞争的特征，其在资本创造过程中仅采用劳动力这一种生产要素，且资产形成不存在地域性差异；技术创新部门主要运用知识资本促进企业生产效率不断提高，从而实现地区整体的技术进步，同时，技术创新部门还具有知识溢出效应，而知识溢出效应的大小主要受到地理距离远近的影响，这将在后文进行详细论述。

最后，本书在构建空间经济理论模型过程中，充分考虑微观经济主体的异质性，并结合章节的研究内容，从人口流动、产业集聚和技术创新三大渠道来对交通基础设施与区域经济增长之间的关系进行理论建模，以此分析这些研究对象之间所存在的理论机制。

四、注重不可移动品的作用效果

近年来，伴随研究的新思想、新方法、新技术层出不穷，空间经济学相关理论也得到了进一步拓展。目前，以地方品质驱动的新空间经济学，十分重视不可移动品对要素集聚的影响。无论是可移动品，还是不可移动品，其主要强调产品生产以及消费的区位属性。现实经济中，人口、资本和技术等生产要素的非均匀分布是一个普遍存在的现象，除了自然因素（如资源、气候、海拔、地形等）以外，经济社会繁荣程度也是一个重要原因，这使得即便两个地区具备相似的自然因素条件，但其最终所引起的资源分布却依然存在很大差异。新空间经济学将不可移动品的作用纳入空间均衡模型的分析框架中，探析了其对于经济活动空间分布所产生的效应问题。不可移动品的生产与消费行为在空间上是不可分割的，比如，新经济地理学中假定本地农业劳动力所生产的农产品在本地进行消费，新空间经济学假定一些无法复制的自然景观、休闲旅游、特色餐饮等需要在本地进行消费。此外，现实经济社会中还存在诸多不可移动品，如医疗服务、教育服务、技术服务等，当然，这些服务除了可供本地区居民消费之外，外地居民也可支付一定的交通运输成本来获得消费。

本书之所以考虑不可移动品的作用，主要是因为各类经济要素在流动过程中不仅需要考虑成本（支出）与收益（收入）问题，有时还要注重所在地区不可移动品所具有的本地属性，这些属性一般在其他地区不可复制，同时又能与经济要素流入当地的目的相契合，满足了经济要素的各类需求，因而是影响经济要素空间区位选择的重要因子。作为理性经济人，人口流动趋势主要偏向于地方品质突出的发达地区，即地区经济增长越快、公共服务质量越高、交通基础设施越好则越有利于吸引人口流入。同时，人口流动能够为地区经济增长提供充足的劳动力，为企业提供充足的人力资本，这不仅提高了地区总体生产水平，同时也改善了地区消费者福利水平。在长期空间均衡条件下，当人口向某地区集聚达到一定水平时，地区经济增长份额会不断提高。当地区经济实现繁荣发展后，又能够为本地区交通设施、文化教育、医疗卫生等公共服务奠定坚实的物质基础，从而进一步提升本地区地方品质水平，增强本地区核心竞争力。

第二节　经济增长的三大影响因素

通过回顾经济增长理论不难看出，各种类型的经济增长模型中，均将人口、资本、技术视为重要的影响因素纳入统一的分析框架中，因而在研究经济增长相关问题时，无可避免地需要探讨这三类重要因素。为了能够更加直观刻画出人口、资本、技术对经济增长影响的重要程度，本书先运用一个简洁的数理模型来分析经济增长的影响因素。

首先，假定经济产出函数的表达式为如下形式：

$$Y_t = A_t F(L_t, K_t)$$

式中，Y 表示产出水平，A 是生产技术水平，L 表示劳动投入，K 表示资本投入，下标“t”表示时间。

其次，假定生产函数的表达式具有 Cobb-Douglas 形式，则有：

$$Y_t = A_t L_t^{\alpha} K_t^{\beta}$$

式中，α、β 分别表示劳动和资本所占的份额。需要说明的是，模型中的技术进步为希克斯中性，其生产具有规模报酬不变的特征。进一步对等式两边取对数处理，然后对时间 t 求导，通过整理可以得到：

$$g_Y = g_A + \alpha g_L + \beta g_K$$

式中，g_Y、g_A、g_L、g_K 分别表示产出、技术、劳动、资本的增长率，同时，公式表明，产出增长 = 技术增长 + 劳动增长 + 资本增长。由此可见，经济增长是技术、劳动和资本三大要素综合影响下的结果。那么，下文将围绕人口、资本和技术这三个最为主要的因素来具体分析经济增长的动态过程。

一、人口规模是经济增长不可或缺的资源要素

改革开放四十余年来，中国经济发展水平得到了不断提升，人均经济增长水平也有了大幅提升。有研究指出，劳动力使用效率的提高是中国经济增长的基础，其是推动经济增长的重要因素。郭继强认为，经济总体上在人口规模、人口结构和人力资本等因素相互作用、共同推动下实现了稳定增长。诸多研究指出，“人口红利”对于经济的快速增长具有重要的支撑作用，充足的劳动力供给是经济增长的重要源泉。车士义、陈卫、郭琳采用全要素生产函数分解指数，对中国1978—2008年人口红利对经济增长的贡献率进行测度，结果表明，劳动力数量、质量、人口因素和人口红利的贡献率分别占到了9%、10.4%、19.4%和3%。尹银和周俊山利用中国省级面板数据分析了人口红利的经济增长效应,发现人口红利是推动经济增长的主要因素之一。

理论上，在探讨人口数量影响经济增长的相关问题时，Bloometal认为，人力资本、人口数量和储蓄规模三者联合所产生的“人口红利”能够产生良好的经济效应，这是因为：首先，经济生产过程中必须依靠一定数量的劳动力，在生产过程中如果提高人口参与率能够增加人均劳动生产率，从而发挥“人口红利”；其次，人口数量增加能够为国家或地区积累一定的人力资本，促进劳动力由非熟练向熟练转变，并通过提高生产效率来实现国家或地区经济增长；最后，储蓄也是发挥“人口红利”的重要渠道，家庭储蓄意愿的增加会为经济增长储备更充足的物质资本，能够将资本转化为有效投资，从而对经济增长形成积极的正向作用。

接下来，本书将基于一个简单的增长模型，以此来刻画人口规模对经济增长的理论机制。该模型主要由Jones提出，研究主要基于Solow创建的新古典增长模型、Romer创建的内生增长模型，核心思想是通过人口增长率来影响经济增长率的建模思路，以此刻画了人口规模与经济增长之间的关系。在该模型中，需要假设经济体中的人口数量能够持续增加，人口每期所增加的比例是一个给定的常数n，令H_t代表在时间t时的人口总数，为便于分析，

本书将其视为劳动力总数，H_0（$H_0 > 0$）为期初人口总数，$\dot{H}_t$ 为 t 时期的人口增加数，则人口增长率可表示为：

$$n = \frac{\dot{H}_t}{H_t} > 0$$

该模型的第二个假设是存在规模报酬递增效应，这也意味着，知识具有非竞争性，知识的非竞争性意味着只要知识被发明或创造出来，就能够被用于任何规模的生产，该假定满足规模报酬递增的原理，因而生产第一个单位的产品时需要花费一定的资源投入，而生产第二、第三等多个单位产品时，就不再需要生产额外的知识，仅通过同类型的技术复制即可，这也说明随后所生产的产品具备收益递增的基本特征，因而知识生产具备收益递增的特点。设 Y_t 为总产出，设 A_t 为经济体中的知识存量，生产函数具有如下函数形式：

$$Y_t = A_t^{\sigma} H_{1t}$$

式中，H_{1t} 为第 t 期劳动总人数，$\sigma > 0$ 表示规模报酬递增的假设。若知识存量维持不变，那么规模报酬也将不变，仅当 H_{1t} 的数量翻倍才会使产出翻倍。由于前文假定知识具有非竞争性特征，现有知识存量 A_t 可用于任何规模的生产，从而使得 A_t 与 H_{1t} 的收益实现同步增长。

进一步地，则是描述刻画知识生产的过程，由于本节只是为了简单说明人口规模对经济增长的影响效应，为了能够方便本书的理论分析，此处假定知识的生产过程具有如下表达形式：

$$\dot{A}_t = \delta H_{2t}$$

式中，H_{2t} 是第 t 期用于创造新知识的劳动者数量，即知识创造者或科技发明者；$\dot{A}_t$ 表示知识增加量；δ 是每一位知识创造者或科技发明者单位时间内所发现的知识数量，$\delta > 0$。此外，假定知识与物质资本不同，其不存在折旧。据此，经济体的总资源约束就可以表述为：

$$H_{1t} + H_{2t} = H_t$$

上式背后所蕴含的经济原理是：经济体中存在两种生产要素，一种是生

产产品的劳动力 H_{1t}，另一种是生产知识的劳动力 H_{2t}，二者相加即为经济体的资源约束条件。如果经济体所有劳动力中有 θ（$0 < \theta < 1$）比例投入到产品生产中，则会有 $1-\theta$ 比例投入到知识生产中，那么生产产品的劳动力 $H_{1t}=\theta H_t$，生产知识的劳动力 $H_{2t}=(1-\theta)H_t$。根据 $\dot{A}_t = \delta H_{2t}$ 的生产函数，每个工人的产量由下式给出：

$$y_t = \frac{Y_t}{H_t} = (1-\theta)A_t^{\sigma}$$

式中，y_t 为第 t 期劳动力的单位总产出。从这里可以看出，劳动力的单位产量增长率 $\dot{y}_t / y_t = (1-\theta)\times\sigma\times(A_t / A_t)$，因而当劳动力分配到产品生产的比例 θ 固定的情况下，劳动力的单位产量增长率取决于知识产出的弹性 σ。进一步根据 $\dot{A}_t = \delta H_{2t}$ 中关于知识生产的表达式，则可以得到知识增长率的表达式：

$$g_A = \frac{\dot{A}_t}{A_t} = \delta\frac{\theta H_t}{A_t}$$

结合知识增长率的表达式，若经济达到稳态时，$\dot{A}_t / A_t$ 将维持恒定而不发生任何改变。为了维持 $\dot{A}_t / A_t$ 在上式中恒定不变，那么 H_t / A_t 的比例也需要保持不变。不难看出，该模型存在一个稳定的平衡增长路径。因此，这个经济体的长期人均产出增长率由下面这个公式给出：

$$g_Y = \frac{\dot{y}_t}{y_t} = (1-\theta)\times\sigma\times n$$

上式结果表明，该理论模型中人口增长和收益递增所发挥的重要作用，即当劳动力分配到产品生产的比例 θ 固定的情况下，人均产出增长率与人口增长率水平之间存在正相关关系，人口增长率水平越高，则经济增长速度越快。

根据上述分析，不难发现：长期的人均增长来自人口增长率和规模报酬递增程度，即人口数量红利对经济增长具有正向影响效应。但是，其背后所揭示的经济学原理远不止于此，人口数量增长幅度越大，意味着人口数量中所蕴含的人力资本水平也越高，提高人力资本水平对于知识创造是有利的，这一点将在本章后文分析中得以证实，这为本书研究提供了理论借鉴和经验参考。

二、资本积累是经济增长至关重要的实现途径

经济增长的一个重要推力是物质资本投入，资本积累对经济增长的影响效应最早可追溯到古典经济增长时期。1947 年，罗伊·哈罗德（Roy Harrod）和埃弗塞·多马（Evsey David Domar）提出的 Harrod-Domar 模型印证了资本积累在经济增长中的重要作用。接下来，为了清晰阐述物质资本在经济增长中所起的作用，本书将运用索洛模型来刻画具体的理论机制。

假定在一个封闭的经济体中，存在一个最终产品部门，该部门主要利用资本、劳动两种要素来从事生产活动，其生产函数可以汇总为社会生产函数。同时，该经济体处于一个无限的离散时间内，t=1，2，3，…，∞，这意味着代表性家庭也将存续无限期，假设经济体满足 Cobb-Douglas 函数形式：

$$Y_t = A_t F(K_t, L_t) = A_t K_t^{\alpha} L_t^{1-\alpha}$$

式中，Y_t 为 t（t=1，2，3，…，∞）时刻的社会总产出；A_t=egt 为技术进步，g 为技术进步率，技术具有非排他性，这就意味着，在该技术未申请专利的情况下，一旦技术被发明创造出来，就能够被其他企业所使用而转化为实际生产力，因为技术是可以被其他企业所模仿的；K_t 为资本存量；L_t 为劳动力数量；α（$0 < \alpha < 1$）为资本的产出弹性。需要说明的是，该生产函数具有新古典经济的一般性质，即存在正的递减的边际产品、规模报酬不变、满足稻田（Inada）条件。那么，该经济体的资本演化方程可表示为：

$$\dot{K}_t = \frac{dK_t}{dt} = se^{gt} K_t^{\alpha}(L_0 e^{nt}) = sK_t^{\alpha} L_0^{1-\alpha} e^{[n(1-\alpha)+g]t}$$

式中，K_t 为第 t（t=1，2，3，…，∞）时刻的资本存量，K_0 为初始资本存量，L_0 为初始劳动力数量，β=1−α。资本存量在长期将按照 n +（g/β）的速率增长；该经济体的人均产出的增长率为 n +（$\alpha g/\beta$），人均产出的增长率不仅要高于人口增长率，而且要高于 $n+g$，原因是更高的人均产出将促进储蓄和投资

的上升，进而促进经济增长，形成正向促进作用。

本书延续前文的分析，假定生产的规模报酬具有不变性，然后将 $Y_t = A_t F(K_t, L_t) = A_t K_t^{\alpha} L_t^{1-\alpha}$ 进一步变形为偏向性技术进步形式，具体如下：

$$Y_t = F(K_t, A_t L_t)$$

式中，$A_t L_t$ 被称为有效劳动。本书对上式求平均数，即：

$$\frac{Y_t}{A_t L_t} = F(\frac{K_t}{A_t L_t}, 1) \Rightarrow y_t = f(k_t)$$

式中，y_t 为有效劳动的平均产出，k_t 为有效劳动的平均资本，现在仅考虑按有效劳动平均的资本，即：

$$\dot{k}_t = \frac{\dot{K}_t}{A_t L_t}$$

对上式关于时间 t（t=1，2，3，…，∞）求导数，利用链式导数运算规则，可得：

$$\dot{k}_t = \frac{\dot{K}_t}{A_t L_t} - \frac{K_t}{(A_t L_t)^2}(A_t \dot{L}_t + \dot{A}_t L_t)$$

$$= \frac{\dot{K}_t}{A_t L_t} - \frac{K_t}{A_t L_t} \times \frac{\dot{L}_t}{L_t} - \frac{K_t}{A_t L_t} \times \frac{\dot{A}_t}{A_t}$$

$$= \frac{sY_t - \delta K_t}{A_t L_t} - k_t \times n - k_t \times g$$

$$= sf(k_t) - (\delta + n + g)k_t$$

从上式中不难看出，每单位有效劳动资本 $\dot{k}_t$ 的变化取决于每单位有效劳动的实际投资量 $sf(k_t)$ 和投资的平衡水平（δ+n+g）k_t 两方面因素。为了更好地说明这一关系，图 2-1 中描绘了单位有效劳动资本 k_t 与经济产出 f（k_t）的关系，其中，曲线 f（k_t）为生产函数曲线，直线（δ+n+g）k_t 为具有正斜率 δ+n+g 的直线。模型实现稳态的条件是 sf（k_t）=（δ+n+g）k_t。根据稳态的经济学内涵，当经济在 A 点运行时，对应的人均资本存量为 k^*。由上式可知，此时 $\dot{k}_t = 0$，这时候无论 t（t=1，2，3，…，∞）发生怎样的变化，人均资本量均不会发生任何改变。

根据上述分析，本书可以观察到一个有趣的经济现象：当人均资本存量为k_0时，存在单位有效劳动的实际投资量$sf(k_t)$大于投资的平衡水平$(\delta+n+g)k_t$，图中B点位置对应的$f(k_t)$大于C点位置对应的$f(k_t)$，此时，增加资本投资将有利于促进资本存量向稳态资本存量收敛。当人均资本存量为k_1时，存在单位有效劳动的实际投资量$sf(k_t)$小于投资的平衡水平$(\delta+n+g)k_t$，图中D点位置对应的$f(k_t)$位置大于E点位置对应的$f(k_t)$，此时，逐步缩小资本投资将有利于促进资本存量向稳态资本存量收敛。

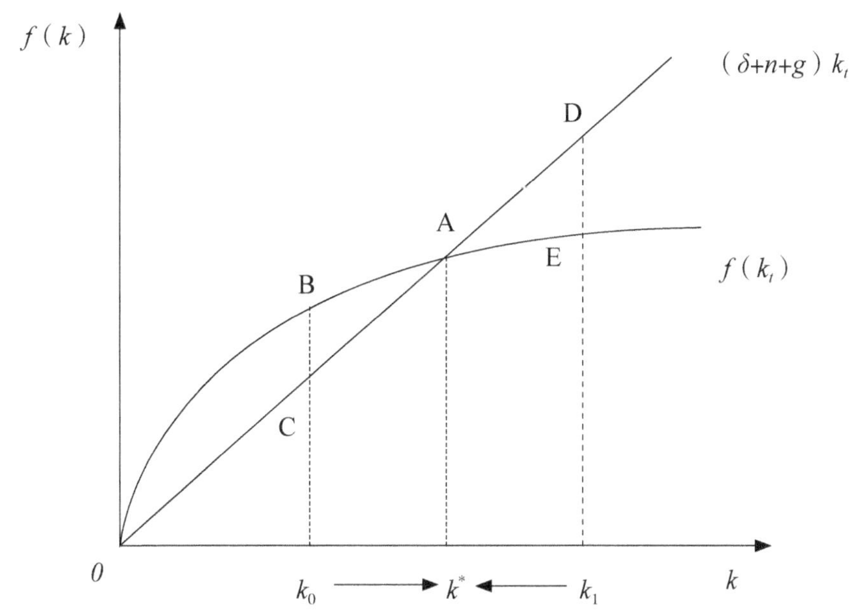

图2-1　单位有效劳动资本与经济产出的关系

综上所述，尽管物质资本投资并非经济增长的源泉，但却是经济增长至关重要的实现途径，也是推进经济增长的重要动力。资本积累在短期内有助于提升经济增长水平，但从长期来看却无法进一步提升经济增长，因为资本的边际报酬递减规律存在$(0<\alpha<1)$，而且技术进步对经济增长的贡献也不容忽视，因为技术进步的变化在某种程度上并不是外部因素决定的，而

是受到科研人员、研发投入等一系列因素的共同影响和作用。从我国相关研究结果来看，汤向俊认为，物质资本积累是改革开放以来推动我国经济增长的主要因素，其对经济增长的边际产出弹性约为 0.67。张平、刘霞辉、张晓晶等发现，1978 年以来，物质资本对经济增长的贡献率达到 70.4%。由此可见，虽然越来越多的理论开始关注资本以外其他因素对经济增长的作用，但是仍然不能否定资本对经济增长的贡献。在探究经济增长问题时，既要强调资本积累对经济增长的基础性作用，也要强调技术、人力资本等其他因素对经济增长的影响。

三、技术进步是经济增长持续不竭的动力源泉

正如马克思在《资本论》中所提到的那样："劳动生产力是由多种情况决定的，包括：工人的平均熟练程度，科学的发展水平和它在工艺上应用的程度，生产过程的社会结合，生产资料的规模和效能，以及自然条件。"并且，"劳动生产力是随着科学和技术的不断进步而不断发展的"。由此表明，劳动生产率的提高得益于技术不断进步，而经济增长水平的提升又离不开劳动生产率的提高。因此，技术进步对于经济增长而言是十分重要的。

新古典经济增长模型揭示了经济产出主要受资本增长率、劳动增长率、技术进步贡献率的影响，即：$\Delta Y/Y=\alpha(\Delta K/K)+\beta(\Delta L/L)+\Delta A/A$。其中，$Y=AK^{\alpha}L^{\beta}$。但是，资本要素的边际产出存在递减的一般性规律，所以在长期条件下，资本将无法维持经济增长。

长期以来，学者们为了解决索洛模型中关于技术进步增长率外生的假定，构建了技术进步内生的经济增长理论模型，由此形成了内生经济增长理论。随着内生经济增长理论的不断兴起，20 世纪 90 年代的经济增长理论又再次引起学术研究者的浓厚兴趣。

内生经济增长理论假定技术进步是经济系统内部所决定的，其与资本投资存在互动性，市场主体在经济活动过程中有针对性的投资、创造和生产是

技术进步的原因。技术进步本质上不同于一般的商品，其主要由人类进行开发创造，这意味着人力资本在技术进步过程中起到关键性的作用。与此同时，技术进步具有外部性和溢出效应，当知识或技术被发明创造出来之后，能够在一定的范围内被其他个体或组织再次吸收、利用和转化，因而技术进步对实现经济可持续增长至关重要。接下来，本书运用 Romer、Grossman and Helpman、Aghion and Howitt 的内生经济增长理论模型来阐释技术进步影响经济增长的理论机制。假定经济体由研发和生产两个部门所组成，二者分别拥有 a_L 和 $1-a_L$ 比例的人力资本。同时，物质资本也在两部门分配，有 a_K 比例投入到研发部门，$1-a_K$ 比例用于生产部门。此外，假定人口数量为 $L(t+1)=nL(t)$。那么，令经济体生产函数可表示为：

$$Y(t)=F[(1-a_K)K(t),A(t)(1-a_L)H(t)]$$

式中，$Y(t)$ 为经济产出，$K(t)$ 为资本，$A(t)$ 为技术水平，$H(t)$ 为人力资本。同上一节类似，假设资本积累方程为：

$$\dot{K}(t)=sY(t)$$

根据 $Y(t)=F[(1-a_K)K(t),A(t)(1-a_L)H(t)]$ 和 $\dot{K}(t)=sY(t)$ 资本积累方程可得资本积累增长率为：

$$g_K=\dot{K}(t)/K(t)=F[(1-a_K),A(t)(1-a_L)H(t)/K(t)]$$

由此可得：

$$\dot{g}_k/g_k=\varepsilon_{FL}(g_A+n-g_K)$$

其中，ε_{FL} 为生产函数中劳动的产出弹性。进一步，本书令研发部门的生产函数为：

$$\dot{A}(t)=A(t)^{\theta}B[a_K K(t),a_L H(t)]$$

式中，$A(t)$ 为技术进步，B 为 $\dot{A}(t)$ 关于物质资本和人力资本的函数，对上式两边同时除以 $A(t)$，则有：

$$g_A(t)=\frac{\dot{A}(t)}{A(t)}=A(t)^{\theta-1}B[a_K K(t),a_L H(t)]$$

更进一步，对上式两边同时取对数并求导就可获得 $\dot{g}_A(t)/g_A(t)$（技术进步增长率）的表达式：

$$\frac{\dot{g}_A(t)}{g_A(t)}=\frac{\dot{A}(t)}{A(t)}=(\theta-1)g_A+\varepsilon_{BK}g_K+\varepsilon_{BL}n$$

其中，$\dot{H}(t)/H(t)=\dot{L}(t)/L(t)=n$，$\varepsilon_{BK}$ 为技术生产函数中资本对技术产出弹性，ε_{BL} 为技术生产函数中劳动力对技术产出弹性。由此，本书可以根据方程 $\dot{g}_k/g_k=\varepsilon_{FL}(g_A+n-g_K)$ 和方程 $\frac{\dot{g}_A(t)}{g_A(t)}=\frac{\dot{A}(t)}{A(t)}=(\theta-1)g_A+\varepsilon_{BK}g_K+\varepsilon_{BL}n$ 来探讨这一模型的动态特征。

第一，当 $\varepsilon_{BK}+\theta<1$ 时，有 $\dot{g}_A(t)=\dot{g}_K(t)=0$，进一步推导出均衡解：

$$g_A^*=(\varepsilon_{BK}+\varepsilon_{BL})n/(1-\theta-\varepsilon_{BK})$$

$$g_K^*=(1-\theta+\varepsilon_{BL})n/(1-\theta-\varepsilon_{BK})$$

当经济处于均衡状态时，根据公式 $Y(t)=F[(1-a_K)K(t),A(t)(1-a_L)H(t)]$，总产出增长率和人均产出增长率可分别表示为：

$$g_Y=(1-\varepsilon_{FL})g_K+\varepsilon_{FL}(g_A+n)$$

$$g_y=g_Y-n=(1-\varepsilon_{FL})g_K+\varepsilon_{FL}g_A(\varepsilon_{FL}-1)n=g_A$$

所以，当存在持续性的技术进步率和资本增长率时，总产出和人均产出也将持续性地增长，且人均资本、人均产出和技术进步率相等。关于这一结论，也可以通过图 2-2 中的相位图看出，图中 A_1、K_1 两条斜线分别表示技术进步率和资本增长率维持不变的 g_A 和 g_K 的组合点。因为存在 $\varepsilon_{BK}+\theta<1$，所以斜线 A_1 的斜率大于 K_1，因而二者肯定会相交于一点（g_A^*,g_K^*），这就说明经济中的局部均衡解是存在的。

同时，根据公式 $g_A^*=(\varepsilon_{BK}+\varepsilon_{BL})n/(1-\theta-\varepsilon_{BK})$ 和公式 $g_K^*=(1-\theta+\varepsilon_{BL})n/(1-\theta-\varepsilon_{BK})$，当 g_A 位于斜线 A_1 上方时，技术进步率会提升，当 g_A 位于斜线 A_1 下方时，技术进步率会降低；同理，当 g_K 位于 K_1 上方时，资本增长率会降低，当 g_K 位于 K_1 下方时，资本增长率会提升。这就表明，技

术进步增长率和资本增长率始终会收敛至（ g_A^*, g_K^* ）。

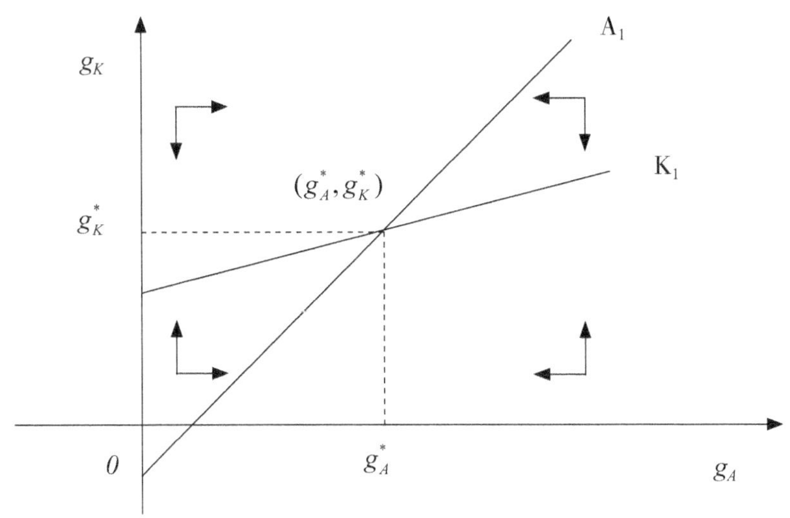

图2-2 $\varepsilon_{BK}+\theta<1$ 时的经济动态演化特征

第二，当 $\varepsilon_{BK}+\theta > 1$ 时，则存在唯一的一对负数使得经济处于均衡状态，这一均衡解为：

$$g_A^* = (\varepsilon_{BK} + \varepsilon_{BL})n / (1-\theta-\varepsilon_{BK})$$

$$g_K^* = (1-\theta+\varepsilon_{BL})n / (1-\theta-\varepsilon_{BK})$$

根据上式以及相关的条件可知，动态均衡时的技术进步率和资本增长率皆为负数，此时经济有可能出现负增长。但是，只要初始技术进步率和资本增长率不为负值或只为很小的负值，那么经济最终还是会收敛于持续增长的状态。如图 2-3 中的相位图所示，图中 A_2、K_2 两条斜线分别表示技术进步率和资本增长率维持不变的 g_A 和 g_K 的组合点。因为存在 $\varepsilon_{BK}+\theta > 1$，所以斜线 K_2 的斜率大于 A_2，因而技术进步增长率和资本增长率始终会收敛至（ g_A^*, g_K^* ），这就说明经济中的局部均衡解是存在的。同时，根据图 2-3 可知，经济增长可能存在持续的负向增长，更进一步，相位图还说明只要初始技术进步率和资本增长率不为负值或只为很小的负值，那么经济增长最终还是能够收敛至持续增长的状态，这和前文所揭示的结论相一致。

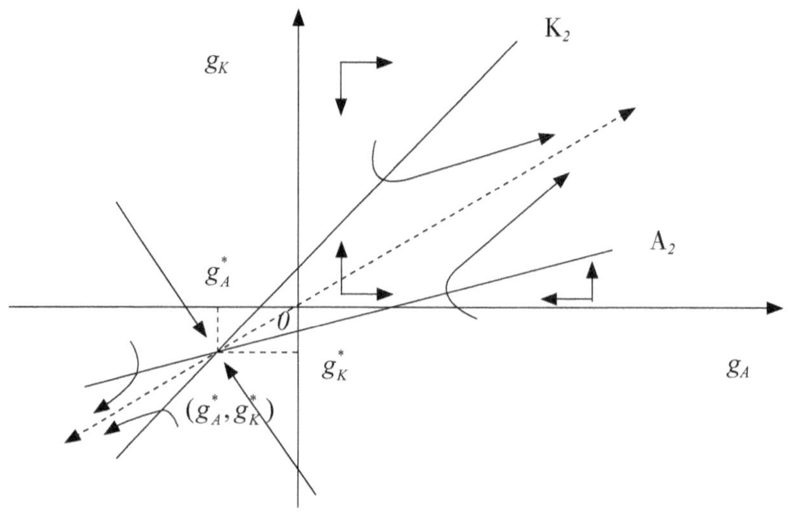

图 2-3 $\varepsilon_{BK}+\theta>1$ 时的经济动态演化特征

第三，当 $\varepsilon_{BK}+\theta=1$ 且 $n \neq 0$ 时，根据上式以及相关的条件可知，直线 A_3 和直线 K_3 的斜率完全相同，此时二者为两条不相交的平行线（如图 2-4 中子图 a 所示）；当 $\varepsilon_{BK}+\theta=1$ 且 $n=0$ 时，直线 A_4 和直线 K_4 的斜率完全相同，此时二者为两条重合的直线（如图 2-4 中子图 b 所示），并且在这两种情况下，经济均呈现出可持续增长的状态。

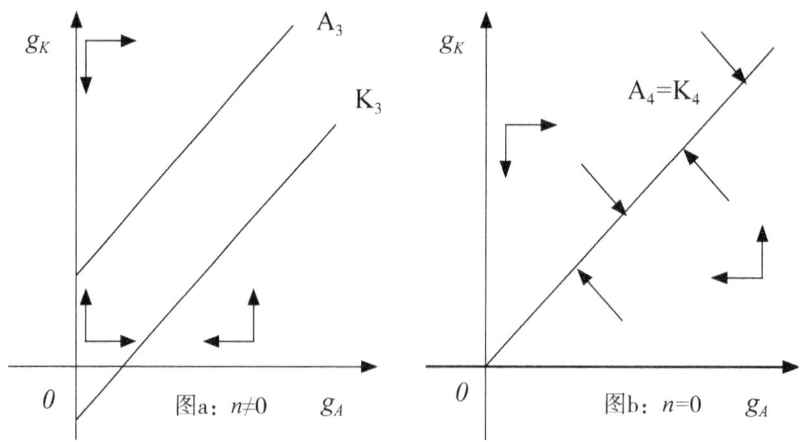

图2-4 $\varepsilon_{BK}+\theta=1$时的经济动态演化特征

综上分析可知，技术进步是经济增长的动力源泉，而促进人力资本积累有利于技术进步，人力资本与物质资本的相互影响共同决定了经济总产出水平，因而提升人力资本水平、增加科技研发投入、提高技术创新能力是推动经济长期增长的有效手段和方式。

第三节　交通运输对区域经济增长的影响机制

经济活动的地理空间组织依赖交通基础设施网络体系。在现代经济社会发展过程中，完善的交通基础设施是经济发展的一个先决条件，在空间经济活动的视域下，无法避免对交通基础设施的经济效应问题展开研究。目前，学术界对于交通基础设施与区域经济增长关系的研究较多，但已有文献并未系统性和综合性地研究交通基础设施对区域经济增长的作用渠道。同时，本书通过分析文献发现，大多数研究主要从实证分析的角度对二者之间的关系进行了讨论，并没有揭示其中的理论机制。理论上，交通基础设施改善能够直接减少地区之间的通勤成本，从而驱动人才、资金、技术等资源要素流动与集聚，各类经济主体在追求效用最大化的过程中实现经济要素需求与供给的空间均衡，最终影响经济增长的空间分布格局。

为此，前文对影响经济增长的三大因素进行了理论分析，运用经典的数理模型揭示了人口、资本和技术影响经济增长的理论机制，通过理论研究不难获得以下三点认识：第一，人口规模是经济增长不可或缺的资源要素；第二，资本积累是经济增长至关重要的实现途径；第三，技术进步是经济增长持续不竭的动力源泉。本书在人口、资本、技术对经济增长影响的研究基础上，进一步拓展至人口流动、产业集聚和技术创新三个层面，构成了一个既相互独立又相互影响的统一整体，以此研究交通基础设施影响区域经济增长的作用机制。

首先，交通基础设施建设作为一项公共服务的重大改进（如高铁建设），能够缩短客货运输时间，促进人口在空间上流动，进而对人口流向和活动范围造成影响。因为交通可达性的改善会产生“时空压缩效应”，进而对人口流动具有直接影响。当区域交通基础设施建设水平较低时，将使得企业跨区域投资和人口流动的意愿降低；相反，当区域交通基础设施建设水平较高时，人口流动的意愿会增强。前文分析了人口规模影响经济增长的理论机制，当人口向某一地区流入便能够为当地提供充足的劳动力资源，从而产生“人口数量红利”来带动地区经济增长。

其次，交通基础设施在宏观层面上引导了投资流向，并在中观层面上影响了产业集聚。正如前文理论研究所揭示的资本投资对经济增长具有短期影响，如果交通基础设施条件的改善促进了资本跨地区流动，那么资本积累过程中所产生的“集聚效应”将会进一步吸引更多的企业进驻，进而影响本地区产业集聚水平。新经济地理理论表明，交通运输成本的改善对于促进企业跨地区投资是有利的，由于发达地区通常具有更大的本地市场规模，从而对产业集聚具有正外部性并产生规模报酬递增效应，使得发达地区对周边欠发达地区产业的吸引力逐步增强，这就是交通基础设施所产生的“经济集聚效应”。

最后，交通基础设施建设会引发企业跨区域投资、集聚，并带动人力资本迁移，从而通过知识溢出效应重塑区域技术创新的空间组织形态。技术进步是经济增长的内生动力，而技术进步源于研发投入和技术创新，所以技术创新是影响经济增长的重要因素。交通基础设施所具备的网络系统性特征，能够促进高人力资本水平的科技型企业集聚，为企业创新型人才跨地区面对面交流提供了十分便捷的渠道，从而有利于加速新知识和新技术的传播及应用，这对于提升区域整体技术创新能力以及经济增长水平具有明显的促进作用，因而交通基础设施对区域经济增长具有“知识溢出效应”。

为此，本书将人口流动、产业集聚和技术创新纳入交通基础设施影响区域经济增长的理论分析中，构建了交通基础设施影响区域经济增长的空间均衡分析框架。基本框架如图 2-5 所示：

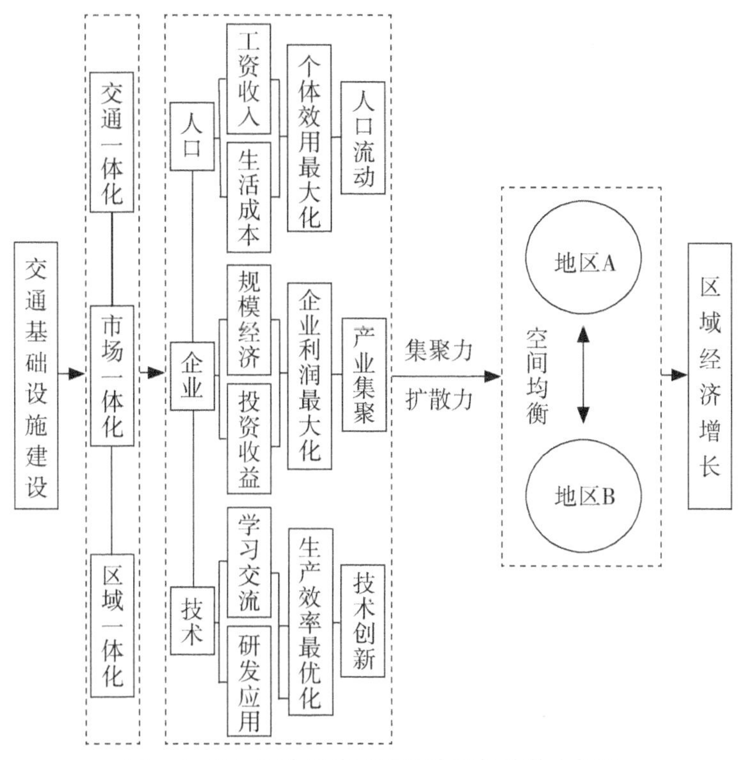

图2-5 交通运输影响区域经济增长的基本框架

一、交通基础设施通过人口流动影响区域经济增长

交通基础设施是影响人口流动的重要因素之一，是促进有效连接、提升通达能力、强化地区联系的载体，其在人口流动过程中扮演着十分重要的角色。高速公路、铁路等交通基础设施所构成的交通网络体系降低了空间距离的摩擦力，拓宽了人口的活动空间范围，增加了沿线人口出行需求，打破了原有的市场分割，在地区间产生显著的“时空压缩效应”，使得人口向中心地区或经济发达城市集聚的现象越来越普遍。根据“增长极理论”，从推动区域间人口流动的作用原理来看，人口迁入某地区的动力主要取决于地区间“集聚力”和“扩散力”的相互作用及其大小。理论上，当地区对人口流动

的“集聚力”大于“扩散力”时，该地区将出现人口净流入状态；相反，当地区对人口流动的“集聚力”小于“扩散力”时，该地区将出现人口净流出状态。此外，当地区对人口流动的“集聚力” 与“扩散力”相等时，此时将不再有人口流入或流出，地区之间的人口流动达到了空间均衡状态。人口向发达地区流动是经济发展的普遍规律,因为规模较大的城市具有显著的“工资溢价效应”，其能够充分发挥经济要素集聚的正外部性，并通过基础设施共享、劳动力技能匹配和强化人口学习能力三大微观机制来促使劳动力获得更高的劳动工资报酬，所以能够不断吸引人口源源流入并扩大城市发展规模和劳动力就业市场。在要素充分流动的市场经济条件下，在权衡生活成本与工资收入之后，交通基础设施的完善带来地区可达性的提高，为人口向发达地区流动提供了有利条件。

前文有效验证了人口规模对于促进经济增长的理论机制，人口数量所蕴含的人力资本作为重要的生产要素之一，提升人口资源的配置效率必然会成为促进地区经济增长的一个新引擎。交通基础设施建设有利于区域间物质流、人员流和信息流的交换，重塑了人口在地理空间上的分布格局，从某种程度上优化了人力资本在空间上的配置效率,进而对地区经济增长效率造成影响。其蕴含的理论机制主要是：交通基础设施建设增加了劳动力搜寻职位的可达性距离，扩大了交通基础设施网络内部地区的劳动力市场规模，为劳动力寻找新的就业机会提供了便利，充分提升了人口就业的适配性程度，降低了人力资源的空间错配，提高了人力资本的配置效率，从而促进了区域经济增长。区域经济增长会进一步扩大本地市场规模，提高本地劳动力工资率，政府可用于公共服务支出的财政收入也将不断提升，从而为吸引更多人口流入提供更好的外部经济环境，提升城市的人才吸引力并增加城市就业岗位，这将促进新一轮的人口迁入，由此催生新的服务供给和消费增长点。

然而，人口流动在地理空间上的分异会引致经济发展不平衡现象，一些小城市受限于经济规模较小或区位优势不足等因素，使得交通基础设施的完善会进一步导致外围地区人口等生产要素向中心地区的集聚，对外围地区经济发展产生了具有抑制作用的“虹吸效应”。所以，交通基础设施建设水平的提高不一定都能够有效促进区域经济增长，还要剖析交通基础设施建设所产生的“虹吸效应”和“扩散效应”孰占主导，需要比较人口流动对于地区而言究竟是“净流入”还是“净流出”。对于大城市而言，由于大城市市场规模大，享受规模报酬递增的优势，劳动力在大城市工作具有更高的报酬，这会促使经济活动从小城市向大城市转移，从而拉大了地区间的经济差距。对于中小城市而言，当地区经济发展、公共服务和优惠政策不断完善，并且交通基础设施条件的改善在降低人口跨地区流动障碍之后，才能有效引导拥有高人力资本水平的人口从发达地区向欠发达地区转移，从而发挥出交通基础设施建设的“扩散效应”，促进中小城市经济发展，最终缩小地区经济发展差距。

后文将基于空间均衡模型的基本原理，从交通基础设施降低交通运输成本的视角，通过构建两区域、两要素和三部门模型深入分析交通基础设施通过影响人口流动，进而影响区域经济增长的理论机制。如图 2-6 所示。

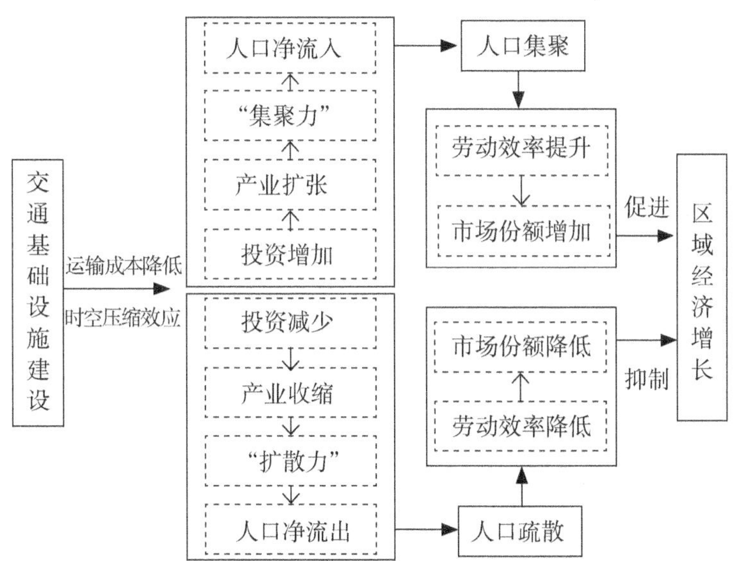

图2-6 交通基础设施影响区域经济增长的人口流动渠道

二、交通基础设施通过产业集聚影响区域经济增长

交通基础设施在微观层面上体现为影响企业的投资行为，而在宏观层面上则会影响产业集聚。资本是实现经济增长的关键要素，跨区域投资是促进资本集聚的途径之一，所以资本通过交通基础设施完善的跨区域投资则会形成产业集聚。交通基础设施完善和交通运输成本降低会通过产业集聚的“规模经济效应”和“价格指数效应”影响生产过程中要素的投入，然后对资本回报率造成影响，资本回报率又通过影响资本结构和资本积累来作用于区域经济增长。一方面，交通基础设施建设增强了地区之间的经济联系，显著降低了区域间的贸易成本，贸易成本降低使得企业生产成本减少，有利于增加企业数量并扩大生产规模。企业可以共享高技能劳动力、中间投入产品和相关基础设施，从而推动地区的垂直专业化分工和生产效率的提高，有利于企业通过集聚来实现“规模经济”。这有助于当地产业规模的扩张，进而令该地区的市场份额占比提升，这会使得本地区市场的产品竞争力加强，其单位产品的运输成本比其他地区单位产品更低，因此该地区的资本回报率也就越高。由于行业之间存在异质性的资本回报率，受交通基础设施的影响，不同行业内部或同一行业企业会选择在地区之间流动，以实现自身利润最大化，从而加速新一轮的产业集聚。另一方面，一个地区的产业类型越丰富、企业数量越多，则本地区不需要通过支付额外的交通运输成本就可以得到更多的中间和最终产品，这将有利于总体价格指数的降低，并提高劳动者的工资率，从而产生所谓的“价格指数效应”。这两种效应是集聚中心地区高于其他地区的工资水平、产业进一步集聚的根本原因。

此外，交通基础设施网络的完善扩大了地区消费市场规模，扩大了企业的销售半径，增加了可贸易产品的可达性距离，使得产业集聚中心地区的经济活动进一步辐射到其他周边地区。同时，伴随产业集聚中心地区市场规模的增加，产品竞争越激烈，厂商盈利也就越困难，因而倒逼企业转型升级和提升产品质量，从而有助于提高企业生产效率，最终持续拉动地区经济增

长，即形成所谓的“市场竞争效应”。这表明集聚是有度的，当产业集聚水平超过地区所能承载的相对规模后，“市场竞争效应”就能起到优化资源配置的作用，提高产业集聚的有效性和规模经济。在此过程中，产业的空间布局也会发生改变，当地区生产率趋于一致时，产业集聚的空间分布将呈现出“对称分布”的空间结构；当地区生产率存在一定差距时，产业部门趋向于绝大部分或完全集中在生产率水平较高的地区，产业集聚的空间分布应该是呈现出“非对称分布”或“中心－外围分布”的空间结构特征。产业集聚的这三种空间分布格局均是交通基础设施作用条件下产业实现空间均衡的稳定状态，并由此造成了地区的扩张以及区域经济增长的空间分异。

后文将基于空间均衡模型的基本原理，通过构建两区域、两要素和三部门模型深入分析交通基础设施通过影响产业集聚，进而影响区域经济增长的理论机制。如图 2–7 所示。

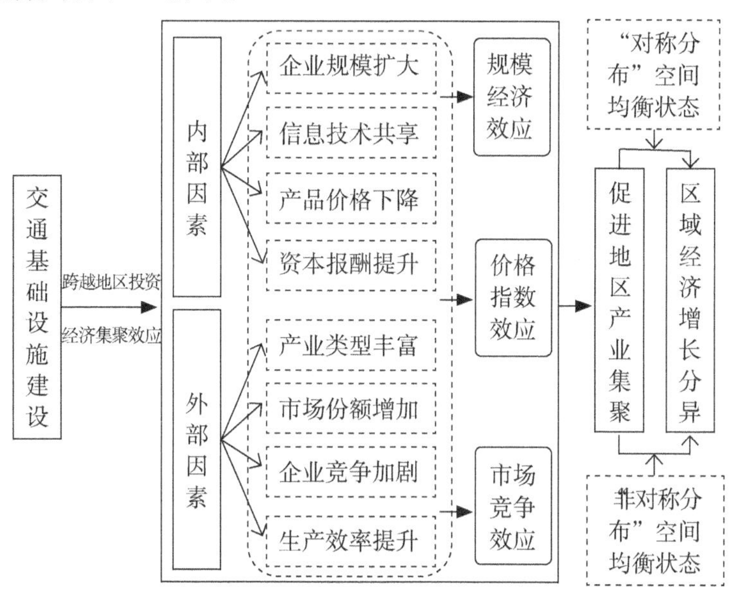

图2–7 交通基础设施影响区域经济增长的产业集聚渠道

三、交通基础设施通过技术创新影响区域经济增长

首先，从长期来看，技术创新是实现经济持续增长的重要影响因素。根

据前文理论分析可知，交通基础设施通过降低交通运输成本来为人才流动、集聚创造便捷的交通环境，由此推动人才迁移流动、企业重新选址而塑造新的经济地理格局。很多研究通过经验事实已经充分证明，人才集聚对区域创新和区域经济发展具有积极作用。“知识溢出” 通常发生于个人、企业乃至国家等各种差异化主体之间通过互动、沟通、交换而产生的超越目标边界的无意识传播过程。作为知识的重要载体，高素质以及高技能人才在区域间的流动不仅能够产生信息流、知识流、技术流，还有利于知识溢出和技术传播。现实中，隐性知识的传播是十分局限的，只有通过面对面的相互交流，才能让隐性知识的传递更为有效。发达的交通基础设施网络缩短了地区之间的通行时间，这有利于企业创新型人才的流动，提高了企业创新型人才跨地区面对面交流的频率，降低了地区间企业互动交流的时间成本，知识传播的双向性促使各地区企业在相互学习、沟通的过程中产生更多新的思想、创意和灵感，从而成为技术传播、扩散和再创新的高速通道。因此，交通基础设施快速发展增强了企业相互之间的学习交流，加快了隐性知识的传播，增加了地区间合作创新成果，有利于提高区域技术创新动力，这无疑会对区域技术创新产生重要影响。

其次，交通基础设施推动大量人才、企业、产业集聚后，便会形成技术创新集聚区。技术创新集聚区不仅是人才资本、科技企业、信息知识高度集聚的区域，而且也是技术创新水平较高的区域。技术创新集聚区内有种类丰富、数量庞大的科研机构，吸纳了个体创新和集体创新的双重优势，丰富的技术人才和知识信息更有利于良好创新环境的构建。同时，技术创新集聚区具有激烈的市场竞争环境、严苛的淘汰机制以及较高的科研创新水平等特征，这将有利于新思想和新技术的迸发和创造，从而生产出更多面向市场的细分的新产品。当技术创新集聚区内部某项技术或产品上有了突破性的创新时，这一技术或产品会很快被传播出去，从而推动创新成果的不断产出，有效激发了技术创新集聚区的技术创新活力。

最后，交通基础设施建设有利于形成更加完善和发达的创新网络，当单一运输方式改善时，综合交通中各种运输方式动态协作产生网络效应，也会提升综合交通基础设施的经济效应，加强地区间的产学研合作，实现技术创新的溢出与扩散，从而创新驱动发展，提高区域自主创新能力。由于交通基础设施具有网络系统性特征，不仅有效降低了创新要素流动、隐性知识和专利技术传播的时间成本，而且紧密联系了地区之间人才、企业、院校的创新活动，各类创新要素在“集聚力”和“扩散力”的作用下实现空间均衡，使得技术创新在空间上逐步形成“中心区”和“外围区”。技术创新“中心区”和“外围区”间新知识和新技术的相互交流、应用，能够使“外围区”学习这些新知识、新技术而进行模仿和二次创新，推动了外围地区企业的技术进步和创新，进而提高了整个地区的技术创新水平和产品质量，在提高地区生产效率的过程中，促进了区域经济增长。

后文将构建两区域、两要素和三部门空间均衡模型，深入分析交通基础设施通过影响技术创新，进而影响区域经济增长的理论机制。如图 2-8 所示。

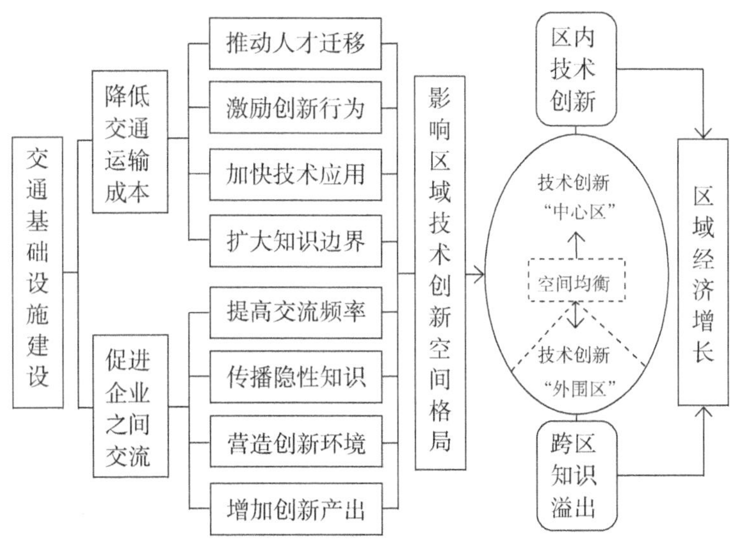

图 2-8　交通基础设施影响区域经济增长的技术创新渠道

第三章　基于人口流动分析的交通运输对区域经济空间关联的影响

第一节　引言

人口是经济社会发展的核心要素，其作为流动的生产和生活要素，为城市可持续发展提供了源源不断的人力、物力和智力资源，赋予了城市经济增长新的动能。人口流动主要指人口在两个不同地区之间的空间位置变化，主要有人口流入与人口流出两种状态。20 世纪末以来，中国人口流动趋势不断呈现新的特征（见表 3-1），1998—2019 年中国大陆 31 个省（自治区、直辖市）的人口流动数量呈现出逐年增长的趋势。其中，1998 年，中国人口流动总量为 6854 万人，其占总人口的比重为 5.49%；2019 年，中国人口流动总量为 31581 万人，其占总人口的比重为 22.40%，较 1998 年增长了 360.77%。人口流动的加快是导致人口结构变动的主要驱动力量之一，会导致人口在空间上分布的不均等现象。实际上，人口流动以及人口分布的空间格局受到多种因素的相互影响和制约：一方面，自然地理条件是导致人口空间分布格局形成的基本前提，其决定了一个地区人口疏密程度以及可容纳人口总量；另一方面，区域间资源禀赋差异、经济发展水平高低以及交通基础设施建设是促使人口流动的重要因素，这些因素对人口空间分布起着主导性作用。

表3-1 1998—2019 年中国人口流动数量情况

年份	人口流动（万人）	年份	人口流动（万人）
1998	6854	2009	12370
1999	6981	2010	22100
2000	12100	2011	27743
2001	12320	2012	27567
2002	11541	2013	26887
2003	11418	2014	27027
2004	11327	2015	30080
2005	15315	2016	25723
2006	13514	2017	27739
2007	12700	2018	29557
2008	12434	2019	31581

资料来源：《中国统计年鉴》（1999—2020 年）和第五、第六、第七次人口普查数据。

有研究指出，中国地区间经济社会发展不平衡在一定程度上引起了人口流动，越来越多的人口倾向于流动至经济发展速度快、就业岗位多以及劳动报酬高的城市，而且生态环境、公共服务与交通基础设施等对人口流动的影响也逐渐增强。同时，人口流动还受到城市规模、地区经济、工资报酬、医疗资源、公路面积、城市化水平等因素影响。此外，地理距离是不可忽视的重要因素之一。地理距离造成人口流动与人口空间分布变动受阻，是人口空间分布格局形成的基础。然而，人口流动受地理距离的影响主要表现为通勤时间的长短方面，交通基础设施是连接地区之间的纽带，交通基础设施能够突破地理距离对人口流动的限制，极大地缩短人口在地区间流动的通勤时间。

近年来，大规模的高铁建设使中国铁路系统的运输效率得到了空前提升，极大地降低了高铁沿线地区之间人员往来的时间成本，这对中国经济发展产生了十分积极的影响。高速铁路作为一项公共服务的重大改进，相对于传统的交通运输方式来说，不仅能够优化区域原有的交通网络，缩小区域之间的时间距离，其所拥有的载客量大、速度快、准点率高、安全性好等特点，也能够满足劳动力等生产要素流动的需求。特别是伴随“高铁经济时代”的到来，高速铁路建设加快了人口流动的频率和范围，其所产生的“时空压缩效应”大幅缩短了城市间的通勤时间，提高了城市的可达性水平。高速铁路能够加快人口、资本和技术等要素流动，在市场机制的作用下，经济要素自发形成了向效率最高、回报最大的中心地区流动，在影响人口空间分布格局的过程中，也会对区域经济增长产生影响。

由此可见，交通基础设施是人口流动的重要载体，主要通过缩短人口在地区间流动的通勤时间，进而通过人口空间分布变化来对地区经济社会发展造成影响。特别是在我国经济发展进程中，交通基础设施的完善对大城市吸引周围小城市人口起到了积极作用，大城市与小城市之间的地区可达性是大城市吸引周边小城市人口流入的“拉力”条件。在此过程中，小城市也获得了“相对可达性”，有利于大城市资源向小城市扩散，这在无形中强化了小城市经济发展的动能。所以，交通基础设施建设与人口流动之间存在很大的关联。那么，在交通基础设施建设不断加快的时代背景下，交通基础设施条件改善如何影响了人口流动？同时，在“集聚力”和“扩散力”的作用条件下，交通基础设施究竟如何通过作用于人口流动来影响区域经济增长？

为了解答上述疑惑，进一步剖析交通基础设施对人口流动及区域经济增长的相关问题尤为必要，这也是本章研究的核心所在。总体而言，交通基础设施建设强化了区域经济主体的空间联系，重塑了国家人口分布的空间格局。目前，交通基础设施通过人口流动影响区域经济增长的作用机制有待构建。鉴于此，本章基于已有文献进行了如下研究和拓展。

首先，本章基于空间均衡模型的基本原理，从交通基础设施降低交通运输成本的视角，通过构建两区域、两要素和三部门模型系统分析了空间均衡下交通运输成本变化所引起的人口流动和区域经济增长动态演进过程，揭示了交通基础设施通过促进人口跨地区流动来影响区域经济增长的理论机制。

其次，本章基于空间均衡模型分析所得到的结果和研究假说，采用多期双重差分模型进行实证检验。为了有效检验空间均衡模型分析所推演出的交通基础设施、人口流动与区域经济增长之间的效应关系和假说，本章将人口流动作为调节变量，运用多期双重差分模型对交通基础设施影响区域经济增长的人口流动渠道进行实证分析。

最后，本章分析了交通基础设施对不同区域、不同规模城市、不同等级城市人口流动和经济增长影响的异质性，并通过引入倾向得分匹配－双重差分法、工具变量法、安慰剂检验等计量分析方法来有效缓解样本的自选择问题和内生性问题，以此来确保相关研究结论的可靠性、稳健性。

第二节　人口流动与区域经济增长的空间均衡模型分析

交通基础设施能够突破人口流动的地理距离限制，缩短人口在地区间流动的通勤时间，是影响人口流动的重要因素。同时，人口作为经济增长不可或缺的资源要素，能够对区域经济增长起到关键性作用。因此，厘清劳动力区位选择的理论逻辑对于吸引人力资源和提升地区竞争力水平而言至关重要。本节通过构建交通基础设施、人口流动与区域经济增长的空间均衡模型，并对不同交通运输成本条件下人口流动的区位选择进行了数值模拟分析，以此探究交通基础设施通过人口流动影响区域经济增长的理论机制。

一、模型假定

模型假定存在 A 和 B 两个地区，为了对二者进行有效区分，本章以上标“*”对 B 地区相关变量进行区分，A 和 B 两个地区的偏好、技术、开放度以及初始资源禀赋条件具有对称性，资本和劳动力是 A 和 B 两个地区的主要生产要素。假定劳动力总量为 L^w，劳动力可以在部门之间自由流动，也可以跨区域流动，A 和 B 两个地区的劳动份额分别为 s_L 和 s_L^*。假定经济系统主要由农业部门、工业部门和资本创造部门组成，从每个部门的具体特点来看：

首先，工业部门具有规模报酬递增和 Dixit-Stiglitz 垄断竞争的特征，其主要利用资本和劳动力两种要素来生产差异化产品，假定 a 表示企业生产的边际劳动投入，那么 a 越小则表示企业的生产效率越高。关于企业数量方面，假定两个地区工业企业总数为 n^w，A 地区与 B 地区的工业企业数量分别为 n 和 n^*，二者对应的份额分别表示为 $s_n=n/n^w$ 和 $s_n^*=n^*/n^w$。

其次，农业部门具有规模报酬不变和完全竞争的特征，其主要利用劳动力作为生产要素，令 a_A 为生产每单位农产品所需要投入的劳动力。类似地，资本创造部门也具有规模报酬不变和完全竞争的特征，其使用劳动作为投入要素，将其每创造一单位的资本需要耗费的劳动力记作 a_I。假定资本初始总量为 K^w，资本在地区间可以自由流动，两个区域的资本总量相同，但创造速度不同，资本的空间分布变化会引起劳动力在区域间流动，A 地区与 B 地区的初始资本禀赋分别为 K 和 K^*，二者对应的份额分别为 s_K 和 s_K^*。

通过前文理论分析框架可以看出，交通运输成本对人口流动具有重要影响。因此，本章假定模型中工业品在 A 地区和 B 地区之间的贸易存在交通运输成本，而本章主要采用“冰山”运输成本衡量产品在地区间的交通运输成本。“冰山”运输成本是一种十分巧妙的设计模式，无须考虑具体的交通运输工具，因为交通基础设施条件的改善普遍能够降低交通运输成本。同时，本章假定工业品在本地以外的其他地区销售，需要运送 τ（$\tau \geqslant 1$）单位的产品，即 $\tau-1$ 单位的产品在运输途中被“融化”掉了。为了分析交通基础设施对两个地区经济活动的影响，本书假定模型中的交通运输成本随交通基础设施不断完善而发生改变。具体而言，假定交通运输成本取决于交通基础设施建设水平，当两地之间的交通基础设施建设水平比较高时，其所对应的交通运输成本就越低，反之，交通运输成本也就越高。

二、消费者行为分析

首先，本书借鉴新经济理论学“中心－外围”模型的基本做法，令家庭消费的内容主要由工业品（C_M）和农业品（C_A）两部分构成，则代表性消费者的效用函数可表示为：

$$U(C_M, C_A) = C_M^{\mu} C_A^{1-\mu}, 0 < \mu < 1$$

其中，工业品及其价格可用如下公式表示：

$$C_M = [\int_0^{n^w} c(i)^{(\sigma-1)/\sigma} di]^{\sigma/(\sigma-1)}$$

$$P_M = [\int_0^{n^w} p(i)^{1-\sigma} di]^{1/(1-\sigma)}$$

式中，C_M 和 C_A 分别为家庭所消费的差异化工业品集合体数量和农产品集合体数量；$n^w=n+n^*$ 表示工业产品的种类数量，其中，n、n^* 分别表示 A、B 两个地区工业企业制造的工业产品种类数量；P_M 为工业品对应的价格指数；σ 为家庭在消费不同工业品之间的替代弹性，μ 为家庭在工业品上的支出份额，$\sigma>1>\mu>0$；第 i 种工业品的价格记作 P（i）。

消费者预算约束满足消费支出与工资收入相等条件，故可表示为：

$$P_M C_M + P_A C_A = I$$

式中，P_A 为农产品对应的价格指数，假定 $P_A=1$，即农产品作为计价基准单位；I 为消费者工资总收入。

结合公式 $U(C_M, C_A) = C_M^{\mu} C_A^{1-\mu}$，$0 < \mu < 1$，并利用消费者效用最大化的一阶条件，则有：

$$\begin{cases} C_M = \mu I / P_M \\ C_A = (1-\mu) I \\ c(i) = \mu I p(i)^{-\sigma} / P_M^{1-\sigma} \end{cases}$$

三、生产者行为分析

本书假定每一个工业企业仅生产一种工业品，生产过程中存在规模经济，但是不存在范围经济。企业生产每一种工业品需要投入一单位物质资本和若干单位的劳动力，即前者为固定投入，而后者为可变投入。据此，A 地区第 j 个代表性企业的成本函数可用如下公式进行表示：

$$C(j)=a\pi+a_m w_L x(j)$$

式中，$C(j)$ 表示企业生产总成本；a 表示固定投入，即企业生产每一种工业品需要投入的物质资本；π 表示物质资本的收益率；w_L 表示劳动力的工资报酬；a_m 表示企业生产每一种工业品需要投入的劳动力；$x(j)$ 表示企业产出。令 $a_m=[\lambda s_n+\lambda(1-s_n)K^w]^{1/(1-\sigma)}$，其中，$K^w$ 为经济中所有的资本数量，λ 表示的是本地技术溢出效应（$\lambda>0$），$\overline{\lambda}(1\geqslant\overline{\lambda}\geqslant 0,1\geqslant\lambda\geqslant\overline{\lambda})$ 表示的是跨区技术溢出效应。

在企业利润最大化条件下，A 地区工业产品的出厂价格为：

$$p=\frac{w_L a_m}{1-1/\sigma}$$

可以发现，随着消费者对工业品多样性偏好 σ 的降低，A 地区企业生产的产品出厂价格 p 会上升，企业对市场的垄断力量就会增强。假定工业产品的“冰山”运输成本为 τ，那么 A 地区企业生产的产品在 B 地区的销售价格可以表述为 $p^*=\tau p$。

根据前文假定，资本创造部门主要使用劳动作为投入要素，其每创造一单位的资本需要耗费的劳动力记作 a_I，并假定 $a_I=1$，单位资本形成成本无地域差别，均为 $F_I=w_I a_I$。农业部门的单位农产品的生产成本为 $w_L a_A$。不难理解，由于农业部门具有规模报酬不变和完全竞争的特征，若两个地区均生产农产品且农产品运输过程中不会产生任何交通成本，那么各地区消费者所面临的农产品价格具有一致性，即 $P_A=P_A^*$，则可以推导出相应的农产品生产成本和工资表达式：$a_A=a_A^*=1$ 和 $w_A=w_A^*=1$。同时，为了保证两个地区均存在农产品生产，则需要满足农业生产的非完全专业化条件：

$$W^{w}(1-\mu)>\frac{(1-\theta)L^{w}-\delta K^{w}}{2}$$

其中，W^{w}、L^{w}、δK^{w} 分别为经济总支出、总劳动力数量以及资本创造过程中所投入的劳动力数量，δ 表示资本折旧率，θ 表示工业部门就业的工人数量占所有劳动力人数的比重。根据农业生产的非完全专业化条件可进一步推导出 θ 的表达式，具体如下：

$$W^{w}(1-\mu)>\frac{(1-\theta)L^{w}-\delta K^{w}}{2}\Rightarrow\theta=\frac{L^{w}(1-\mu)W^{w}-\delta K^{w}}{L^{w}}=\frac{\mu-\dfrac{\mu}{\sigma}}{1-\beta}$$

通过上式可以看出，工业部门就业的劳动力数量占所有劳动力人数的比重 θ 与 μ、σ 和 β 相关。从上式可以得知，伴随工业产品支出份额提高，工业品间的替代弹性变大，工业部门就业的工人数量占比则越大。

接下来，本书继续以 A 地区企业为例，分析一般均衡条件下企业生产的主要特征。令 c 代表 A 地区消费者对工业品的需求，对应的价格是 p；令 c^{*} 代表 B 地区消费者对工业品的需求，则在“冰山”运输成本条件下所对应的价格是 τp。两个地区企业的总产出 $x=c+\tau c^{*}$，销售总收益 $R=p(c+\tau c^{*})=px$，在长期均衡条件下，企业总收益和总成本是相等的，则有 $R=p(c+\tau c^{*})=px=\pi+a_{m}w_{L}x$，资本收益率 $\pi=px/\sigma$。此外，本书还可以将上述条件整理成如下公式：

$$c=\frac{\mu Wp^{-\sigma}}{P_{M}^{1-\sigma}},c^{*}=\frac{\mu W^{*}(p^{*})^{-\sigma}}{(P_{M}^{*})^{1-\sigma}}$$

$$P_{M}^{1-\sigma}=n^{w}p^{1-\sigma}[s_{n}+\tau^{1-\sigma}(1-s_{n})/\chi]$$

$$(P^{*})_{M}^{1-\sigma}=n^{w}p^{1-\sigma}[\tau^{1-\sigma}s_{n}+\tau^{1-\sigma}(1-s_{n})/\chi]$$

$$\chi=[\frac{a_{m}}{a_{m}^{*}}]^{1-\sigma}=\frac{\lambda s_{n}+\overline{\lambda}(1-s_{n})}{\overline{\lambda}s_{n}+\lambda(1-s_{n})}$$

整理上式，可得：

$$\pi=\frac{px}{\sigma}=\frac{\mu}{\sigma}\frac{W^{w}}{K^{w}}[\frac{S_W}{\chi s_n+\tau^{1-\sigma}(1-s_n)}+\tau^{1-\sigma}\frac{1-S_W}{\chi\tau^{1-\sigma}s_n+\tau^{1-\sigma}(1-s_n)}]\chi$$

本书令 $\phi=\tau^{1-\sigma}(1\geqslant\phi\geqslant0)$ 表示两个地区之间的贸易自由度，ϕ 是交通运输成本 $\tau(\tau\geqslant1)$ 的逆指数，即交通基础设施建设水平越高，交通运输成本越小，贸易自由度越大；反之，交通基础设施建设水平越低，交通运输成本越大，贸易自由度则越小。

上式中，$S_W=W/W^w$ 表示 A 地区支出所占比例，$1-S_W=W^*/W^w$ 表示 B 地区支出所占比例。

令 $B=[(S_W/\Delta)+\phi(1-S_W)/\Delta^*]\chi$，$B^*=(\phi S_W/\Delta)+(1-S_W)/\Delta^*$，其中，$\Delta=\chi s_n+\phi(1-s_n)$，$\Delta^*=\chi\phi s_n+(1-s_n)$，则 A 地区与 B 地区的资本收益率可以改写成如下表达式：

$$\begin{cases}\pi=\dfrac{\mu}{\sigma}\times\dfrac{W^{w}}{K^{w}}\times B\\[2ex]\pi^*=\dfrac{\mu}{\sigma}\times\dfrac{W^{w}}{K^{w}}\times B^*\end{cases}$$

四、市场份额分析

假定经济系统中的收入和支出是相等的，那么两个地区工业和农业部门的总收入或者总支出的表达式是：

$$W^{w}=w_L L^{w}+\pi s_n K^{w}+\pi^*(1-s_n)K^{w}-\delta K^{w}a_I w_L$$

$$=L^{w}+\frac{\mu}{\sigma}W^{w}-\delta K^{w}a_I$$

根据上式进一步整理，可得：

$$W^{w}=\frac{L^{w}-\delta K^{w}a_I}{(1-\dfrac{\mu}{\sigma})}$$

根据上式以及前文方程可以推导出 A 地区支出的表达式：

$$W=\frac{(1-\theta)L^{w}}{2}+\eta\theta L^{w}+s_{n}\frac{\mu}{\sigma}BW^{w}-\delta s_{n}K^{w}a_{I}$$

其中，W 为 A 地区总支出。假定工业部门的劳动力会随着资本跨区域流动，本书借鉴何雄浪的相关做法，令 A 地区工业部门劳动力数量占经济系统工业部门劳动力数量的比重为 η，$\eta=0.5\gamma+\phi s_{n}$。若 γ=1、$\phi=0$ 时，η= 0.5，这表明工业部门的劳动力不具备跨区域流动的可能性，资本的流动不会引起工业部门劳动力的流动，而两部门的劳动力在地区之间存在对称分布的特征。若 γ=0、$\phi=1$ 时，此时 $\eta=s_{n}$，两部门的劳动力在地区之间分布与资本的空间分布变化保持一致，而本书只考虑后一种情形，即 γ=0、$\phi=1$ 时的情况。通过观察现实中人口流动的实际情况，不难发现，人口和劳动力往往向北、上、广、深等这些资本和技术密集的一线城市流动是基本趋势。从全世界范围来看，首尔、东京、新加坡、纽约、伦敦等城市，由于其资本和技术的高度集聚，在人口集聚水平已经较高的情况下依然能够源源不断地吸引人口。由此可见，本书假定人口向资本集聚的地方集中在一定程度上是符合现实意义的。

五、空间均衡与数值模拟

空间均衡是经济要素和经济活动在空间上的最优配置及合理化结果，本书借此可以考察经济系统中交通基础设施与人口流动的相关问题。结合前文的理论分析可知，在长期均衡状态下，地区间资本回报率将达到一致，而地区之间的人口也将不再发生流动。换句话说，当资本收益与资本成本相等时，资本将不再流动而处于空间均衡，此时人口也将处于不再流动的状态。那么，令长期均衡状态下 A、B 两个地区的资本价值分别为：

$$v=\int_{0}^{\infty}\pi e^{-(\delta+\rho)}dt=\frac{\pi}{\delta+\rho}$$

$$v^{*}=\int_{0}^{\infty}\pi^{*}e^{-(\delta+\rho)}dt=\frac{\pi^{*}}{\delta+\rho}$$

其中，ρ 为资本贴现率。根据上述分析，资本在两个地区实现空间长期均衡需满足如下条件：

$$\begin{cases} \pi = \pi^*, 0 < s_n < 1 \\ v / w_L a_I = 1, v^* / w_L^* a_I^*, s_n = 1 \\ v^* / w_L^* a_I^* = 1, v / w_L a_I < 1, s_n = 0 \end{cases}$$

上式表明，不管资本的空间分布模式如何，只要两个地区存在工业生产，在空间长期均衡条件下，资本的充分流动必然使得地区间资本收益率趋于相等，即 $\pi=\pi^*$，结合前文公式可得：

$$B = B^* = 1$$

进一步地，本书结合上式和 $\begin{cases} \pi = \dfrac{\mu}{\sigma} \times \dfrac{W^w}{K^w} \times B \\ \pi^* = \dfrac{\mu}{\sigma} \times \dfrac{W^w}{K^w} \times B^* \end{cases}$，有 $\pi = \pi^* = (\mu / \sigma) \times (W^w / K^w)$，由此可以进一步得到长期均衡时，$S_W$ 和 s_n 之间的关系：

$$S_W = \frac{\lambda(s_n\phi + s_n - 1) - \bar{\lambda}(s_n\phi + s_n - \phi)[\lambda\phi + s_n^2(\lambda - \bar{\lambda})(1+\phi) + s_n(\bar{\lambda} - 2\lambda\phi + \phi\bar{\lambda})]}{(\phi^2 - 1)[s_n^2(\lambda - \bar{\lambda})^2 - s_n(\lambda - \bar{\lambda})^2 - \lambda\bar{\lambda}]}$$

上式主要刻画了长期均衡时资本使用与市场规模之间的关系，二者的变化是一种满足空间均衡状态下产业分布的理想情况。进一步利用前文公式可以得到如下式子：

$$K^w = \frac{\dfrac{\mu}{\sigma} L^w w_L}{[\rho(1 - \dfrac{\mu}{\sigma}) + \delta] a_I} = \frac{\beta L^w w_L}{(1-\beta)\rho a_I}$$

$$W^w = \frac{L^w w_L}{1 - \beta_I}$$

$$L^w = W^w (1 - \beta_I) w_L$$

上式中，β 为资本净收益与经济总支出之比，即：

$$\beta=\frac{\pi s_n K^w+\pi^*(1-s_n)K^w-\delta a_I K^w}{W^w}=\frac{\frac{\mu}{\sigma}\rho}{\rho+\delta}$$

因为 $S_W=W/W^w$，则进一步联合式前文公式则有：

$$S_W=\frac{1}{2}[1-\theta(1-\gamma)+2\phi\theta s_n](1-\beta)\beta s_n$$

上式主要刻画了短期均衡时资本使用与市场规模之间的关系。具体而言，上式表明，相对市场规模 S_W 既取决于资本空间分布 s_n，又取决于总资本存量 K^w，而这两个变量在长期条件下都是内生变量，其他的参数都是外生变量，相对市场规模 S_W 的变化是一条斜率为正的直线，如图 3–1 中的 EE1 直线所示。

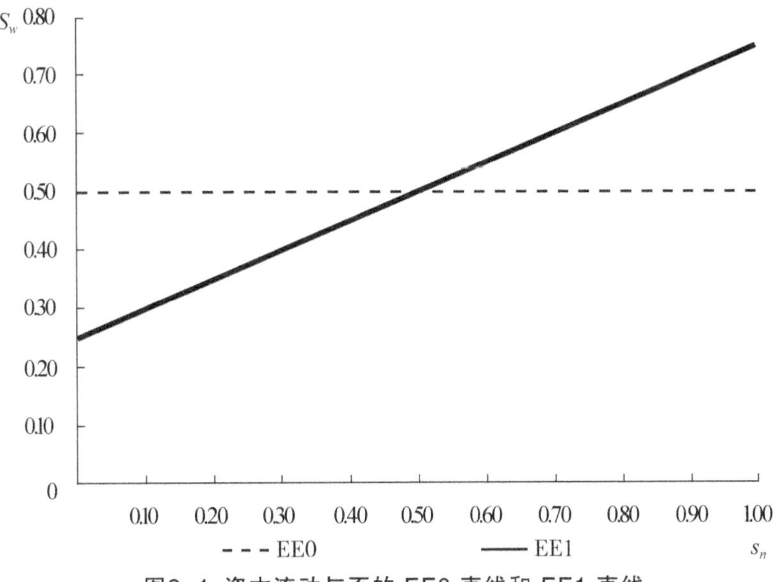

图3–1 资本流动与否的 EE0 直线和 EE1 直线

资料来源：作者根据数值模拟计算获得，下同。

图 3–1 中，纵轴表示相对市场规模 S_W，横轴表示资本空间分布 s_n。其中，EE0 直线代表空间均衡状态下资本使用与市场规模之间的关系，此时 $\gamma=0$、$\phi=1$、$\eta=0.5$，这意味着工业部门的劳动力不具备跨区域流动的能力，EE0 直线是一条垂直于 S_W 的直线。EE1 直线代表空间均衡状态下资本使用与市

场规模之间的关系，此时 $\gamma=0$、$\phi=1$、$\eta=s_n$，这意味着工业部门的劳动力具备跨区域流动的能力，并且两部门的劳动力在地区之间分布与资本的空间分布变化保持一致，EE1 直线是一条斜率为正的直线。

接下来，本书将考察交通运输成本的变化，即贸易自由度 $\phi=\tau^{1-\sigma}$ 变化对人口流动的影响效应。图 3-2 中分别给出了贸易自由度 ϕ =0.90、ϕ =0.60 和 ϕ =0.30 三种情况下，资本使用与市场规模关系的演化情况，不难看出：随着区际贸易自由度、本地技术溢出效应的增加，曲线绕中心对称点顺时针方向转动。具体来说，当交通运输成本逐步趋近于无穷大时，地区之间的贸易自由度会不断降低，企业会选择在本地投资而不是选择跨区域投资，因而劳动力不会出现大规模的跨区域流动；当交通运输成本逐渐趋近于无穷小时，贸易自由度会不断提高，越来越多的劳动力开始跟随资本发生移动，这也意味着工业品的替代弹性在不断增大、资本投资规模在不断扩大，此时人口流动速度也将不断加快。

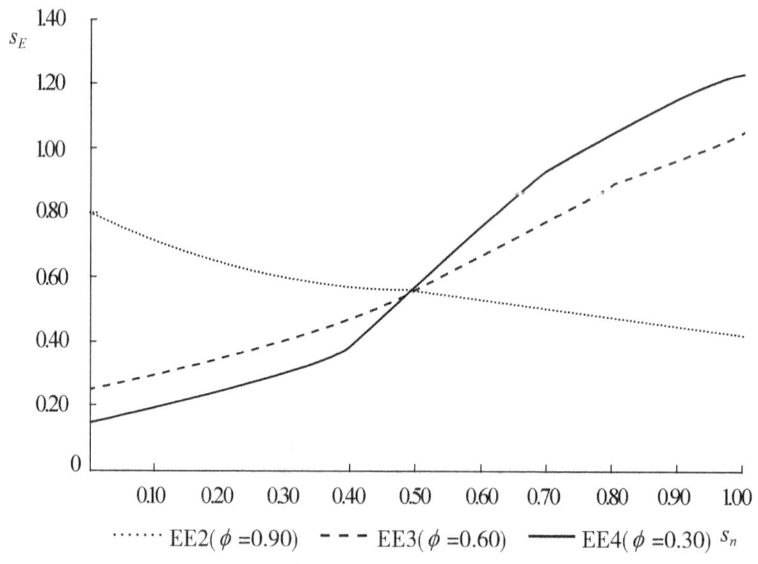

图3-2 贸易自由度变化与资本占比曲线

基于上述理论分析，本书进一步绘制了贸易自由度变化条件下人口长期空间均衡的战斧图解。从图 3-3 中可以看出，当贸易自由度处于 $0<\phi<0.30$ 区间时（即图 3-3 中 $s_L=1/2$ 时短虚线部分对应的区际贸易自由度），对称结构是稳定均衡结构；当贸易自由度处于 $0.30<\phi<0.60$ 区间时（即图 3-3 中 $s_L=1$ 时短虚线部分对应的区际贸易自由度），“中心 - 外围”结构是稳定均衡结构；当贸易自由度处于 $0.60<\phi<0.90$ 区间时（即图 3-3 中弧形部分对应的区际贸易自由度），非对称结构是稳定均衡结构。

所以，交通基础设施建设能够提高区域间贸易自由度，随着区域间贸易自由度变大，人口空间分布的稳定结构将会经历对称结构稳定均衡、“中心 - 外围”结构稳定均衡、非对称结构稳定均衡三个阶段。为了能更好地理解这一理论内涵，本书结合中国交通发展与人口流动的主要趋势进行说明：改革开放后至 21 世纪初期，中国交通基础设施建设刚起步，大量人口仍分布在中、西部内陆的农村地区，人口分布具有扁平化特征；伴随中国交通基础设施不断完善，大量人口向京津冀、长三角、珠三角地区流动迁移，人口集聚特点十分明显；近年来，随着城市房价高涨、生活成本增加以及就业难度加大，部分人口逐渐由北京、上海、广州、深圳等城市向中、西部地区“回流”，形成了“非对称”分布结构。

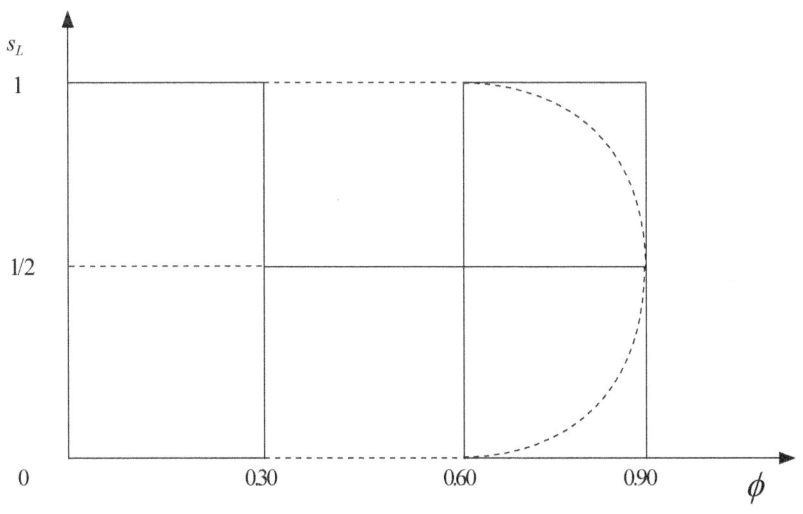

图3-3　贸易自由度变化条件下人口长期空间均衡的战斧图解

最后，本书将进一步分析 A 地区企业占比变化所引起的资本变动、人口流动所产生的经济增长效应。在长期均衡条件下，A 地区的名义 GDP 与两个地区名义 GDP 总量可分别表示为：

$$GDP_n = \frac{(1-\theta)L^w}{2} + \eta\theta L^w + s_n \frac{\mu}{\sigma} BW^w - \delta s_n K^w a_I$$

$$GDP_{total} = L^w + \frac{\mu}{\sigma} W^w - \delta K^w a_I$$

上式中，θ 为工业部门就业的劳动力数量，其中，$\theta = (\mu - \mu/\sigma)/(1-\beta)$，其他变量含义同上所述。下面主要分析在其他变量不变的情况下，模型中参数变化所引起的中心区名义 GDP 份额 GDP_n 的变动情况。本书结合相关文献和现实状况对参数进行设定，其中，工业消费品占比 μ=0.80、μ=0.60、μ=0.40，产品间替代弹性 σ=3，资本折旧率 δ=0.01，资本收益折现率 ρ=0.10，初始劳动力总禀赋 L^w=1，具体如表 3-2 所示：

表3-2 参数赋值

μ	σ	δ	ρ	L^w
0.80、0.60、0.40	3	0.01	0.10	1

图 3-4 绘制了企业空间占比与经济增长之间的关系演变情况，其中，纵轴表示 A 地区名义 GDP 份额（GDP_n），横轴表示资本空间分布 s_n。从图 3-4 中不难看出，当工业消费品占比 μ 发生变动时，A 地区名义 GDP 份额（GDP_n）也将发生改变。具体而言，当工业消费品占比较高时（μ=0.80），A 地区名义 GDP 份额也比较高，说明该地区资本集聚水平比较高，人口流入也比较多，因而本地区经济增长水平也比较高。当工业消费品占比处于中等水平时（μ=0.60），A 地区名义 GDP 份额整体上也比较高，但是相比于工业消费品占比处于较高比例时，该地区资本集聚水平相对较低，人口流入也相对较少，因而本地区经济增长水平也有所降低。当工业消费品占比较低时（μ=0.40），A 地区资本集聚水平也比较低，人口流入也比较少，名义 GDP 份额整体上有所降低，因而本地区经济增长水平也随之降低。

综合上述理论分析，可以看出：交通基础设施建设对于促进区域经济增

长水平而言是十分重要的手段之一，加大地区之间的交通基础设施投资建设会激发企业跨地区投资行为，交通基础设施的改善通过降低交通运输成本而有助于促进人口向资本集聚水平较高的区域流动，为地区经济增长提供充足的劳动力资源，从而能够提高经济增长水平。

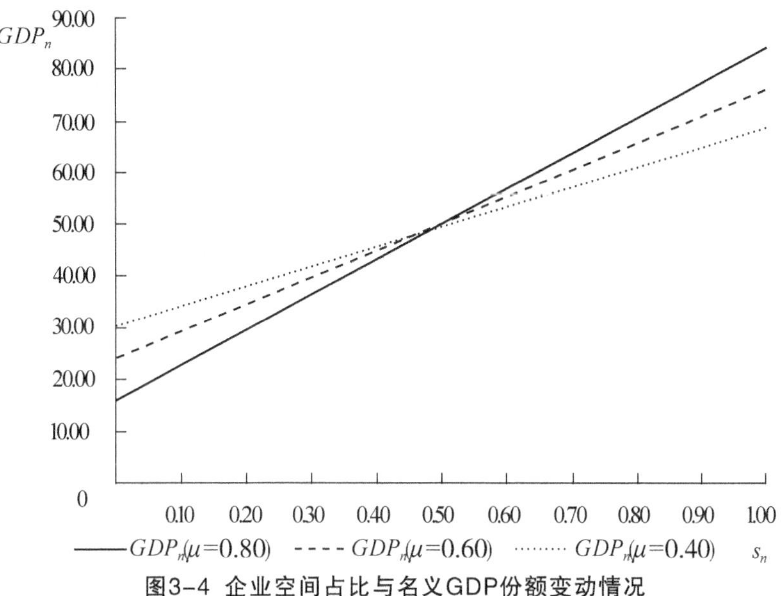

图3-4　企业空间占比与名义GDP份额变动情况

第三节　研究假说

本章第二节借助空间均衡模型分析了交通基础设施通过作用于人口流动来影响经济增长的理论机制，正如理论模型所揭示的研究结果，交通基础设施建设通过降低交通运输成本而有助于促进资本跨区域流动，地区资本收益率的提高有利于吸引更多的资本流入，这将有效引导劳动力向资本集聚水平较高的区域流动，从而能够促进人口集中。相反，当区域交通基础设施建设水平较低时，将使得企业跨区域投资和人口流动的意愿降低。所以，交通基础设施在人口流动和资源要素的空间分布演化过程中起到了重要作用，交通基础设施的“时空压缩效应”极大地促进了生产资源要素在区域之间的流通效率，进一步提高了企业跨区域投资的可能性，因而有助于促进人口向高资本集聚水平地区流动。总体上，人口空间分布的稳定结构将会经历对称结构稳定均衡、“中心－外围”结构稳定均衡、非对称结构稳定均衡三个阶段。这意味着，随着交通基础设施建设水平不断提高，人口在空间上的集聚特征就会越明显。

作为理性经济人，人口流动趋势主要偏向于发达地区，即地区经济增长越快、公共服务质量越高、交通基础设施越好则越有利于吸引人口流入。人口流动能够为地区经济增长提供充足的劳动力，为企业提供充足的人力资本，这对于提高地区生产和促进地区消费而言都是十分有利的。在长期空间均衡条件下，当人口向某地区集聚达到一定水平时，将有利于释放“人口数量红利”，从而促进地区经济增长。同时，在交通基础设施作用条件下，人口将不断出现集聚的趋势，这对于那些交通基础设施比较完善的地区而言，将有利于吸引人口流入并促进经济增长，但是，对于那些交通基础设施建设水平较低的地区而言，将会导致人口流出而阻碍经济增长。

综合前文理论研究，本书提出如下待检验假说 3.1、假说 3.2 和假说 3.3。

假说 3.1：总体上，交通基础设施对人口流动具有正向促进作用，交通基础设施越完善则越有利于促进人口流动。

假说 3.2：人口流动对区域经济增长具有正向促进作用，人口流入数量越多则越有利于促进区域经济增长。

假说 3.3：交通基础设施能够通过影响人口流动而对区域经济增长产生正向促进作用，交通基础设施建设水平越高则越有利于促进人口集聚，进而对区域经济增长的作用越显著。

第四节 实证设计

前文通过构建空间均衡模型已经论证了交通基础设施、人口流动与区域经济增长之间的效应关系。接下来，本章需要设计相应的计量模型来实证检验假说 3.1、假说 3.2 和假说 3.3。

一、模型设计

本章主要聚焦交通基础设施影响区域经济增长的人口流动渠道，结合研究对象可比性和数据可得性，在后续实证当中主要分析高速铁路这类交通基础设施对区域经济增长的影响效应。高速铁路建设作为国家层面的重大交通基础设施项目，是在国家发改委和铁路总公司等相关部门综合规划下而形成的，各个地区能否开通高铁往往与本地区政府的决策没有太大关联性。近年来，虽然一些地方政府围绕高铁设站等问题开展了“保路运动”，但是在中央政府未做出高铁建设规划的前提下，地方政府依然没办法决定本地能否开通高铁。不仅如此，当前我国纵横交错的高铁网络连接的是部分地区的中心城市（包括直辖市、省会和副省级城市等），而非中心城市开通高铁的前提主要与其是否处于中心城市的连接线路有关，所以决定该城市高铁开通与否的直接原因并非城市经济增长。因此，本书将高铁开通视作一项“准自然实验”具有合理性。

高铁开通作为“准自然实验”，就意味着已开通高铁的城市受到高铁的影响明显，而未开通高铁的城市不受影响或作用效果不明显。为了捕获高铁开通建设对人口流动和区域经济增长影响的净效应，本书参考了刘秉镰、武鹏、刘玉海、董艳梅、朱英明、刘志红、王利辉、龙玉、赵海龙、张新德、卞元超、吴利华、白俊红、马光荣、程小萌、杨恩艳等学者的研究和做法，将开通高铁的城市作为实验组（Treatment Group），未开通高铁的城市作为对照组（Control Group），然后采用多期双重差分模型（Time-varying DID）来进行实证分析。为了验证本章研究假说 3.1，本书首先借助多期双重差分模型原理设计了交通基础设施对人口流动的面板数据模型，具体如下：

$$POP_{it} = C_1 + \alpha_1 HSR_{it} + \alpha_2 IND_{it} + \alpha_3 WAG_{it} + \alpha_4 HUM_{it} + \alpha_5 INV_{it} + \alpha_6 PUB_{it} + \alpha_7 HEA_{it} + \alpha_8 OPE_{it} + v_i + u_t + \varepsilon_{it}$$

式中，POP_{it} 为被解释变量，表示人口流动。HSR_{it} 为核心解释变量，表示交通基础设施，主要以高铁开通建设来进行度量。其中，$HSR_{it}=City_i \times Year_t$，若 i 为已经开通高铁的城市，那么 $City_i=1$，相反则为 0；若 t 为该城市开通高铁之后的年份，那么 $Year_t=1$，相反则为 0。同时，为了避免模型因遗漏变量可能引发的内生性问题，本书进一步引入了影响人口流动的控制变量，包括产业结构升级（IND_{it}）、工资水平（WAG_{it}）、人力资本（HUM_{it}）、固定资产投资（INV_{it}）、公共服务（PUB_{it}）、医疗卫生（HEA_{it}）、对外开放（OPE_{it}）七项。此外，C_1 为截距项，α_m（m=1，2，3，…，8）为交通基础设施以及相关控制变量的估计系数，下标“i”和“t”分别表示个体和年份，v_i、u_t 分别表示个体效应和时间效应，ε_{it} 表示随机干扰项。

为了验证本章研究假说 3.2，本书在上式的基础上，设计了人口流动对区域经济增长的面板数据模型，具体如下：

$$GDP_{it} = C_2 + \beta_1 POP_{it} + \beta_2 IND_{it} + \beta_3 FIN_{it} + \beta_4 HUM_{it} + \beta_5 INV_{it} + \beta_6 FIS_{it} + \beta_7 PUB_{it} + \beta_8 OPE_{it} + v_i + u_t + \varepsilon_{it}$$

式中，GDP_{it} 为被解释变量，表示区域经济增长。POP_{it} 为核心解释变量，表示人口流动。与此同时，为了避免模型因遗漏变量可能引发的内生性问题，本书进一步引入了影响区域经济增长的控制变量，包括产业结构升级（IND_{it}）、金融发展（FIN_{it}）、人力资本（HUM_{it}）、固定资产投资（INV_{it}）、财政支出（FIS_{it}）、公共服务（PUB_{it}）、对外开放（OPE_{it}）七项。除此之外，

C_2 表示常数项，β_m（m=1，2，3，…，8）表示人口流动以及相关控制变量的回归系数，其余变量的含义同上式相一致。

由于本书在实证分析过程中涉及对两个变量之间影响的过程和机制进行分析，当解释变量和被解释变量不一定具有因果关系时，可以引入影响二者关系相关性大小或正负方向的调节变量进行分析（James and Brett；温忠麟、侯杰泰、张雷；卢谢峰和韩立敏）。所以，本书借鉴林川、杜思俊、徐新鹏、邢会、王飞、高素英、王春杨、兰宗敏、张超等、杨思莹、孙广召、李剑以及王业飞和张毅的做法，采用调节效应分析方法来检验交通基础设施通过人口流动影响区域经济增长的理论机制，以此验证交通基础设施通过人口流动影响区域经济增长的相关理论假说。同时，本书后文也将用到调节效应分析法来进行相关的实证分析，因而不再赘述。

本书在上式的基础上，设计了交通基础设施、人口流动对区域经济增长的调节效应面板模型，具体如下：

$$GDP_{it} = C_3 + \theta_1 HSR_{it} + \theta_2 POP_{it} + \theta_3 (HSR_{it} \times POP_{it}) + \theta_4 IND_{it} + \theta_5 FIN_{it} + \theta_6 HUM_{it} + \theta_7 INV_{it} + \theta_8 FIS_{it} + \theta_9 PUB_{it} + \theta_{10} OPE_{it} + v_i + u_t + \varepsilon_{it}$$

式中，GDP_{it} 为被解释变量，表示区域经济增长。HSR_{it} 为核心解释变量，表示交通基础设施。其中，$HSR_{it}=City_i \times Year_t$，若 i 为已经开通高铁的城市，那么 $City_i$=1，相反则为 0；若 t 为该城市开通高铁之后的年份，那么 $Year_t$=1，相反则为 0。POP_{it} 表示人口流动。$HSR_{it} \times POP_{it}$ 为交通基础设施与人口流动的交互项，用来检验交通基础设施通过人口流动影响区域经济增长的影响机制。同时，为了避免模型因遗漏变量可能引发的内生性问题，本书进一步引入了影响区域经济增长的控制变量，包括产业结构升级（IND_{it}）、金融发展（FIN_{it}）、人力资本（HUM_{it}）、固定资产投资（INV_{it}）、财政支出（FIS_{it}）、公共服务（PUB_{it}）、对外开放（OPE_{it}）七项。此外，C_3 表示常数项，θ_n（n=1，2，3，…，10）为交通基础设施建设和其他控制变量的估计系数，其余变量的含义同式上式相一致。

二、变量说明

（一）被解释变量

区域经济增长（GDP）。对于区域经济增长的度量指标，本书无须赘言，主要以城市人均实际GDP指标来刻画经济增长水平，这也是目前学者们普遍采用的指标之一（董志强、魏下海、汤灿晴；江艇、孙鲲鹏、聂辉华；张勋、王旭、万广华等；毛捷和黄春元）。

（二）核心解释变量

交通基础设施（HSR）。本书主要聚焦中国最大的交通基础设施项目——高速铁路，并探讨其对区域经济增长的影响效应。《中长期铁路网规划（2016—2030年）》将高铁线路分为主通道、区域铁路连接线和城际铁路三类。为了能够全面考察高速铁路对区域经济增长的影响，结合前文对高速铁路概念、定义的相关说明以及度量方法，本书的高速铁路包括《中长期铁路网规划（2016—2030年）》认定的所有高铁线路类型和设计运行速度达250km/h及以上的铁路线路。同时，本书通过《中国铁道年鉴》（历年）、中国铁路运行路线图以及高铁网等相关资料将2005—2019年高铁站建成通车的城市全部纳入研究范围，并依据高铁线路设计运行的速度进行有序筛选和分类。

经过上述处理之后，最终纳入本书实证分析的地级以上城市为284个。其中，在纳入分析的284个地级以上城市观察样本之中，本书将开通高铁的城市作为实验组，未开通高铁的城市作为对照组。

（三）调节变量

人口流动（POP）。目前，中国统计数据资料中并没有单独对人口流动这项指标进行统计。因此，如何有效测度人口流动是本章实证分析所要关注的问题。学术界在测算人口流动这一指标时，主要采用三种处理方式：一是利用全国人口普查资料中的人口迁移数据进行度量，如劳昕、沈体雁、夏怡然、陆铭等；二是利用中国流动人口动态监测调查数据进行测度，如杨菊华等；三是利用统计年鉴中的数据进行测算，如何鑫、田丽慧、楚尔鸣、邹瑾、娄著盛、邓国营、冯倩等。本书综合上述三种做法，主要采用第三种方式对人口流动指标进行测算，即：人口流动 =（年末人口数 − 上年末人口数 − 上年末人口数 × 人口自然增长率）/ 年末人口数，这也是李拓、李斌的做法。具体原因如下：人口普查资料没有统计市级层面数据，而流动人口动态监测数据的时间窗口较短，并且本书从大多数文献中观察到，人口流动指标通常以常住人口数减去户籍人口数来计算，如果不对原始数据进行处理，那么将会使得流动人口指标的最终数值大小存在一定差异，这会导致研究结论产生偏误。

（四）控制变量

产业结构升级（IND）。人口流动和区域经济增长深受产业结构升级的影响（黄茂兴、李军军、赵楠），各级政府往往通过制定相关产业政策来实现产业规模和结构向其经济发展目标的转变（韩永辉、黄亮雄、王贤彬）。对于该项指标，本书借鉴干春晖等的做法，采用第三产业增加值与第二产业增加值之比进行测度，也就是从产业结构高级化的视角来进行分析，以此来考察产业结构升级对于人口流动和区域经济增长的影响效应。

金融发展（FIN）。作为现代经济的核心，金融在动员储蓄、转化社会闲散资金和分散风险等方面发挥着至关重要的作用。随着金融发展水平的不断提高，地区经济增长水平不断提升，金融对经济的约束程度不断降低，其对一国或地区经济增长具有重要影响。为此，本书借鉴李青原、李江冰、江春、李健、卫平、彭俞超、黄娴静、沈吉等的做法，采用年末金融机构各项贷款余额与 GDP 之比来度量金融发展水平。

人力资本（HUM）。人力资本对人口流动和区域经济增长具有重要影响。目前，部分学者采用人均受教育年限对人力资本水平进行测度，也有部分学者采用各阶段教育层次占比来分析人力资本。鉴于《中国城市统计年鉴》没有对城市居民的受教育水平展开详尽的调查。所以，本书的人力资本主要采用全市每万人中在校大学生人数作为代理变量。

固定资产投资（INV）。前文理论研究表明，资本积累是促进经济增长的至关重要的实现途径，社会投资能为经济建设提供必要的资本积累，为经济发展奠定坚实的物质基础。同时，本章的理论分析也表明，投资无论对于人口流动还是经济增长均具有显著的正向影响效应。由于地级城市层面的数据不像省级层面数据那么完善，能获得较早的地级城市固定资产投资数据始于 1985 年，且较多地级城市数据严重缺失，如果采用基期资本存量法来测算各个城市的资本存量，又因为基期年份设定问题，造成资本存量测算产生一定误差，从而影响本书对该项指标测算结果的精确性。为此，本书借鉴邵帅、许宪春、王宝滨、徐雄飞、卢进勇、杨杰、邵海燕、任宏、李振坤、张军、樊海潮、许志伟等的做法，以固定资产投资占 GDP 比重来度量该项指标。

财政支出（FIS）。政府财政支出对经济增长具有重要影响（Barro、郭庆旺、吕冰洋、张德勇、王春元、范庆泉、周县华、潘文卿）。在我国，地方政府在经济增长过程中有着举足轻重的地位，促进经济增长、维护社会安定并实现人民富裕是每个地方政府共同努力的方向和目标，而财政支出是政府进行市场宏观调控、稳定经济民生、促进社会和谐发展的重要手段之一。同时，政府通过财政支出的“杠杆效应”能够引导各类资金投向某一领域、行业，从而扩大产业生产规模，增加更多的就业岗位，进而影响经济增长。为此，本书借鉴许政、陈钊、陆铭、彭冲的做法，主要采用地方一般公共预算支出与 GDP 之比来表征财政支出水平。

工资水平（WAG）。工资是影响人口流动的重要因素之一，宋一淼、苏宏伟、陆铭、高虹、佐藤宏、陈浩、孙斌栋等相关研究指出，工资报酬和就业机会是影响人口流动的两大重要因素。一般来说，工资水平越高表示对劳动力的吸引力就越大，从而越能够吸引各类人才集聚，进而通过人才集聚来促进地区经济发展，其是影响地区对劳动力吸引程度的重要指标之一。不失一般性，本书采用在职员工平均工资作为城市工资水平的代理变量。

公共服务（PUB）。公共服务对人口流动行为决策的影响已被学术界普遍证实。具体而言，人口向城市集聚在很大程度上受到城市社会保障、教育资源、医疗卫生等公共服务的影响，城市公共服务供给水平越高表示越能够吸引人口集聚，进而通过人才集聚来提升城市社会经济发展水平。本书结合数据可得性，采用医院床位数来作为度量城市公共服务水平的代理变量。

医疗卫生（HEA）。一个地区医疗卫生条件水准也可以从侧面反映出地区公共服务环境优质与否。无论是从地区社会福利的角度，还是从人口医疗服务需求的角度，医疗卫生条件的改善都能够为社会发展营造良好的公共卫生环境，进而有利于提高地区对人口的吸引力和经济发展水平，其是影响人口流动的重要因素之一。有鉴于此，本书结合数据可得性，主要采用执业（助理）医师数作为衡量城市医疗卫生的代理变量。

对外开放（OPE）。对外开放在我国社会经济发展中发挥了重要作用，随着外资企业不断进入我国，加快了国外先进技术的传播及应用，提升了企业对新技术的消化和吸收能力，从而在制度、资本、劳动分工和技术创新上实现互动，进而促进本地区社会、经济、文化等方面快速发展。本书的对外开放指标主要以城市实际利用外商直接投资额进行测度，这也是学术界较为常见的做法，由于外商直接投资额以美元进行计价，所以本书将利用对应年份的人民币兑美元实际汇率将其换算成人民币单位。

三、数据来源与描述性统计

本书观测区间为 2005—2019 年，为了能够有效分析高铁开通前后区域经济增长变化情况，本书需要对样本观测区间进行划定。首先，从高铁开通的具体时间来看，京津城际铁路于 2008 年 8 月 1 日开通，这也是国际公认的中国第一条高速铁路。其次，鉴于 2003 年和 2004 年部分城市数据搜集比较困难，出于对观测数据前后一致性的考虑，本书选取 2005 年为观测时期的起点，实证样本是 2005—2019 年中国 284 个地级以上城市（不包括香港特别行政区、澳门特别行政区和我国台湾地区）的面板数据，共计 4260 个观测数。数据主要来源于历年《中国城市统计年鉴》、《中国区域统计年鉴》、《中国城市建设统计年鉴》、《国民经济和社会发展统计工作报告》、万得数据库等，具体变量的描述性统计如表 3–3 所示。

表3–3 变量描述性统计

Variable	Code	Mean	Min	Max	Sta.Dev.
区域经济增长	GDP	41040.0500	2396.0000	467749.0000	32224.3500
交通基础设施	HSR	0.3920	0.0000	1.0000	0.4883
人口流动	POP	−0.0018	−0.4599	0.4179	0.0643
产业结构升级	IND	0.9146	0.0943	9.4822	0.5151
金融发展	FIN	115.0281	7.5319	962.2103	63.2792
人力资本	HUM	185.9794	0.4091	3502.1800	250.6729
固定资产投资	INV	70.4905	8.7226	241.2685	29.1469
财政支出	FIS	11.4900	0.9232	193.6383	8.9180
工资水平	WAG	42137.9400	4958.0000	173205.0000	21333.9700
公共服务	PUB	17071.7900	940.0000	177410.0000	16172.4000
医疗卫生	HEA	8986.5480	377.0000	115771.0000	9060.9220
对外开放	OPE	519040.8000	20.2554	20500000.0000	130991.0000

注：表格中的数据主要借助 Stata 15.0 软件计算整理获得。

第五节　人口流动与区域经济增长的实证分析

一、基准回归结果解析

（一）交通基础设施影响人口流动的实证解析

表 3–4 是交通基础设施影响人口流动的回归结果，同时，本书将全样本根据城市所在区域进行了不同划分。其中，第 1 列是全样本条件下交通基础

设施（HSR）影响人口流动（POP）的回归结果，第2至5列分别是东部地区、东北地区、中部地区和西部地区交通基础设施对人口流动的回归结果。从拟合效果来看，模型（1）至模型（5）的可决系数 R^2 分别为0.39、0.38、0.14、0.23和0.32。同时，模型整体的显著性水平也比较高，F 统计值分别在1%或5%的显著性水平下显著。下文将依次对变量的回归结果进行详细解析。

首先，本书将对核心解释变量交通基础设施影响人口流动的回归结果进行解析。模型（1）至模型（4）的回归结果显示，总体上，交通基础设施对人口流动存在着十分显著的正向影响效应。其中，模型（1）至模型（4）的回归系数分别为0.0206、0.0086、0.0059和0.0080，并且模型（1）、模型（2）、模型（3）和模型（4）的回归系数均在10%的显著性水平下显著，该结果能够有效支持本书提出的假说3.1。目前，仅有西部地区的交通基础设施对人口流动存在负向影响效应，模型（5）中的回归系数为–0.0118，但该回归系数并不显著。总体而言，交通基础设施在推动地区人口流动过程中发挥着不可忽视的重要作用，交通基础设施完善能够降低人口在流动过程中所面临的交通运输成本，进而有利于促进地区人口流动，这也有效印证了本章所提出的理论假说3.1。值得一提的是，现阶段我国东、西部地区之间的经济差距明显，我国东部地区城市长期以来处于人口高速流入的状态，其利用沿海便捷的区位优势发展贸易，吸引了大量企业在此投资，这为全国各地劳动力提供了充足的就业岗位，随着越来越多的人口向东部地区迁移、流入，由此降低了人们对西部地区城市未来发展前景的预期，从而加速了西部地区人口外流，使得西部地区的交通基础设施对人口流入产生了一定的负面影响，由此产生“廊道效应”（Corridor Effect）。

表3-4　交通基础设施对人口流动的影响

POP_{it}	模型（1） 全样本	模型（2） 东部地区	模型（3） 东北地区	模型（4） 中部地区	模型（5） 西部地区
HSR_{it}	0.0206* （1.79）	0.0086* （1.76）	0.0059* （1.84）	0.0080* （1.76）	−0.0118 （−0.99）
$LnIND_{it}$	0.0117 （1.39）	0.0166** （1.96）	0.0041* （1.67）	0.0141** （2.15）	0.1178** （2.27）

续表

POP_{it}	模型（1） 全样本	模型（2） 东部地区	模型（3） 东北地区	模型（4） 中部地区	模型（5） 西部地区
$LnWAG_{it}$	0.0180* （1.75）	0.0635* （1.91）	0.0081 （0.45）	0.0033 （1.14）	0.1164** （2.01）
$LnHUM_{it}$	0.0032 （0.98）	0.0149* （1.91）	0.0002 （0.03）	0.0154* （1.66）	0.0031 （0.67）
$LnINV_{it}$	0.0313*** （3.09）	0.0210 （1.32）	0.1005* （1.69）	0.0351** （2.10）	0.1032** （1.97）
$LnPUB_{it}$	0.1014*** （2.67）	0.0129 （0.41）	−0.0022 （−0.12）	0.0033 （0.11）	0.0005 （0.03）
$LnHEA_{it}$	0.0181* （1.77）	0.0068 （0.25）	−0.0040 （−0.51）	0.0262* （1.68）	0.0120 （0.57）
$LnOPE_{it}$	0.0001 （0.03）	0.0021 （0.84）	0.0001 （0.01）	−0.0019 （−0.68）	0.0005 （0.25）
$CONS_{it}$	−0.1982 （−1.23）	−0.3980 （−1.16）	2.0455*** （5.19）	−0.3684 （−0.90）	−0.0881 （−0.38）
Dum_City	控制	控制	控制	控制	控制
Dum_Year	控制	控制	控制	控制	控制
可决系数R^2	0.39	0.38	0.14	0.23	0.32
F-statistic	2.25**	5.31***	2.26**	2.23**	2.70***
Obs.	4206	1305	510	1200	1245

注：*、** 和 *** 分别表示在 10%、5% 和 1% 的显著性水平下显著，系数下方的括弧内为 t 值，下同。

其次，本书将对产业结构升级（LnIND）、工资水平（LnWAG）、人力资本（LnHUM）、固定资产投资（LnINV）等控制变量的回归结果进行解析，具体如下：

从产业结构升级影响人口流动的回归结果来看，模型（1）至模型（5）的回归结果表明，整体上，产业结构升级对人口流动的影响为正向促进作用，各模型的回归系数分别为 0.0117、0.0166、0.0041、0.0141 和 0.1178，并且模型（2）、模型（3）、模型（4）和模型（5）的回归系数分别在 5% 或 10% 的显著性水平下显著。由此可见，对于全样本以及东部地区、东北地区、中部地区和西部地区样本而言，产业结构升级能够有效促进人口流动，尤其是东部地区、东北地区、中部地区和西部地区产业结构升级对人口流入的正向促进作用十分明显，该结果符合本书的预期。

从工资水平影响人口流动的回归结果来看，模型（1）至模型（5）的回归结果表明，整体上，工资水平对人口流动存在十分明显的正向影响效应，这与本书预期相符，各模型的回归系数分别为0.0180、0.0635、0.0081、0.0033和0.1164，并且模型（1）、模型（2）和模型（5）的回归系数分别在5%或10%的显著性水平下显著。理论上，从工资水平来看，存在“中心区人均工资 = 中心区总工资 / 中心区总人口 > 外围区总工资 / 外围区总人口 = 外围区人均工资”的关系式。为了追求个人效用最大化，劳动力会从“外围”地区（城市）向经济更发达、服务更便捷、工资水平更高和就业机会更广的“中心”地区（城市）迁移，这从理论上解释了工资水平较高的地区对人口流入具有强大吸引力的内在原因。

从人力资本影响人口流动的回归结果来看，人力资本水平的提升在一定程度上能够促进人口流动，其中，模型（1）至模型（5）的回归系数分别为0.0032、0.0149、0.0002、0.0154和0.0031，并且模型（2）和模型（4）的回归系数均在10%的显著性水平下显著，这一结果符合本书的预期。由此可见，人力资本水平较高的地区则更有利于人口流入。本书认为，随着经济社会的发展，高校大学生的就业面越来越广，大学生会考虑城市的发展前景以及自身生活的舒适程度（如交通、环境、教育、文化、医疗方面）等相关问题，因而人力资源会向相对发达的东部地区城市集中。同时，考虑到生活成本等问题，越来越多的大学毕业生向西部地区回流，因为西部地区生活成本以及工作竞争强度相比于东部地区和中部地区而言较小。所以，人力资本水平提升在一定程度上增强了劳动力的就业自由程度和职业选择范围，因而有助于促进地区之间的人口流动。

从固定资产投资影响人口流动的回归结果来看，模型（1）、模型（2）、模型（3）、模型（4）和模型（5）回归结果表明，增加固定资产投资对于人口流动具有十分显著的正向促进作用。其中，模型（1）、模型（2）、模型（3）、模型（4）和模型（5）的回归系数分别为0.0313、0.0210、0.1005、0.0351和0.1032，并且模型（1）、模型（3）、模型（4）和模型（5）的回归系数分别在1%、5%或10%的显著性水平下显著，这符合本书的理论与实证预期。

从公共服务影响人口流动的回归结果来看，模型（1）、模型（2）、模型（3）、模型（4）和模型（5）回归结果表明，整体上，公共服务对人口流动存在十分明显的正向影响效应，这与本书理论预期相符。其中，模型（1）、模型（2）、模型（4）和模型（5）的回归系数分别为0.1014、0.0129、0.0033和0.0005，并且模型（1）的回归系数在1%的显著性水平下显著。由此说明，公共服务在地区人口流动提升过程中发挥着十分重要的作用，提高公共服务水平可以吸引更多的高技能人才流入本地区，从而有助于促进人口流动。

从医疗卫生影响人口流动的回归结果来看，总体上，医疗卫生对人口流动的影响为正向促进作用，这与本书理论预期相符。其中，模型（1）、模型（2）、模型（4）和模型（5）的回归系数分别为0.0181、0.0068、0.0262和0.0120，而且模型（1）、模型（4）的回归系数均在10%的显著性水平下显著。由此可见，医疗卫生水平的提高的确能够吸引人口流入，因而从吸引人才的政策角度来看，大力提升地区医疗服务水平，为居民提供方便、快捷、优质的医疗服务，从某种程度上是有利于促进人口流动的。

从对外开放影响人口流动的回归结果来看，总体上，对外开放对人口流动存在着一定的正向促进作用，加大对外开放力度能够有效促进人口流动。其中，模型（1）、模型（2）、模型（3）和模型（5）的回归系数分别为0.0001、0.0021、0.0001、0.0005。研究认为，对外开放在人口流动过程中发挥着不可忽视的重要作用，对外开放能够通过关联产业在制度、资本、劳动分工和技术创新上实现互动，并促进相关企业在某一地区集聚，企业集聚区会吸引大量劳动力和技术型人才流入，从而提高地区人口流入数量。

（二）人口流动影响区域经济增长的实证解析

表3-5是人口流动影响区域经济增长的回归结果，模型（6）至模型（10）的可决系数 R^2 分别为0.49、0.35、0.75、0.49和0.58，说明整体的拟合程度较好。同时，模型整体的显著性水平也比较高，F 统计值均在1%的显著性水平下显著。接下来，本书将分别对变量的回归结果进行详细解析。

首先，本书将对人口流动影响区域经济增长的回归结果进行详细解析，模型（6）至模型（10）的回归结果显示，总体上，人口流动对区域经济增长具有显著的正向促进作用，各个模型的回归系数分别为0.2481、0.2853、0.1497、0.1605和0.2329。其中，模型（6）至模型（10）的回归系数分别在1%或10%的显著性水平下显著。由此说明，全样本以及各大区域人口流动对区域经济增长始终存在十分显著的正向影响效应，该结果与前文提出的假说3.2相一致。

上述结果说明，人口在促进区域经济增长过程中发挥着十分重要的作用。人口数量增长不仅能够为地区经济发展提供充足的人力资本，而且还能够通过人力资本自身所具有的技术创新能力提升经济发展效率，进而对区域经济增长起到显著的正向作用。不难理解，地区人口流入数量增多可以为本地区积累人力资本，所以有利于为地区技术创新提供高素质人才，而人力资本集聚为地区专业分工、规模经济、知识溢出创造了可能。同时，人口流入数量增加也会进一步加剧地区市场竞争的激烈程度，从而利于聚集更高教育水平的熟练型劳动力，这将为提高地区经济增长水平提供优质的人力资本资源，进而通过促进地区生产效率水平来推动地区经济增长。

表3-5 人口流动对区域经济增长的影响

$LnGDP_{it}$	模型（6） 全样本	模型（7） 东部地区	模型（8） 东北地区	模型（9） 中部地区	模型（10） 西部地区
POP_{it}	0.2481*** （8.52）	0.2853*** （6.03）	0.1497* （1.71）	0.1605*** （3.86）	0.2329*** （4.60）

续表

$LnGDP_{it}$	模型（6） 全样本	模型（7） 东部地区	模型（8） 东北地区	模型（9） 中部地区	模型（10） 西部地区
$LnIND_{it}$	−0.2438*** （−10.20）	−0.1989*** （−4.63）	−0.2093*** （−4.25）	−0.2857*** （−5.72）	−0.2389*** （−5.43）
$LnFIN_{it}$	0.1479*** （6.27）	0.0524 （1.52）	0.2824*** （4.89）	0.0133 （0.25）	0.1483*** （4.34）
$LnHUM_{it}$	0.0181** （2.41）	0.0140 （1.07）	0.0200 （1.54）	0.0361*** （0.03）	0.0075 （0.59）
$LnINV_{it}$	0.0418*** （3.95）	0.0341*** （3.32）	0.0173* （1.81）	0.0236** （2.33）	0.0332*** （2.97）
$LnFIS_{it}$	−0.0433*** （−5.56）	−0.0382** （−2.20）	−0.0232 （−0.97）	−0.0353*** （−2.90）	−0.0465*** （−3.52）
$LnPUB_{it}$	0.0611* （1.87）	0.1721*** （2.49）	0.0361 （0.37）	0.0834 （1.40）	0.1508*** （3.25）
$LnOPE_{it}$	0.0104*** （3.57）	0.0041 （0.88）	0.0083* （1.69）	0.0073 （0.97）	0.0032 （0.71）
$CONS_{it}$	10.4890*** （31.64）	9.3133*** （13.13）	11.2109*** （12.85）	11.1737*** （16.53）	9.6126*** （20.31）
Dum_City	控制	控制	控制	控制	控制
Dum_Year	控制	控制	控制	控制	控制
可决系数R^2	0.49	0.35	0.75	0.49	0.58
F-statistic	100.22***	27.72***	163.19***	36.70***	59.09***
Obs.	4206	1305	510	1200	1245

其次，本书将对模型中控制变量的回归结果进行解析，具体如下：

从产业结构升级影响区域经济增长的回归结果来看，模型（6）至模型（10）的回归结果表明，产业结构升级对区域经济增长的影响主要为负向作用，回归系数分别为 −0.2438、−0.1989、−0.2093、−0.2857 和 −0.2398，而且模型（6）至模型（10）的回归系数均是显著的。本书认为，目前我国产业结构升级和调整仍然存在一定的滞后性，产业发展水平较低会导致其对区域经济增长的促进作用不明显，尤其是在市场经济竞争日益激烈的时代背景下，推动地区产业转型升级，促进地区产业高质量发展迫在眉睫。同时，产业结构升级和地区人才、技术、市场需求和资源禀赋联系密切（张先锋、王瑞、张庆彩），随着交通基础设施不断完善，沿线地区的高技能人才会选择流动至中心城市（余泳泽、庄海涛、刘大勇等），从而使得这些地区的产业发展因人才外流而陷入创新力不足的困境，进而对产业结构升级造成了不利影响。

从金融发展影响区域经济增长的回归结果来看，模型（6）至模型（10）的回归结果表明，整体上，金融发展对区域经济增长存在十分明显的正向影响效应，模型（6）至模型（10）的回归系数分别为 0.1479、0.0524、0.2824、0.0133 和 0.1483，并且模型（6）、模型（8）、模型（10）的回归系数均在 1% 的显著性水平下显著。所以，当金融发展水平提升 1 个百分点时，全国、东部地区、东北地区、中部地区和西部地区的经济增长水平将显著提升 0.1479%、0.0524%、0.2824%、0.0133% 和 0.1483%。由此说明，经济增长过程中始终离不开金融发展的影响，金融发展是区域经济增长的重要影响因素，所以加速金融资本形成、提升金融资本效率、促进金融深化发展将有助于提高经济增长水平。

从人力资本影响区域经济增长的回归结果来看，人力资本水平的提升在一定程度上能够促进区域经济增长，其中，模型（6）至模型（10）的回归系数分别为 0.0181、0.0140、0.0200、0.0361 和 0.0075。由此可见，当人力资本水平提升 1 个百分点时，全国、东部地区、东北地区、中部地区和西部地区的经济增长水平将会提升 0.0181%、0.0140%、0.0200%、0.0361% 和 0.0075%。由此可见，人力资本是促进经济增长的重要引擎，人才资本是产业创新的基础，充足的人力资本积累增强了地区创新效应，人力资本积累能够为经济持续、平稳、健康发展提供长期的动力支持（叶茂林、郑晓齐、王斌、刘晔、黄承键、钞小静、沈坤荣、丁忠民、玉国华、王定祥、戴琼瑶、刘家强、唐代盛）。

从固定资产投资影响区域经济增长的回归结果来看，模型（6）、模型（7）、模型（8）、模型（9）和模型（10）的回归结果表明，固定资产投资对区域经济增长存在显著的正向影响作用。其中，模型（6）、模型（7）、模型（8）、模型（9）和模型（10）的回归系数分别为 0.0418、0.0341、0.0173、 0.0236 和 0.0332，并且各模型的回归系数分别在 1%、5% 或 10% 的显著性水平下显著，这符合本书的理论与实证预期。

从财政支出影响区域经济增长的回归结果来看，模型（6）至模型（10）的回归结果表明，整体上，财政支出对区域经济增长的影响为负向作用，回归系数分别为 –0.0433、–0.0382、–0.0232、–0.0353 和 –0.0465。同时，模型（6）、模型（7）、模型（9）和模型（10）的回归系数分别在 1% 或 5% 的显著性水平下显著。所以，政府财政支出对区域经济增长的影响主要为负向作用。本书认为，政府通过财政支出手段对市场经济的宏观调控可能存在过度干预的情形，由此降低了经济资源要素的市场配置效率，这可能是导致其无法有效提升区域经济增长水平的原因之一，因而减少政府对市场的干预，充分发挥市场在资源配置中的决定性作用，进而提高市场化水平是十分必要的。

从公共服务影响区域经济增长的回归结果来看，模型（6）至模型（10）中公共服务的回归系数分别为 0.0611、0.1721、0.0361、0.0834 和 0.1508，并且模型（6）、模型（7）和模型（10）的回归系数分别在 1% 或 10% 的显著性水平下显著。由此说明，公共服务在区域经济增长提升过程中发挥着十分重要的作用，提高公共服务水平可以吸引更多的技术高、素质好的人才流入本地区，从而为经济增长提供充足的人力资本，这与本书的预期相一致。

从对外开放影响区域经济增长的回归结果来看，对外开放对区域经济增长存在着正向促进作用，模型（6）至模型（10）的回归系数分别为 0.0104、0.0041、0.0083、0.0073 和 0.0032。其中，模型（6）和模型（8）的回归系数分别在 1% 和 10% 的显著性水平下显著，而模型（7）、模型（9）和模型（10）的回归系数均不显著。这意味着，对外开放和吸引外商投资是促进地区经济增长的有利因素，对外开放不仅能够为地区发展注入更多的国外资本，与此同时，也能够借鉴更为先进的技术手段和管理经验，降低了企业之间的信息搜寻和技术学习成本，提升了企业生产绩效，并通过企业发展有效推动了地区整体经济水平显著提升。

（三）交通基础设施、人口流动影响区域经济增长的实证解析

前文分别验证了交通基础设施对人口流动以及人口流动对区域经济增长的影响效应。本节进一步将交通基础设施、人口流动与区域经济增长联系起来，定量分析三者之间的效应关系。表 3-6 是交通基础设施通过人口流动影响区域经济增长的回归结果，下文将分别对变量的回归结果展开详细解析。

首先，从全样本的回归结果来看：模型（11）的回归结果显示，交通基础设施对区域经济增长具有显著的正向作用，回归系数为 0.1186，并且回归系数在 5% 的显著性水平下显著，该回归系数符号与理论预期相一致。这意味着，交通基础设施的确能够有效促进区域经济增长。进一步地，对人口流动的回归结果进行解析，可以发现，在 1% 的显著性水平下，人口流动对区域经济增长具有正向促进作用，回归系数为 0.2423，该回归系数符号与理论预期相一致。这意味着，人口流动能够为地区经济增长提供充足的人力资本，进而通过释放“人口数量红利”来促进地区经济增长。紧接着，观察交通基础设施与人口流动交互项的回归结果，可以发现，其对区域经济增长具有显著的正向促进作用，回归系数为 0.1205，并且交互项的回归系数在 1% 的显著性水平下显著，该回归系数符号与理论预期相一致。由此说明，交通基础设施的确能够通过人口流动这一调节变量来促进区域经济增长，该结果能够有效支持本书提出的理论假说 3.3。

表 3-6　交通基础设施、人口流动对区域经济增长的影响

$LnGDP_{it}$	模型（11） 全样本	模型（12） 东部地区	模型（13） 东北地区	模型（14） 中部地区	模型（15） 西部地区
HSR_{it}	0.1186★★ （2.37）	0.1591★ （1.69）	0.0790★★★ （4.18）	0.0214★★ （2.01）	0.0119 （0.79）
POP_{it}	0.2423★★★ （5.38）	0.1822★ （1.88）	0.1534 （1.00）	0.1554★★★ （2.98）	−0.1128★★★ （−4.44）
$HSR_{it}\times POP_{it}$	0.1205★★★ （2.78）	0.1583★ （1.67）	0.0190 （0.10）	0.0063 （0.09）	−0.0566★★★ （−2.79）

续表

$LnGDP_{it}$	模型（11） 全样本	模型（12） 东部地区	模型（13） 东北地区	模型（14） 中部地区	模型（15） 西部地区
$LnIND_{it}$	−0.2427*** （−17.94）	−0.1968*** （−7.70）	−0.1979*** （−7.03）	−0.2807*** （−11.57）	−0.2403*** （−9.69）
$LnFIN_{it}$	0.1483*** （9.94）	−0.0516** （−2.43）	0.2814*** （8.98）	−0.0142 （−0.46）	−0.1474*** （−5.68）
$LnHUM_{it}$	0.0181*** （3.79）	0.0148 （1.49）	0.0175* （1.80）	0.0369*** （3.78）	−0.0068 （−0.90）
$LnINV_{it}$	0.0417*** （4.21）	0.0147 （1.49）	0.0552*** （3.18）	0.0144 （0.94）	0.0278 （1.38）
$LnFIS_{it}$	−0.0430*** （−7.96）	−0.0370*** （−2.57）	−0.0220* （−1.65）	−0.0352*** （−4.35）	−0.0472*** （−5.58）
$LnPUB_{it}$	0.0607*** （3.52）	0.1707*** （4.63）	0.0724 （1.24）	0.0875*** （2.82）	0.1537*** （5.57）
$LnOPE_{it}$	0.0104*** （5.20）	0.0040 （0.94）	0.0080** （2.21）	0.0070 （1.44）	0.0030 （0.87）
$CONS_{it}$	10.7045*** （55.44）	9.4113*** （22.50）	11.1607*** （19.16）	11.3817*** （29.25）	9.7943*** （32.28）
Dum_City	控制	控制	控制	控制	控制
Dum_Year	控制	控制	控制	控制	控制
可决系数R^2	0.96	0.96	0.96	0.95	0.96
F-statistic	102.33***	18.01***	38.64***	21.12***	42.53***
Obs.	4260	1305	510	1200	1245

其次，从不同区域的回归结果来看：模型（12）是以东部地区样本为代表的回归结果，可以看出，交通基础设施、人口流动以及二者交互项对区域经济增长均存在显著的正向作用，回归系数分别为 0.1591、0.1822 和 0.1583，并且回归系数均在 10% 的显著性水平下显著，这三个变量的回归系数符号与理论预期相一致，也与本书研究假说 5.3 相一致。模型（13）是以东北地区样本为代表的回归结果，可以看出，交通基础设施、人口流动以及交通基础设施与人口流动交互项对区域经济增长均具有显著的正向作用，回归系数分别为 0.0790、0.1534 和 0.0190，并且交通基础设施对区域经济增长的回归系数在 1% 的显著性水平下显著，本书提出的假说 3.3 得到进一步验证。模

型（14）是以中部地区样本为代表的回归结果，可以看出，交通基础设施对区域经济增长具有显著的正向作用，回归系数为0.0214，同时，人口流动和交通基础设施与人口流动交互项对区域经济增长也具有正向作用，回归系数分别为0.1554和0.0063，这三个变量的回归系数符号与理论预期相一致。模型（15）是以西部地区样本为代表的回归结果，可以看出，引入交通基础设施与人口流动的交互项之后，交通基础设施对区域经济增长具有正向促进作用，回归系数为0.0119，人口流动对区域经济增长具有负向作用，回归系数为–0.1128，并且交通基础设施与人口流动交互项对区域经济增长具有显著的负向作用，回归系数为–0.0566，由此说明，西部地区交通基础设施对人口流动产生的负向调节作用将显著降低地区经济增长水平。综上分析，对于东部地区、东北地区、中部地区而言，交通基础设施的完善能够有效促进人口流动并通过调节人口流动来促进区域经济增长，本书提出的假说5.3得到有效论证。

最后，观察模型（11）至模型（15）的控制变量回归结果，可以发现：整体上，金融发展、人力资本、固定资产投资、公共服务和对外开放对区域经济增长具有显著的正向促进作用，这与前文的实证分析结果相一致，该结果说明进一步促进金融深化发展、提高地区人力资本水平、提升地区公共服务供给、持续扩大对外开放将有助于促进地区经济增长。然而，产业结构升级和财政支出会对区域经济增长产生负向影响。其中，模型（11）至模型（15）的回归结果显示，产业结构升级对区域经济增长的回归系数分别为–0.2427、–0.1968、–0.1979、–0.2807和–0.2403；模型（11）至模型（15）回归结果表明，财政支出对区域经济增长的回归系数分别为–0.0430、–0.0370、–0.0220、–0.0352和–0.0472，这与前文的实证分析结果具有一定的相似之处，故本书将不再对具体原因进行赘述。因此，在未来一段时期内，推动地区产业转型升级、减少政府对市场的干预，让市场在资源配置过程中起决定性作用是十分关键和必要的。

二、稳健性与内生性检验

从本章的实证研究来看，分析高速铁路对区域经济增长的影响时，可能存在一定的内生性问题。这是因为，城市开通高铁与否和当地的经济、财政、人口、区位、历史等众多因素息息相关。同时，一个城市的经济增长也受当地的自然环境、就业状况、社会福利等因素的影响，对于这些影响高铁开通和区域经济增长的因素，本书无法将其全部准确地找出并加以度量，也就无法全部纳入到模型中，由此可能造成内生性问题，这就需要进行相应的稳健性与内生性检验来考察本书研究结果的可靠程度。

一般而言，稳健性检验可采取以下三种途径：第一，通过替换不同的变量来检验结果是否稳健；第二，根据不同的标准对样本进行调整来检验结果是否稳健；第三，采用不同的检验方法来检验结果是否稳健。有鉴于此，本书主要采取后两种手段，即根据不同的标准对样本进行调整、采用不同的检验方法来进行稳健性检验。接下来，本书将对交通基础设施、人口流动影响区域经济增长的稳健性与内生性检验结果进行解析。

（一）调整不同样本进行稳健性检验

1. 剔除直辖市及省会城市的稳健性检验

一般来说，直辖市及省会城市具有优先享受高铁开通的政策优势，所以直辖市及省会城市高铁建设会具有相对优势，由此可能会令高铁开通这一交通基础设施建设无法成为严格意义上的“准自然试验”。为此，本书将284个城市中的直辖市及省会城市剔除后，再次运用多期双重差分模型进行回归分析。同时，本节运用的实证方法是双重差分法，为了保证稳健性，需要进行平行趋势检验，以此来观测实验组和对照组在政策实施前是否具有共同趋势，图3-5绘制了平行趋势检验结果。

从图3-5中可以看出：高铁开通第 t–6期、第 t–5期、第 t–4期、第 t–3期、第 t–2期、第 t–1期的回归系数波动幅度较小，主要在零轴附近上下波动；

从高铁开通第 t 期开始逐渐出现了正向且递增的基本趋势，并且到第 t+6 期、第 t+7 期正向效应逐步增加至 0.1037 和 0.0990，由此可以基本确认本书的实验组和对照组满足了共同趋势假设，可以采用多期双重差分模型进行回归分析。

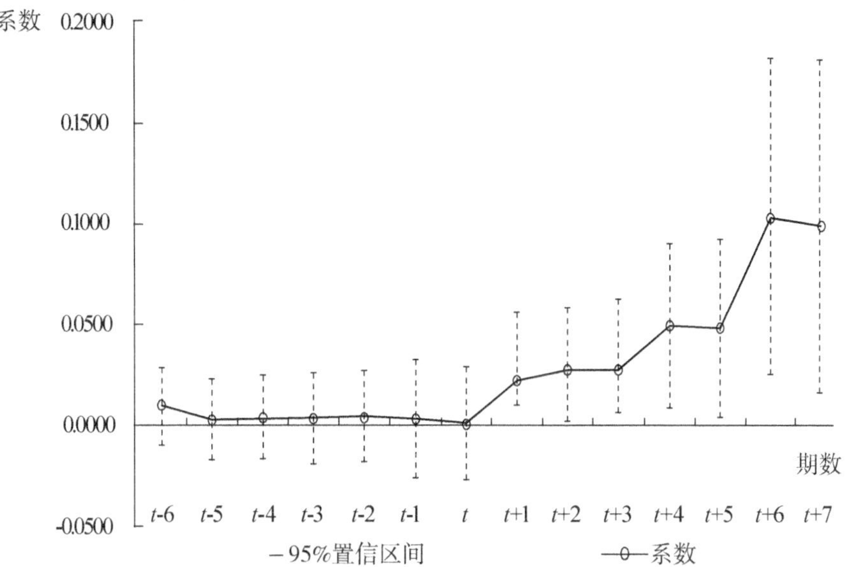

图3-5　剔除直辖市及省会城市样本的平行趋势检验

表 3-7 是剔除直辖市及省会城市的稳健性检验结果，下文将分别对变量的稳健性检验结果展开详细解析。

首先，从全样本的稳健性检验结果来看：模型（16）结果显示，交通基础设施对区域经济增长具有显著的正向作用，回归系数为 0.0212，并且回归系数在 10% 的显著性水平下显著，该实证结果与前文相比具有一致性。然后，观察人口流动的回归结果，人口流动对区域经济增长具有正向促进作用，回归系数为 0.2344，并且回归系数在 1% 的显著性水平下显著。接下来，观察交通基础设施与人口流动交互项对区域经济增长的稳健性检验结果发现，交通基础设施与人口流动的交互项对区域经济增长具有正向促进作用，回归系数为 0.0155，该回归系数符号与理论预期相一致。由此可见，交通基础设施确实能够通过人口流动这一调节变量来影响区域经济增长，所以前文的研究结论已经被有效证实。

表 3-7 稳健性检验：剔除直辖市及省会城市

$LnGDP_{it}$	模型（16）全样本	模型（17）东部地区	模型（18）东北地区	模型（19）中部地区	模型（20）西部地区
HSR_{it}	0.0212* （1.72）	0.0260* （1.89）	0.0699*** （3.42）	0.0280** （2.46）	0.0208 （1.23）
POP_{it}	0.2344*** （4.91）	0.1830* （1.81）	0.1583 （0.99）	0.1456*** （2.86）	−0.1026*** （−3.82）
$HSR_{it} \times POP_{it}$	0.0155 （0.25）	0.1400** （2.15）	0.0408 （0.21）	0.0056 （0.08）	−0.0786*** （−3.00）
$LnIND_{it}$	−0.2358*** （−16.84）	−0.1787*** （−6.76）	−0.1912*** （−6.69）	−0.2764*** （−11.07）	−0.2402*** （−9.17）
$LnFIN_{it}$	0.1662*** （9.70）	0.0742*** （3.03）	0.2880*** （8.62）	0.0162 （0.43）	0.1558*** （05.04）
$LnHUM_{it}$	0.0148*** （3.01）	0.0125 （1.22）	0.0159 （1.57）	0.0361*** （3.63）	−0.0142* （−1.76）
$LnINV_{it}$	0.0201* （1.80）	0.1050*** （4.24）	0.0474*** （2.50）	−0.0010 （−0.06）	0.0115 （0.54）
$LnFIS_{it}$	−0.0376*** （−6.28）	−0.0292* （−1.80）	−0.0140 （−1.00）	−0.0318*** （−3.76）	−0.0486*** （−4.73）
$LnPUB_{it}$	0.0690*** （3.83）	0.1568*** （3.95）	0.0883 （1.45）	0.0841*** （2.60）	0.1778*** （6.08）
$LnOPE_{it}$	0.0111*** （4.96）	0.0058 （1.30）	0.0072 （1.86）	0.0079 （1.45）	0.0030 （0.73）
$CONS_{it}$	10.5940*** （53.54）	9.4851*** （21.85）	10.9580*** （18.61）	11.2550*** （27.72）	9.5532*** （30.48）
Dum_City	控制	控制	控制	控制	控制
Dum_Year	控制	控制	控制	控制	控制
可决系数R^2	0.96	0.95	0.96	0.94	0.96
F-statistic	91.43***	14.80***	35.57***	19.01***	40.33***
Obs.	3810	1155	465	1110	1080

其次，观察不同区域样本的稳健性检验结果，可以看出：模型（17）结果显示，东部地区交通基础设施、人口流动以及二者交互项对区域经济增长均具有显著的正向作用，回归系数分别为 0.0260、0.1830 和 0.1400，并且这

三个变量的回归系数均是显著的。模型（18）是以东北地区样本为代表的稳健性检验结果，结果显示，交通基础设施、人口流动以及交通基础设施与人口流动交互项对区域经济增长均具有显著的正向作用，回归系数分别为0.0699、0.1583和0.0408，并且交通基础设施对区域经济增长的回归系数在1%的显著性水平下显著，这三个变量的回归系数符号与前文实证结果相一致。模型（19）是以中部地区样本为代表的稳健性检验结果，结果显示，交通基础设施对区域经济增长具有显著的正向作用，回归系数为0.0280，同时，人口流动和交通基础设施与人口流动交互项对区域经济增长也具有正向作用，回归系数分别为0.1456和0.0056，这三个变量的回归系数符号与前文的实证结果是一致的。模型（20）是以西部地区样本为代表的稳健性检验结果，可以看出，交通基础设施对区域经济增长的影响为正，回归系数为0.0208，人口流动对区域经济增长的影响为负，回归系数为–0.1026，但二者交互项对区域经济增长的影响为负，回归系数为–0.0786，并且该回归系数在1%的显著性水平下显著。

本书通过上述稳健性检验，可以得知：无论是全样本，还是东部地区、东北地区、中部地区，交通基础设施的完善能够有效促进人口流动并通过调节人口流动来促进区域经济增长，这符合理论预期，也与前文的研究结论相一致。

2. 按城市等级分类的稳健性检验

城市初始的要素禀赋条件差异会使得交通基础设施具有不同的经济增长效应。因此，本书按照《2019中国城市商业魅力排行榜》对284个城市进行分级，通过划分城市等级来检验交通基础设施对区域经济增长所产生的不同影响效应，在丰富本书实证研究结论的同时，也进一步检验本书实证结论的稳健性。其中，本书的"一线城市"由传统一线城市与新一线城市组成，包括北京、上海、天津、重庆、广州、成都等19座城市；二线城市包括合肥、厦门、无锡、福州、贵阳、嘉兴等30座城市；三线城市包括汕头、邯郸、上饶、信阳、包头、连云港等 64 座城市；四线城市包括常德、南充、周口、德州、大同、邵阳等 84 座城市；五线城市包括安康市、保定市、贵港市、黑河市、陇南市、宿州市等 87 座城市。表 3–8 是按城市等级分类的稳健性检验结果，下文将分别对变量的稳健性检验结果展开详细解析。

首先，从一线城市的稳健性检验结果来看：模型（21）结果显示，交通基础设施对区域经济增长具有显著的正向作用，回归系数为 0.0257，并且回归系数在 5% 的显著性水平下显著，该结果与前文较为一致。接下来，观察人口流动的稳健性检验结果，人口流动对区域经济增长具有正向促进作用，回归系数为 0.2169，并且回归系数在 5% 的显著性水平下显著。然后，观察交互项对区域经济增长的稳健性检验结果，交互项对区域经济增长具有正向促进作用，回归系数为 0.0808，并且该回归系数在 5% 的显著性水平下显著，这和前文的实证结果较为一致。由此可见，交通基础设施确实能够通过人口流动这一调节变量来影响区域经济增长，所以前文的研究结论被进一步证实。

进一步观察二线、三线、四线和五线城市等级样本的稳健性检验结果。其中，模型（22）是二线城市的稳健性检验结果，结果显示，交通基础设施、人口流动以及二者交互项对区域经济增长均具有显著的正向作用，回归系数分别为 0.2203、0.2680 和 0.0512，并且回归系数在 5% 的显著性水平下显著。模型（23）是三线城市的稳健性检验结果，结果显示，交通基础设施、人口流动以及二者交互项对区域经济增长的影响均为正向促进，回归系数分别为 0.0270、0.1659 和 0.0202，并且交通基础设施和人口流动对区域经济增长的回归系数分别在 5% 和 10% 的显著性水平下显著，这与前文实证结果相比是稳健的。模型（24）是四线城市的稳健性检验结果，结果显示，交通基础设施对区域经济增长具有显著的正向作用，回归系数为 0.0204，同时，人口流动以及其与交通基础设施的交互项对区域经济增长也具有正向作用，回归系数分别为 0.2693 和 0.0898，这三个变量的回归系数符号与前文的实证结果是一致的。模型（25）是五线城市的稳健性检验结果，可以看出，交通基础设施对区域经济增长具有正向作用，回归系数为 0.0076，人口流动以及交通基础设施和人口流动的交互项对区域经济增长均具有负向作用，回归系数分别为 -0.1163、-0.1965，并且二者分别在 1%、10% 的显著性水平下显著。由此可见，对于一线、二线、三线和四线城市而言，交通基础设施的完善总体上能够有效促进人口流动并通过调节人口流动来促进区域经济增长，这与前文的实证结果较为类似。

表3-8　稳健性检验：按城市等级分类

$LnGDP_{it}$	模型（21） 一线城市	模型（22） 二线城市	模型（23） 三线城市	模型（24） 四线城市	模型（25） 五线城市
HSR_{it}	0.0257** （1.96）	0.2203** （2.14）	0.0270** （2.47）	0.0204* （1.87）	0.0076 （0.63）
POP_{it}	0.2169** （2.26）	0.2680** （2.21）	0.1659* （1.72）	0.2693*** （3.38）	−0.1163*** （−3.19）
$HSR_{it}\times POP_{it}$	0.0808** （2.39）	0.0512** （2.37）	0.0202 （0.16）	0.0898 （0.85）	−0.1965* （−1.90）
$LnIND_{it}$	−0.2739*** （−3.85）	−0.1202 （−1.61）	−0.1490*** （−5.78）	−0.2489*** （−13.73）	−0.2563*** （−10.09）
$LnFIN_{it}$	0.0979* （1.80）	0.0470 （1.50）	0.1610*** （3.72）	0.2328*** （10.82）	0.1701*** （6.20）
$LnHUM_{it}$	0.0270* （1.74）	−0.0141 （−0.59）	0.0342** （1.97）	0.0135** （1.99）	0.0014 （0.20）
$LnINV_{it}$	0.0348** （2.11）	0.1647* （1.81）	0.1321* （1.75）	0.0218** （2.37）	0.2177*** （3.11）
$LnFIS_{it}$	−0.0241 （−0.68）	−0.0134 （−0.42）	−0.0452*** （−4.03）	−0.0284*** （−3.42）	−0.0445*** （−4.81）
$LnPUB_{it}$	0.0072 （0.10）	−0.0858 （−1.23）	0.2134 （5.50）	0.0468 （1.40）	0.0353 （1.45）
$LnOPE_{it}$	0.0108 （1.30）	0.0117*** （2.67）	0.0262*** （4.27）	0.0055* （1.67）	0.0040 （1.18）
$CONS_{it}$	11.9696*** （13.45）	11.7620*** （11.07）	8.6718*** （20.78）	11.0925*** （031.88）	10.9791*** （40.53）
Dum_City	控制	控制	控制	控制	控制
Dum_Year	控制	控制	控制	控制	控制
可决系数R^2	0.94	0.91	0.96	0.94	0.96

续表

$LnGDP_{it}$	模型（21）一线城市	模型（22）二线城市	模型（23）三线城市	模型（24）四线城市	模型（25）五线城市
F-statistic	7.21***	2.18**	20.47***	64.73***	40.33***
Obs.	285	450	960	1260	1305

3. 按城市规模分类的稳健性检验

接下来，本书按照人口规模将样本城市划分为超大城市、特大城市、大城市、中型城市和小城市五种类型，分别对应 1000 万以上人口、500 万至 1000 万、100 万至 500 万人口、50 万至 100 万人口、50 万以下人口，然后再对这五组观测样本进行稳健性检验。表 3–9 是按城市规模分类的稳健性检验结果，下文将分别对相关变量的稳健性检验结果展开详细解析。

首先，从超大城市的稳健性检验结果来看：模型（26）结果显示，交通基础设施对区域经济增长具有显著的正向作用，回归系数为 0.0532，并且回归系数在 10% 的显著性水平下显著，这符合本书的理论和实证预期。观察人口流动的稳健性检验结果，人口流动对区域经济增长具有正向促进作用，回归系数为 0.2760，并且回归系数在 5% 的显著性水平下显著。紧接着，观察交通基础设施与人口流动交互项对区域经济增长的稳健性检验结果发现，交通基础设施与人口流动的交互项对区域经济增长具有正向促进作用，回归系数为 0.2176，但该结果不显著。总体上，模型（26）的稳健性检验结果除了变量的回归系数的显著性存在一定差别外，变量的回归系数符号与本书预期相一致，即交通基础设施对区域经济增长存在正向促进作用，同时，其能够通过作用于人口流动来促进区域经济增长。

进一步观察模型（27）、模型（28）、模型（29）和模型（30）的稳健性检验结果，可以看出：无论是特大城市，还是大城市或中型城市，交通基础设施和人口流动对区域经济增长的正向影响效应较为明显，并且交通基础设施对人口流动的正向调节效应也有助于促进区域经济增长。具体而言：

第一，模型（27）是特大城市的稳健性检验结果。其中，交通基础设施、人口流动以及交通基础设施与人口流动交互项对区域经济增长均具有较为显著的正向作用，回归系数分别为 0.2816、0.3484 和 0.1227，而且交通基础设施以及人口流动的回归系数均在 1% 的显著性水平下显著。

第二，模型（28）是大城市的稳健性检验结果。其中，交通基础设施、人口流动以及二者交互项对区域经济增长存在较为显著的正向作用，回归系数分别为 0.0163、0.2359 和 0.0153，并且交通基础设施和人口流动对区域经济增长的回归系数分别在 10%、1% 的显著性水平下显著，这与前文实证结果相比是稳健的。

第三，模型（29）是中型城市的稳健性检验结果。其中，交通基础设施、人口流动以及二者交互项对区域经济增长存在较为显著的正向作用，回归系数分别为 0.0640、0.2577 和 1.1597，这三个变量的回归系数符号与前文的实证结果是一致的。

第四，模型（30）是小城市的稳健性检验结果。其中，交通基础设施没能够有效促进小城市的经济增长，其对区域经济增长具有负向作用，回归系数为 –0.0838，同时，人口流动对区域经济增长具有负向作用，回归系数为 –0.8345，并且在 1% 的显著性水平下显著。此外，交通基础设施与人口流动交互项对区域经济增长具有负向作用，回归系数为 –0.2223。

总体上，对于超大城市、特大城市、大城市、中型城市而言，交通基础设施的完善能够通过调节人口流动来促进区域经济增长，但是小城市交通基础设施对区域经济增长会存在人口流动的负向调节效应。未来一段时间内，加强欠发达地区或经济规模较小地区的交通基础设施建设迫在眉睫。

表3–9 稳健性检验：按城市规模分类

$LnGDP_{it}$	模型（26） 超大城市	模型（27） 特大城市	模型（28） 大城市	模型（29） 中型城市	模型（30） 小城市
HSR_{it}	0.0532* （1.67）	0.2816*** （5.15）	0.0163* （1.81）	0.0640 （1.31）	−0.0838 （−0.91）
POP_{it}	0.2760** （2.29）	0.3484*** （5.42）	0.2359*** （4.58）	0.2577 （1.62）	−0.8345*** （−3.23）

续表

$LnGDP_{it}$	模型（26）超大城市	模型（27）特大城市	模型（28）大城市	模型（29）中型城市	模型（30）小城市
$HSR_{it} \times POP_{it}$	0.2176 （0.91）	0.1227 （1.41）	0.0153 （0.21）	1.1597*** （4.69）	−0.2223 （−0.21）
$LnIND_{it}$	−0.2971*** （−5.53）	−0.2217*** （−10.39）	−0.2088*** （−13.30）	−0.1817*** （−3.92）	−0.2821*** （−3.04）
$LnFIN_{it}$	0.1971*** （3.79）	0.0895*** （4.04）	0.1683*** （8.03）	0.0840 （1.59）	0.1067** （2.30）
$LnHUM_{it}$	0.0677* （1.78）	0.0289*** （3.57）	0.0204*** （3.15）	0.0369* （1.92）	−0.0177 （−0.50）
$LnINV_{it}$	0.2241** （2.20）	0.0201*** （2.76）	0.0202*** （3.18）	0.0144 （0.34）	0.0381 （1.14）
$LnFIS_{it}$	−0.0207 （−0.97）	−0.0238*** （−3.38）	−0.0540*** （−7.36）	−0.0869** （−2.45）	0.0736* （1.79）
$LnPUB_{it}$	0.1703*** （2.73）	0.1083*** （3.55）	0.0219 （1.01）	0.2223*** （3.03）	0.0219 （0.19）
$LnOPE_{it}$	−0.0041 （−0.49）	0.0051* （1.63）	0.0141*** （5.55）	0.0068 （0.86）	−0.0254** （−2.24）
$CONS_{it}$	9.9631*** （14.10）	9.7523*** （27.73）	10.9764*** （47.39）	9.3035*** （13.36）	11.9063*** （12.83）
Dum_City	控制	控制	控制	控制	控制
Dum_Year	控制	控制	控制	控制	控制
可决系数R^2	0.99	0.98	0.96	0.98	0.98
F-statistic	14.33***	27.06***	61.40***	12.46***	6.01***
Obs.	195	1290	2595	120	60

（二）采用不同检验方法进行稳健性检验

1.PSM-DID 法检验

本书选取了中国 284 个地级市作为研究对象，必然面临实验组和控制组的城市分别来自不同区域的问题，这是不随时间变化的组间差异。为了解决样本选择过程中的“选择偏误”以及不可观测的但不随时间变化的组间差异，最常用的是倾向得分匹配 - 双重差分法（PSM-DID）。

有鉴于此，本书通过 PSM-DID 法来检验本章研究结果是否具有稳定性。在样本的匹配与操作过程中，本书采用 1∶3 有放回的 k 近邻匹配方法，并使用产业结构升级、金融发展、人力资本、固定资产投资、财政支出、公共服务、对外开放作为协变量，然后通过 Logit 模型计算城市开通高铁的概率大小。图 3-6 绘制了各协变量的标准化偏差，从图中可以清楚地看到，各协变量的标准化偏差在匹配前后大幅度缩小，这就说明 PSM 法较好地平衡了本书的数据，通过 PSM 法匹配后，本书还剩下 2914 个样本。

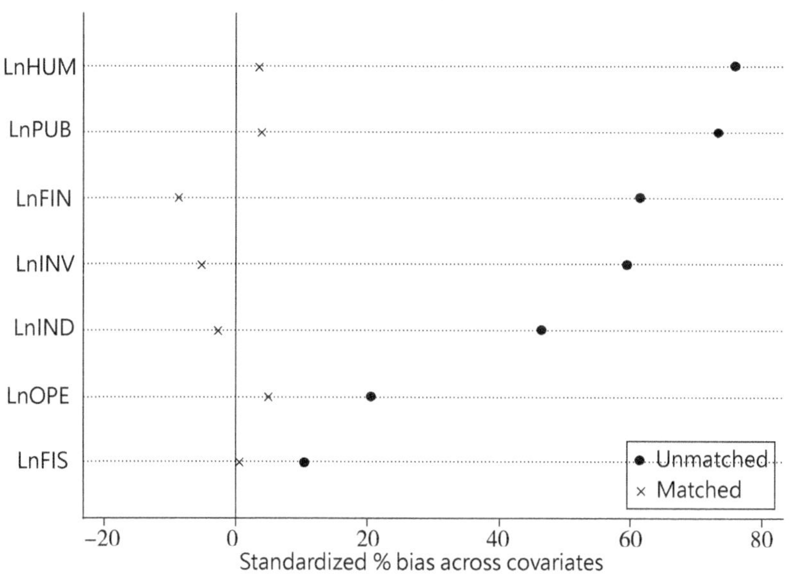

图3-6 各协变量的标准化偏差

表 3-10 是采用 PSM 法匹配后再使用双重差分法进行分析的实证结果。模型（31）至模型（35）分别为全样本以及东部、东北、中部、西部地区的稳健性检验结果。可以看出，各大区域的交通基础设施和人口流动对区域经济增长均存在正向影响效应，而且交通基础设施对人口流动的正向调节效应也有助于促进区域经济增长。具体来看：

第一，模型（31）是全样本的稳健性检验结果。可以看出，交通基础设施、人口流动以及二者的交互项对区域经济增长均具有正向作用，回归系数分别为 0.0305、0.2439 和 0.0846，同时，交通基础设施和人口流动的回归系数均在 1% 的显著性水平下显著，这三个变量的回归系数符号与前文的实证结果是一致的。

第二，模型（32）是东部地区样本的稳健性检验结果。可以看出，交通基础设施、人口流动以及交互项对区域经济增长均具有显著的正向作用，回归系数分别为 0.0526、0.2101 和 0.1994，并且这三个变量的回归系数分别在 10% 或 1% 的显著性水平下显著，这三个变量的回归系数符号与前文的实证结果是一致的。

第三，模型（33）是东北地区样本的稳健性检验结果。可以看出，交通基础设施对区域经济增长具有显著的正向作用，回归系数为 0.0893，同时，人口流动以及交互项对区域经济增长也具有正向作用，回归系数分别为 0.2353 和 0.1823，这三个变量的回归系数符号与前文的实证结果是一致的。

表 3-10 稳健性检验：倾向得分匹配-双重差分法

$LnGDP_{it}$	模型（31） 全样本	模型（32） 东部地区	模型（33） 东北地区	模型（34） 中部地区	模型（35） 西部地区
HSR_{it}	0.0305*** （3.62）	0.0526*** （3.44）	0.0893*** （3.73）	0.0290*** （2.71）	0.0171 （0.88）
POP_{it}	0.2439*** （4.85）	0.2101* （1.76）	0.2353 （1.54）	0.1375*** （2.51）	−0.1213*** （−3.43）
$HSR_{it}\times POP_{it}$	0.0846 （1.23）	0.1994* （1.73）	0.1823 （0.26）	0.0071 （0.09）	−0.0279*** （−3.41）
$LnIND_{it}$	−0.2355*** （−16.81）	−0.2095*** （−8.17）	−0.2170*** （−6.77）	−0.2999*** （−12.05）	−0.2079*** （−8.08）
$LnFIN_{it}$	0.2048*** （9.53）	0.1709*** （6.01）	0.2781*** （8.32）	0.0832*** （2.74）	0.1553*** （3.80）
$LnHUM_{it}$	0.0104* （1.86）	−0.0010 （−0.11）	0.0066 （0.65）	0.0396*** （3.69）	−0.0089 （−0.81）
$LnINV_{it}$	0.0425*** （4.27）	0.0203* （1.74）	0.073 （0.72）	0.0251** （2.34）	0.1030* （1.77）
$LnFIS_{it}$	−0.0345*** （−5.89）	−0.0417*** （−3.04）	−0.0092 （−0.65）	−0.0278*** （−3.05）	−0.0417*** （−3.89）

续表

$LnGDP_{it}$	模型（31） 全样本	模型（32） 东部地区	模型（33） 东北地区	模型（34） 中部地区	模型（35） 西部地区
$LnPUB_{it}$	0.0686*** （3.39）	0.2210*** （5.00）	0.0884 （1.44）	−0.1202*** （−3.25）	0.1679*** （5.17）
$LnOPE_{it}$	0.0126*** （5.08）	0.0076 （1.42）	0.0070* （1.73）	0.0087* （1.76）	0.0098** （2.10）
$CONS_{it}$	10.7189*** （48.99）	9.4373*** （21.16）	11.0424*** （18.26）	11.9428*** （28.13）	9.4032*** （26.34）
Dum_City	控制	控制	控制	控制	控制
Dum_Year	控制	控制	控制	控制	控制
可决系数R^2	0.96	0.97	0.96	0.95	0.96
F-statistic	101.02***	22.02***	36.67***	20.92***	29.69***
Obs.	2914	712	420	859	923

模型（34）是中部地区样本的稳健性检验结果。其中，交通基础设施、人口流动对区域经济增长均具有显著的正向作用，回归系数分别为 0.0290 和 0.1375，并且这两个变量的回归系数在 1% 的显著性水平下显著。同时，交通基础设施与人口流动交互项对区域经济增长具有正向作用，回归系数为 0.0071，但是该回归系数在统计上并不显著。总体上，这三个变量的回归系数符号与前文的实证结果是一致的。

最后，模型（35）是西部地区样本的稳健性检验结果。可以看出，交通基础设施对区域经济增长具有正向作用，回归系数为 0.0171，人口流动对区域经济增长均具有负向作用，回归系数分别为 −0.1213、−0.0279，并且这两个变量的回归系数在 1% 的显著性水平下显著。由此可见，采用 PSM−DID 法进行稳健性检验的结果与前文表 3−6 和表 3−7 的实证结果相一致，因为变量的显著性以及影响方向上并没有发生显著改变。

2. 安慰剂检验

本书通过改变政策发生时间，即改变高铁具体的开通时间来进行安慰剂检验。在剔除直辖市及省会城市样本的基础上，将高铁开通时间分别前置 5 年、4 年、3 年、2 年和 1 年来进行安慰剂检验，反事实的政策虚拟变量设为 HSR_P，如果回归系数的方向及显著性与前文相同，则说明该研究结果可能是由未观测变量引起的，而不是高铁开通所引起的效应，相反就是高铁开通引起的效应，安慰剂检验结果如表 3-11 所示。总体上，通过前置高铁开通时间，回归系数的符号和显著性均发生了一定的改变，这就表明区域经济增长受到高铁开通的影响较为明显，具体而言：

首先，安慰剂检验结果显示，交通基础设施与区域经济增长之间存在负向关系，其中，模型（41）、模型（43）、模型（44）和模型（45）的回归系数分别为 -0.0072、-0.0021、-0.0075 和 -0.0149。这意味着，通过前置高铁开通时间后，高速铁路将无法对区域经济增长产生正向影响作用，这与前文的实证研究结果恰好相反。

其次，模型（42）结果显示，交通基础设施对区域经济增长具有正向促进作用，但该结果并不显著，相较于前文的研究结果而言，该检验结果在一定程度上并不符合预期。此外，人口流动对区域经济增长的影响也表现出了显著的负向效应，模型（41）、模型（42）、模型（43）、模型（44）和模型（45）的回归系数分别为 -0.2395、-0.2403、-0.2401、-0.2398 和 -0.2413，并且变量的回归系数均在 1% 的显著性水平下显著，由此可以进一步验证本章的实证结论具有稳健性。

表 3-11 稳健性检验：安慰剂检验

$LnGDP_{it}$	模型（41） 前置5年	模型（42） 前置4年	模型（43） 前置3年	模型（44） 前置2年	模型（45） 前置1年
HSR_P_{it}	−0.0072 （−0.96）	0.0029 （0.39）	−0.0021 （−0.29）	−0.0075 （−1.02）	−0.0149* （−1.92）
POP_{it}	−0.2395*** （−4.77）	−0.2403*** （−4.79）	−0.2401*** （−4.78）	−0.2398*** （−4.77）	−0.2413*** （−4.81）
$HSR\_P_{it}\times POP_{it}$	0.0755 （1.11）	0.0766 （1.12）	0.0762 （1.12）	0.0754 （1.10）	0.0760 （1.11）
$LnIND_{it}$	−0.2426*** （−16.20）	−0.2429*** （−16.21）	−0.2430*** （−16.21）	−0.2429*** （−16.20）	−0.2429*** （−16.19）

续表

$LnGDP_{it}$	模型（41）前置5年	模型（42）前置4年	模型（43）前置3年	模型（44）前置2年	模型（45）前置1年
$LnFIN_{it}$	0.1967*** （10.50）	0.1965*** （10.52）	0.1967*** （10.55）	0.1969*** （10.57）	0.1973*** （10.62）
$LnHUM_{it}$	0.0105** （2.05）	0.0104** （2.03）	0.0103** （2.01）	0.0102** （2.01）	0.0102** （2.00）
$LnINV_{it}$	0.0386*** （3.77）	0.0241 （1.46）	0.1019* （1.75）	0.0293** （2.24）	0.1178* （1.71）
$LnFIS_{it}$	−0.0369*** （−6.31）	−0.0367*** （−6.28）	−0.0366*** （−6.25）	−0.0363*** （−6.22）	−0.0361*** （−6.18）
$LnPUB_{it}$	0.0788*** （4.07）	0.0802*** （4.15）	0.0812*** （4.21）	0.0815*** （4.23）	0.0817*** （4.24）
$LnOPE_{it}$	0.0093*** （3.92）	0.0093*** （3.92）	0.0093*** （3.93）	0.0093*** （3.95）	0.0094*** （3.98）
$CONS_{it}$	10.6461*** （51.20）	10.6364*** （51.23）	10.6298*** （51.27）	10.6287*** （51.24）	10.6283*** （51.25）
Dum_City	控制	控制	控制	控制	控制
Dum_Year	控制	控制	控制	控制	控制
可决系数R^2	0.96	0.96	0.96	0.98	0.98
F-statistic	98.70***	98.97***	99.30***	99.86***	101.18***
Obs.	3810	3810	3810	3810	3810

（三）内生性检验

工具变量法是解决内生性问题的一种经典方法。学者们对工具变量的相关定义，假定解释变量 X 是被解释变量 Y 的内生变量，此时，存在一个变量 Z 与内生解释变量 X 相关但与被解释变量 Y 不相关，我们就可以将变量 Z 称为工具变量。如前文所述，考虑到交通基础设施建设与区域经济增长之间可能存在双向因果关系以及遗漏变量、测量误差等情况，从而引发内生性问题，这就需要借助工具变量法来检验研究结果的可靠程度。

所以，为了确保本章研究结论的可靠性，本章进一步引入工具变量法进行内生性检验。鉴于此，本书借鉴 Faber、张梦婷、俞峰、钟昌标、唐宜红、俞峰、林发勤、马红梅、郝美竹等的做法，通过构建最小生成树（Least Cost Path Spanning Tree Networks）作为模型的工具变量，以此来缓解模型潜在的内生性问题。选取理由为：

首先，工具变量要和内生解释变量具有相关性，否则就会引致弱工具变量问题。《中长期铁路网规划（2016—2030 年）》指出，高铁规划的目的是“连接主要城市群，基本连接省会城市和其他 50 万人口以上大中城市”。因此，地理信息决定的地理开发成本与高铁建设密切相关，而且在计算最小生成树时对规划目标所要连接的节点城市也考虑在内，在两个条件同时满足的情形下，最小生成树网络与高铁网络有很强的相关性。

其次，从无关性角度来看，最小生成树立足于“在排除规划者对地区经济基础的考虑后，地理开发成本的高低是决定具体路线走向的重要依据”。在高铁的实际规划中，地理开发成本确实有重要影响，“铁路选线设计的目的是找出并争取技术经济最优的方案，地形、地质、城市规划、环境敏感区等资料是线路方案选择的重要控制性因素”，而对地理开发成本有重要影响的地形地貌等地理性要素，属于既定的自然环境条件，是确定且外生的因素。因此，最小生成树是高铁开通的一个合理工具变量。

此外，在具体的估计方法选择上，由于引入了工具变量，因而本书将采用两阶段最小二乘法（Two Stage Least Squares，2SLS）来对变量的系数进行回归估计，该做法与 Qin 的研究类似。表 3-12 是 2SLS 模型的内生性检验结果，下文依次对内生性检验结果进行详细解析。

从表 3-12 的内生性检验结果中可以发现，在观测期内，模型（36）的内生性检验结果显示，交通基础设施对区域经济增长具有显著的正向影响效应，回归系数为 0.2186，并且第一阶段的检验结果表明，工具变量的回归系数显著为正，在采用最小生成树作为解释变量对被解释变量高铁开通与否的回归中，各样本最小生成树对高铁开通与否均具有显著的正向作用，识别弱工具变量的 Cragg-Donald Wald F 统计量大于 10% 水平的标准值，由此判断工具变量是严格外生变量。同时，观察模型（37）、模型（38）、模型（39）和模型（40）的实证结果也可以得知，工具变量均为严格外生变量。此外，人口流动以及交通基础设施与人口流动交互项对区域经济增长均具有显著的正向作用，回归系数分别为0.2423和0.2205，并且二者均在1%的显著性水平下显著。

表3-12 内生性检验：工具变量法

$LnGDP_{it}$	模型（36） 全样本	模型（37） 东部地区	模型（38） 东北地区	模型（39） 中部地区	模型（40） 西部地区
HSR_{it}	0.2186** （2.37）	0.1582* （1.68）	0.0780*** （4.28）	0.0224** （2.02）	0.0228 （0.78）
POP_{it}	0.2423*** （5.48）	0.2822* （2.88）	0.2544** （2.00）	0.2554*** （2.88）	−0.2027*** （−4.44）
$HSR_{it}\times POP_{it}$	0.2205*** （2.78）	0.2584* （2.67）	0.0280 （0.20）	0.0064 （0.08）	−0.0537*** （−2.78）
$LnIND_{it}$	−0.2427*** （−7.84）	−0.2868*** （−7.70）	−0.2878*** （−7.04）	−0.2807*** （−7.57）	−0.2404*** （−8.68）
$LnFIN_{it}$	0.1483*** （9.94）	−0.1516** （−2.43）	0.2814*** （8.98）	−0.1142 （−1.46）	−0.1474*** （−5.68）
$LnHUM_{it}$	0.1181*** （3.79）	0.1148 （1.49）	0.1175* （1.81）	0.1369*** （3.78）	−0.1168* （−1.91）
$LnINV_{it}$	0.0413*** （4.09）	0.0204 （1.32）	0.1103* （1.72）	0.0351** （2.39）	0.1032* （1.81）
$LnFIS_{it}$	−0.1431*** （−7.96）	−0.1371*** （−2.57）	−0.1221* （−1.65）	−0.1352*** （−4.35）	−0.1472*** （−5.58）
$LnPUB_{it}$	0.1617*** （3.52）	0.1717*** （4.63）	0.1724 （1.24）	0.1875*** （2.82）	0.1537*** （5.57）
$LnOPE_{it}$	0.1114*** （5.21）	0.1141** （1.94）	0.1181** （2.21）	0.1171 （1.44）	0.1131 （1.87）
$CONS_{it}$	10.7045*** （41.06）	9.4113*** （23.10）	11.1607*** （21.16）	11.3817*** （23.24）	9.7943*** （22.28）
Dum_City	控制	控制	控制	控制	控制
Dum_Year	控制	控制	控制	控制	控制
第一阶段成果	0.0283*** （11.83）	0.0365*** （13.92）	0.0254*** （11.56）	0.0209*** （10.12）	0.0311*** （13.57）

续表

$LnGDP_{it}$	模型（36）全样本	模型（37）东部地区	模型（38）东北地区	模型（39）中部地区	模型（40）西部地区
Cragg-Donald Wald statistic	311.25*** [0.01]	353.80*** [0.01]	121.57*** [0.01]	91.77*** [0.01]	276.43*** [0.01]
可决系数R^2	0.96	0.95	0.96	0.94	0.96
F-statistic	83.17***	31.80***	37.57***	35.03***	40.08***
Obs.	3810	1155	465	1110	1080

注：系数下方的括弧内为 t 值，中括号内为 p 值。

最后，从不同区域的内生性检验结果来看：

第一，模型（37）是东部地区样本的内生性检验结果。其中，在 10% 的显著性水平下，交通基础设施、人口流动以及二者交互项对区域经济增长均具有显著的正向作用，回归系数分别为 0.1582、0.2822 和 0.2584，这三个变量的回归系数符号与前文的实证结果是一致的。

第二，模型（38）是东北地区样本的内生性检验结果。可以看出，交通基础设施、人口流动以及二者交互项对区域经济增长具有正向作用，回归系数分别为 0.0780、0.2544 和 0.0280，这三个变量的回归系数符号与全样本和东部地区的实证结果是一致的。

第三，模型（39）是中部地区样本的内生性检验结果。可以看出，交通基础设施、人口流动对区域经济增长的影响效应显著为正，回归系数分别为 0.0224 和 0.2554，并且变量的回归系数分别在 5%、1% 的显著性水平下显著。与此同时，交通基础设施与人口流动交互项对区域经济增长的影响效应为正，回归系数为 0.0064，但是不显著。这三个变量的回归系数符号与全样本、东部地区以及东北地区的实证结果是一致的。

第四，模型（40）是西部地区样本的内生性检验结果。可以看出，交通基础设施对区域经济增长具有正向作用，回归系数为 0.0228，人口流动对区域经济增长具有负向作用，回归系数为 –0.2027，并且该变量的回归系数在 1% 的显著性水平下显著。同时，交通基础设施与人口流动的交互项对区域经济增长的影响为负，回归系数值是 -0.0537，并且变量的回归系数在 1% 的显著性水平下显著。这三个变量的回归系数符号与前文的实证结果是一致的。由此可见，采用工具变量法进行内生性检验的结果与前文表 3-6 和表 3-7 的实证结果是一致的，这也验证了本书研究结论的稳健性。

第四章　基于产业集聚分析的交通运输对区域经济空间关联的影响

第一节　引言

产业集聚是否以及如何影响区域经济增长，一直以来都是发展经济学无法回避的研究问题。新经济地理学对产业集聚现象进行了深入剖析，认为同种类型产业集聚能够达到缩减成本并实现规模经济的目标，产业集聚除了与资本收益率有关，同时还受到交通运输成本的影响。交通基础设施建设作为重要的基础设施投资项目，不仅是保障区域交通良性运行的重要载体，而且是促进经济资源要素集聚的有效手段。交通基础设施能够给地区带来集聚经济并产生外部性，地区通达性的改变会对市场一体化程度、土地租金收益、要素市场价格等产生影响，进而会影响企业投入要素价格，影响企业在某一地区的预期利润和实际收益，并通过影响企业区位选择来对地区产业集聚产生作用。同时，产业集聚到一定程度会产生正外部性，这在一定程度上能够带动周边地区发展，引发产业集聚的“扩散效应”。

另外，当大量企业集聚形成产业集聚区后会形成“虹吸效应”，这在一定程度上会对欠发达地区产业集聚造成阻碍。一个通过观察现实经济活动就能获得的经验是，随着我国交通基础设施建设的日益完善，越来越多的企业倾向于集中到东部沿海地区，以便利用其独特的区位优势和经济发展环境，而源源不断地从西部地区吸引劳动力、原材料等资源要素，使得产业集聚水平出现“东高西低”空间分布格局，由此进一步扩大了东部地区与西部地区的经济发展差距。因此，从长期来看，交通基础设施的改善能否促进产业集聚并提高本地区经济增长水平，主要取决于地区“集聚力”与“扩散力”对产业影响的大小。那么，交通基础设施会对产业集聚产生什么影响？随着地区交通通达性的改变，产业集聚将会呈现出怎样的时空演化特征，这背后存在什么内在机制？产业集聚的空间分布又怎样影响了区域经济增长？产业集聚本质上是要素集聚的表现形式，产业的空间布局对区域经济增长而言至关重要。研究产业集聚及其分布的理论机制对于优化要素资源配置、提升区域竞争力和促进经济增长来说意义极其重大。有鉴于此，本章基于已有文献主要进行了如下研究和拓展。

首先，本章在第三章空间均衡模型分析基础上，进一步引入了区内交通运输成本和区际交通运输成本，构建了交通基础设施影响产业集聚和区域经济增长的空间均衡模型，从区内交通运输成本变化和区际交通运输成本变化的角度，推演出不同贸易自由度下产业的空间均衡演化形态，分析了产业长期空间均衡下贸易自由度变化与地区经济增长的变动情况。

其次，本章基于空间均衡模型分析所得到的结果和研究假说，采用多期双重差分模型进行实证检验。为了有效检验空间均衡模型分析所推演出的研究假说，本章运用多期双重差分模型对交通基础设施影响区域经济增长的产业集聚渠道进行实证分析。

最后，本章分析了交通基础设施对不同样本城市、不同规模城市、不同等级城市等产业集聚和区域经济增长影响的异质性，并利用最小生成树作为工具变量进行内生性检验，以此来保证本书研究结论的稳健性、可靠性、严谨性。

第二节　产业集聚与区域经济增长的空间均衡模型分析

本节构建了交通基础设施、产业集聚与区域经济增长的空间均衡模型，并进行了不同贸易自由度条件下产业空间结构演化的数值模拟分析，以此揭示交通基础设施、产业集聚与区域经济增长三者之间的理论关系，并为本章的实证分析奠定理论基础。

一、模型假定

首先，与第三章前提假定相类似，模型假定存在 A 和 B 两个地区，为了对二者进行有效区分，本章以上标“*”来表示 B 地区的相关变量，A、B 两个地区的偏好、技术、开放度以及初始资源禀赋条件具有对称性，资本和劳动力分别为 A、B 两个地区的生产要素。假定经济系统存在农业部门、工业部门、资本创造部门。其中，工业部门以规模报酬递增和 Dixit-Stiglitz 垄断竞争为特点，资本、劳动力是其生产所需的投入，而农业部门和资本创造部门均使用劳动力作为投入要素。同时，农业部门与资本创造部门均以规模报酬不变和完全竞争为特征，其中，农业部门生产每单位同质的农产品需要 a_A 单位的劳动力；资本创造部门创造每单位的资本需要 a_I 单位的劳动力。此外，假定经济系统中劳动力总量为 L^w，劳动力可以在部门之间自由流动，A 地区与 B 地区的劳动份额分别为 s_L 和 s_L^*，假定资本初始总量为 K^w，两个地区的资本总量相同，但创造速度不同，同时，A 地区与 B 地区的初始资本禀赋分别为 K 和 K^*，二者对应的份额分别为 s_K 和 s_K^*。关于企业数量方面，假定两个地区工业企业总数为 n^w，A 地区与 B 地区的工业企业数分别为 n 和

n^*，二者对应的份额分别表示为 $s_n = n / n^w$ 和 $s_n^* = n^* / n^w$ 。

其次，与第三章的假设不同的是，本章模型中工业品交易存在区内运输成本和区际运输成本。“区内运输成本”是指本地区内部产生的“运输成本”。以 A 地区为例，对于 A 地区内部工业品交易而言，假设 A 地区内的贸易自由度为 ϕ_1，而“区际运输成本”是指离开本地区进入另一区域过程中所产生的“运输成本”，假设贸易自由度为 ϕ_2。考虑到交通基础设施有存量和增量之分，模型中的运输成本随交通基础设施不断完善而发生改变。具体而言，假设区域间交通运输的总成本 $\tau = f(T_0, T)$ 分别取决于 A 地区内部交通基础设施 T_0 以及 A、B 地区区际交通基础设施 T。一般来说，交通基础设施建设水平越高，那么交通运输成本也就越低，因为交通基础设施条件的改善有助于降低客货运输的时间长度和相对地理距离。在此基础上，假定 τ_1 和 τ_2 分别为 A 地区内部交通运输以及 A、B 地区区际交通运输成本，那么 A 地区内部的贸易自由度为 $\phi_1 = \tau_1^{1\ \sigma}$（$\phi_1$ 是交通运输成本的逆指数，即交通基础设施建设越不完善，交通运输成本越大，贸易自由度越小；反之，贸易自由度则越大），而 A 地区和 B 地区区际的贸易自由度为 $\phi_2 = \tau_2^{1-\sigma}$（$\phi_2$ 是交通运输成本的逆指数，即交通基础设施建设越不完善，交通运输成本越大，贸易自由度越小；反之，贸易自由度则越大），其中，$1 \geqslant \phi_1 \geqslant \phi_2 \geqslant 0$。

二、消费者行为分析

首先，回顾前文基本模型中关于消费者的设定，假定代表性消费者的效用函数可用如下公式表示：

$$U(Q_M, Q_A) = Q_M^{\mu} Q_A^{1-\mu}, 0 < \mu < 1$$

其中，工业品及其价格可用如下公式表示：

$$Q_M = [\int_0^{n^w} q(i)^{(\sigma-1)/\sigma} di]^{\sigma(\sigma-1)}$$

$$P_M = [\int_0^{n^w} p(i)^{1-\sigma} di]^{1/(1-\sigma)}$$

式中，Q_M 和 Q_A 分别为家庭所消费的差异化工业品集合体数量和农产品集合体数量；$n^w=n+n^*$ 表示工业产品的种类数量，其中，n、n^* 分别表示 A、B 两个地区工业企业制造的工业产品种类数量；P_M 为工业品对应的价格指数；σ 为家庭在消费不同工业品之间的替代弹性，μ 为家庭在工业品上的支出份额，并且 $\sigma>1>\mu>0$；第 i 种工业品的价格记作 p（i）。

进一步地，消费者预算约束条件可表示为：

$$P_M Q_M + P_A Q_A = Y$$

式中，P_A 是农产品的价格指数，假定 $P_A=1$，即农产品作为计价基准单位；Y 为消费者工资总收入。

根据消费者效用最大化的一阶条件，可得：

$$\begin{cases} Q_M = \mu Y / P_M \\ Q_A = (1-\mu)Y \\ q(i) = \mu Y p(i)^{-\sigma} / P_M^{1-\sigma} \end{cases}$$

可以发现，上述理论模型的相关结果同本书第三章理论模型的推导结果是一致的。

三、生产者行为分析

接下来，本书将分析生产者行为。令每一家工业企业仅生产一种工业品，生产过程存在规模经济，但不存在范围经济。企业生产每一种工业品需要投入一单位物质资本和若干单位的劳动力，即前者为固定投入，而后者为可变投入。据此，A 地区第 j 个代表性企业的成本函数可用如下公式进行表示：

$$C(j) = a\pi + a_m w_L x(j)$$

其中，C（j）表示企业生产总成本；a 表示固定投入，即企业生产每一种工业品需要投入的物质资本；π 表示物质资本的收益率；w_L 表示劳动力的工资报酬；a_m 表示企业生产每一种工业品需要投入的劳动力；x（j）表示企业产出。

本书令 $a_m=[\lambda s_n+\overline{\lambda}(1-s_n)K^w]^{1/(1-\sigma)}$，其中，$K^w$ 为经济中所有的资本数量，s_n 和 $1-s_n$ 分别是 A、B 地区的企业数量比重，λ 是本地技术溢出效应（$\lambda>0$），$\overline{\lambda}(1\geqslant\overline{\lambda}\geqslant 0,1\geqslant\lambda\geqslant\overline{\lambda})$ 是跨区技术溢出效应。

在企业利润最大化条件下，A 地区企业生产的产品出厂价格为：

$$p=\frac{w_L a_m}{1-1/\sigma}$$

根据上式可以证明，随着消费者对工业品多样性偏好 σ 的降低，A 地区企业生产的产品出厂价格 p 会上升，企业对市场的垄断力量就会增强。假定工业产品的区内运输成本为 τ_1（$\tau_1\geqslant 1$），即 τ_1-1 单位的产品在运输途中"融化"掉。本章假定存在两种交通运输成本形式，A 地区企业生产的产品在 A 地区的销售价格为 $p=\tau_1 p_0$，其在 B 地区的销售价格为 $p^*=\tau_2 p_0$，其中，τ_2（$\tau_2>\tau_1$）为区域间交通运输成本。

接下来，在上述理论分析基础上，本书继续以 A 地区企业为例，探究一般均衡条件下企业生产的主要特征。令 A 地区消费者对工业品的需求为 q，对应的价格为 p；令 B 地区消费者对工业品的需求为 q^*，对应的价格为 p^*。假设企业的总产出等于市场总需求，那么就存在 $x(j)=\tau_1 q+\tau_2 q^*$ 的关系表达式，同时，A 地区第 j 个代表性企业的销售收入可表示为：

$R=px(j)=p_0(\tau_1 q+\tau_2 q^*)=pq+p^*q^*$，并且存在 $q=\mu Wp^{-\sigma}P_M^{-(1-\sigma)}$ 和 $q^*=\mu W^*(p^*)^{-\sigma}(P_M^*)^{-(1-\sigma)}$，其中：

$$P_M^{1-\sigma}=[\int_0^{n^w}p(i)^{1-\sigma}di]=n(\tau_1 p_0)^{1-\sigma}+n^*(\tau_2 p_0)^{1-\sigma}=n^w p_0^{1-\sigma}[\phi_1 s_n+\phi_2(1-s_n)]$$

$$(P_M^*)^{1-\sigma}=[\int_0^{n^w}p(i)^{1-\sigma}di]=n(\tau_2 p_0)^{1-\sigma}+n^*(\tau_1 p_0)^{1-\sigma}=n^w p_0^{1-\sigma}[\phi_2 s_n+\phi_1(1-s_n)]$$

整理上式可以得到 A 地区和 B 地区代表性企业的销售收入 c、c^*：

$$c=\mu Wp^{-\sigma}n^w p_0^{1-\sigma}[\phi_1 s_n+\phi_2(1-s_n)]$$

$$c^*=\mu W^*(p^*)^{-\sigma}\{n^w p_0^{1-\sigma}[\phi_2 s_n+\phi_1(1-s_n)]\}^{-(1-\sigma)}$$

其中，$\phi_1=\tau_1^{1-\sigma}$ 和 $\phi_2=\tau_2^{1-\sigma}$ 分别表示 A 地区内部和 A、B 地区之间的贸易自由度，这已经在本章模型假定一节进行说明，此处不再赘述。

进一步地，令 $s_E=W/W^W$、$1-s_E=W^*/W^W$、$W^W=W+W^*$，其中，s_E、$1-s_E$ 和 W^W 分别表示 A 地区和 B 地区总支出占比以及经济系统总支出。于是，可以分别推导出 A 地区和 B 地区的单位物质资本报酬表达式：

$$\pi=[\lambda s_n+\bar{\lambda}(1-s_n)]\frac{\mu}{\sigma}W^W[\frac{s_E}{\Delta}+\frac{\phi_2(1-s_n)}{\Delta^*}]$$

$$\pi^*=[\bar{\lambda}s_n+\lambda(1-s_n)]\frac{\mu}{\sigma}W^W[\frac{\phi_2 s_E}{\Delta}+\frac{(1-s_n)}{\Delta^*}]$$

为了确保 A、B 两个地区均存在农产品生产，则需要满足农业生产的非完全专业化条件：

$$(1-\mu)W^w>\frac{L^w(1-\theta)-\delta K^w}{2}$$

式中，W^w、L^w、δK^w 分别为经济系统中的总支出、总劳动力数量以及资本创造过程所需要的劳动力数量，θ 表示工业部门就业的工人数量占经济系统劳动力数量的比重，根据上式可推导出 θ 为：

$$W^w(1-\mu)>\frac{(1-\theta)L^w-\delta K^w}{2}\Rightarrow\theta=\frac{L^w(1-\mu)W^w-\delta K^w}{L^w}=\frac{\mu-\frac{\mu}{\sigma}}{1-\beta}$$

由此可见，工业部门就业的工人数量占经济系统劳动力数量的比重 θ 与 μ、σ 和 β 三个参数相关，β 与 μ、σ 相关。很显然，伴随 μ 和 σ 这两个参数的提高，那么全体劳动力中从事工业生产所占的比重会越大。

四、市场份额分析

整个经济系统的总支出与总收入相等，即总支出等于农业部门与工业部门总收入，结合公式 $\pi=[\lambda s_n+\bar{\lambda}(1-s_n)]\frac{\mu}{\sigma}W^W[\frac{s_E}{\Delta}+\frac{\phi_2(1-s_n)}{\Delta^*}]$ 和公式 $\pi^*=[\bar{\lambda}s_n+\lambda(1-s_n)]\frac{\mu}{\sigma}W^W[\frac{\phi_2 s_E}{\Delta}+\frac{(1-s_n)}{\Delta^*}]$，可得：

$$W^W = w_L L^w + wa\pi + w^* a^* \pi^*$$
$$= w_L L^w + \frac{\mu}{\sigma} W^W \left\{ s_n [\frac{s_E}{\Delta} + \frac{\phi_2 (1-s_n)}{\Delta^*}] + (1-s_n)[\frac{\phi_2 s_E}{\Delta} + \frac{(1-s_n)}{\Delta^*}] \right\}$$

其中，w_L 为农业劳动力报酬，L^w 为农业劳动力总量，w 和 w^* 分别表示 A 地区和 B 地区工业劳动力数量。为方便本书的研究，假定农业劳动力总量 L^w=（1-μ）/σ，由上式可得：

$$s_n [\frac{s_E}{\Delta} + \frac{\phi_2 (1-s_n)}{\Delta^*}] + (1-s_n)[\frac{\phi_2 s_E}{\Delta} + \frac{(1-s_E)}{\Delta^*}] = 1$$

因此，经济总支出公式可进一步改写成如下表达式：

$$W^W = \frac{L^w}{1-\frac{\sigma}{\mu}} = 1$$

那么，A 地区的支出规模可表示为：

$$W = \frac{(1-\theta)L^w}{2} + \eta\theta L^w + s_n n^w a\pi$$

进一步地，令 η 表示 A 地区工业部门劳动力数量占整个经济系统中工业部门劳动力数量的比重，并且本书仅讨论 $\eta = s_n$ 的情形（此时，γ =0、ϕ =1）。因此，A 地区支出所占份额可以表示为：

$$s_E = \frac{W}{W^W} = \frac{(1+\gamma\theta-\theta)L^w}{2} + \phi s_n \theta L^w + \frac{\mu}{\sigma} s_n [\frac{s_E}{\Delta} + \frac{\phi_2 (1-s_n)}{\Delta^*}]$$

上式刻画了短期均衡时 s_E 与 s_n 之间的关系。

五、空间均衡与数值模拟

在长期均衡条件下，资源要素在空间上的分布不再发生变化而实现市场出清的一种状态，借此本书可以考察经济系统中产业集聚等相关问题。因此，在长期均衡状态下，地区之间的资本不再发生流动，这也意味着，地区间的资本收益率达到一致。在 $\pi=\pi^*$ 的情形下，根据前式可得：

$$s_E = \frac{[(1-s_n)\phi_2 + s_n\phi_1][\overline{\lambda}\phi_2 + \lambda\phi_1 + (\lambda-\overline{\lambda})(\phi_2+\phi_1)s_n]}{[2s_n(\lambda-\overline{\lambda}) + 2s_n^2(\lambda-\overline{\lambda}) - \overline{\lambda}](\phi_1^2 - \phi_2^2)}$$

上式刻画了长期均衡条件下，两个地区资本收益率相等时资本使用与支出份额之间的变化关系。鉴于本书第三章已经对长期均衡下资本使用与市场规模之间的关系进行了详细阐释，故本章不再重复赘述。在新经济地理学研究中，产业的空间均衡主要由“集聚力”与“扩散力”两种相反的力量相互作用来实现平衡状态。要确定产业空间均衡的稳定状态，就要找到两个关键性的贸易自由度，即“突破点”与“持续点”。其中，当产业维持稳定的“对称均衡”时，其所对应的最小贸易自由度就被称为突破点；当产业维持稳定的“中心－外围”结构时，其所对应的最小贸易自由度就被称为持续点。当贸易自由度处在不同的区间时，产业原先的空间均衡状态将会被打破，由此引致了不同的产业空间分布结构。因此，本书对突破点、持续点的分析有利于更加深刻地理解交通基础设施建设和改善引起交通运输成本和贸易自由度变化对产业集聚空间分布结构的理论影响机制。

当上式刻画的曲线在对称点（s_n=1/2）的斜率相等时，“对称均衡”处于被打破的临界状态，此时对应的贸易自由度为突破点（ϕ_B），则有：

$$\phi_B=\frac{2\lambda\phi_2-\phi_1\sqrt{2\mu^2\lambda\bar{\lambda}(\sigma^2-1)+\lambda^2[\mu^2(\sigma-1)+4\sigma^2]+\bar{\lambda}^2[\mu^2(\sigma+1)-4\sigma^2]}}{\lambda\mu(\sigma-1)+\lambda(\mu+\mu\sigma+2\sigma)}$$

当前式刻画的曲线在 s_n=1 处时，前式刻画的曲线纵坐标相等，对应的贸易自由度为持续点，则此时对应的持续点为：

$$\phi_S=\frac{\lambda\sigma\phi_1-\sigma\phi_1\sqrt{\lambda^2-\bar{\lambda}^2+\bar{\lambda}^2\mu^2}}{\sigma\lambda(\mu+1)}$$

根据上式，本书可以进一步研究参数变化对持续点和突破点的影响，以及产业的空间均衡演化形态。总体上，投资在地区间的流动降低了对称结构稳定的贸易自由度范围，相应扩大了“中心－外围”结构稳定的贸易自由度范围。结合本书第三章的相关做法，令产品间替代弹性 σ= 3，A 地区内部的贸易自由度 ϕ_1 =0.80，本地技术溢出效应 λ=2，跨界技术溢出效应 $\bar{\lambda}$ =1。本书首先观察工业消费品占比 μ 变化所引起的突破点和持续点的变化轨迹，具体如图 4–1 所示。图 4–1 中，随着工业消费品占比的提高，突破点和持续点均表现出了下降的趋势。当工业消费品占比很高时，有 ϕ_B <0，这意味着不管是什么样的贸易自由度，原本对称的产业结构分布都不再维持稳定状态。

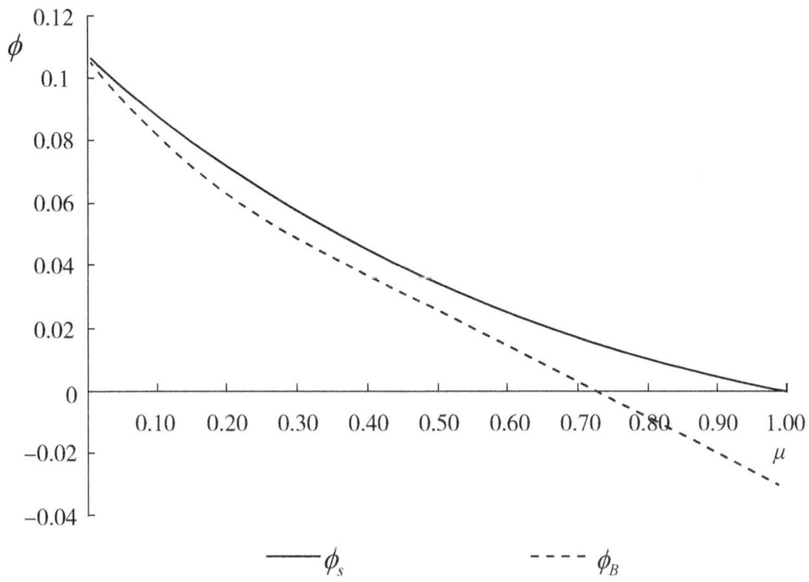

图4-1 工业消费品占比与突破点、持续点的变化轨迹

资料来源：作者根据数值模拟计算获得，下同。

进一步地，产业空间均衡主要受“集聚力”与“扩散力”两种相反的力量相互作用达到平衡。本书仍以 A 地区进行举例分析，如果当地市场份额扩大（打破初始的对称均衡状态），会对产业分布状态造成影响，当经济活动向 A 地区不断集中，这就是市场规模变化引起的“本地市场效应”，这使得经济规模较大地区的企业能够充分利用规模经济，假如经济活动由 A 地区向 B 地区不断转移，这就是规模变化所引起的“市场拥挤效应”。令 A、B 两个地区之间的单位物质资本报酬差距为 $\Delta\pi$，则可以推导出如下表达式：

$$\Delta\pi=\pi-\pi^{*}=[\lambda s_n+\bar{\lambda}(1-s_n)]\frac{\mu}{\sigma}W^{W}[\frac{s_E}{\Delta}+\frac{\phi_2(1-s_n)}{\Delta^{*}}]-[\bar{\lambda}s_n+\lambda(1-s_n)]\frac{\mu}{\sigma}W^{W}[\frac{\phi_2 s_E}{\Delta}+\frac{(1-s_n)}{\Delta^{*}}]$$

$$\frac{d\Delta\pi}{ds_n}=\frac{-4\mu[\bar{\lambda}(\phi_1^2+\phi_2^2)-2\lambda\phi_1\phi_2]}{\sigma(\phi_1+\phi_2)^2}$$

观察上式可知，在给定相关参数的条件下，单位物质资本报酬差距与 A 地区企业数量所占比重 s_n 相关。同时，在其他条件不变的情况下，区域间贸易自由度提升会弱化市场拥挤效应，相反，区域内贸易自由度的提升会使得市场拥挤效应增强。

为了能够清晰刻画产业的空间分布结构特征，本书首先绘制了不同区域内贸易自由度下企业占比与产业空间均衡状况，详情见图 4–2。图 4–2 给出了两个地区单位物质资本报酬差距与 A 地区企业数量所占比重 s_n 之间的关系，结果表明，随着区域内贸易自由度的逐渐变小，产业空间分布的稳定结构将依次经历对称结构稳定均衡、非对称结构稳定均衡、“中心 – 外围”结构稳定均衡三个演化阶段。具体而言：

第一，当贸易自由度 ϕ_1 =0.90 时，如果 A 地区企业数量所占比重 s_n<1/2，两个地区单位物质资本报酬差距为正。相反，如果 A 地区企业数量所占比重 s_n>1/2，两个地区单位物质资本报酬差距为负。这也说明，当 A 地区企业超过半数时，A 地区对资本的吸引力将小于 B 地区，在此种情形下，经济很明显将收敛于对称结构稳定均衡状态，由此使得产业在两个地区也呈现出均匀分布的空间结构特征。

第二，当贸易自由度 ϕ_1 =0.70 时，产业分布则出现了非对称结构稳定均衡状态，当 A 地区企业数量所占比重 s_n 逐渐由 0 向 1 移动时，两个地区单位物质资本报酬差距经历了由正到负、由负到正的过程，再由正到负的过程。这就说明，当 A 地区企业数量所占比重 s_n=1/2 时，对称均衡是局部稳定的。但是，当 A 地区企业数量所占比重 s_n 过大或过小时，那么经济就不会收敛于对称均衡。此时，产业既可能集聚在 A 地区，也可能集聚在 B 地区。

第三，当贸易自由度 ϕ_1 =0.50 时，整体上，随着 A 地区企业数量所占比重 s_n 不断提升，两个地区单位物质资本报酬差距也呈现出不断增加的基本趋势。所以，当 A 地区的产业份额不断提升时，该地区对资本的吸引力也会增强，使得当地的产业竞争力得到提高，从而吸引更多的企业集聚，最终使得产业部门都集中于 A 地区的“中心 – 外围”结构稳定均衡状态。

由此可见，区域内贸易自由度的提高促进了产业分散布局，亦即交通运输成本的降低促进了产业向外扩散；与之相反，较高的交通运输成本会使得产业向外扩散的动能减弱，从而倾向于集聚在中心地区。可以理解，当一个地区内部的交通运输成本较高时，若产品的运输距离和地区内部企业之间的距离较远时，企业的销售意愿将会降低，其更偏向在交通运输成本较低的地点进行销售，因而企业在空间分布中主要呈现出集中的趋势特征。与之相反，当交通运输条件改善而使得交通运输成本降低时，企业在距离自身较远位置进行产品销售的意愿就会提升，此时企业在空间分布中主要呈现出扩散的趋势特征。此外，由于 μ 与 σ 的变化不会改变区域资本收益率差的变动方向，因而也不会改变既有的产业空间分布，但是，如果 μ 变大、σ 变小，则会进一步强化既有的产业空间分布形式。

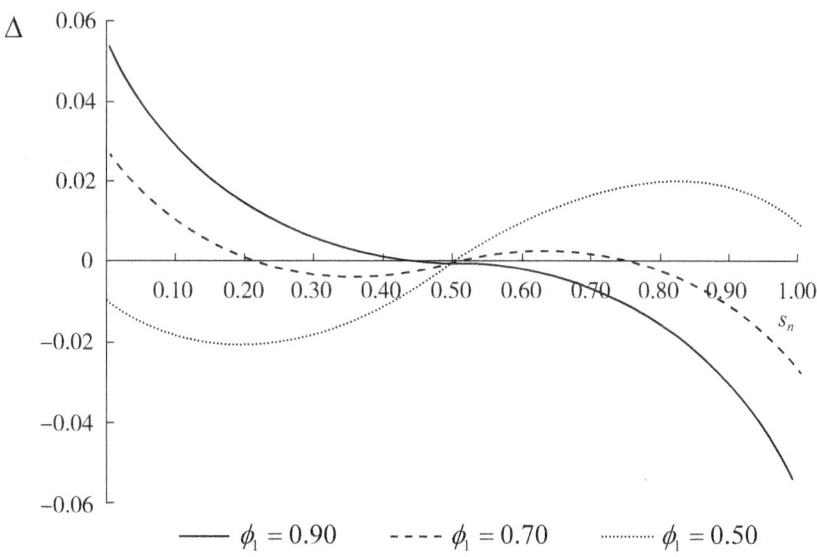

图4–2 不同区域内贸易自由度下企业占比与产业空间均衡

基于上述理论分析，本书进一步刻画了区域间贸易自由度变化的产业空间均衡状况，如图 4–3 所示。图 4–3 中所蕴含的经济学含义是：

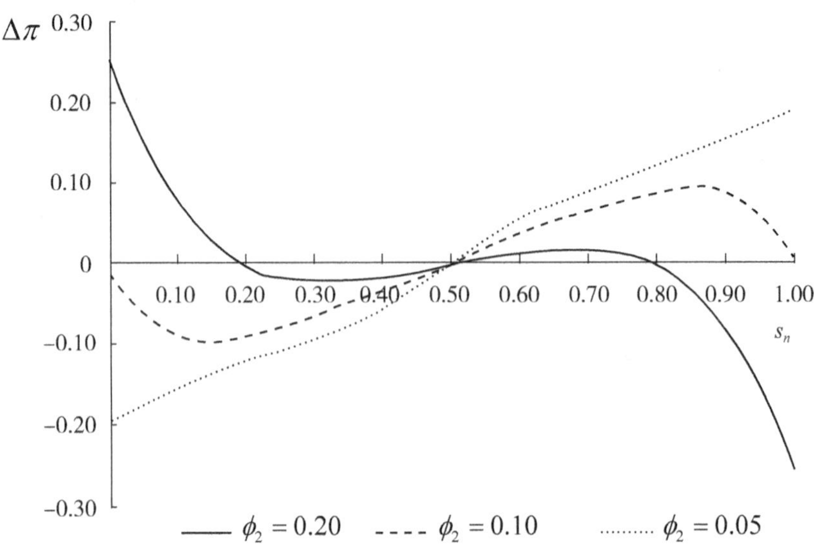

图4-3 不同区域间贸易自由度下企业占比与产业空间均衡

第一，当区域间贸易自由度 ϕ_2 =0.05 时，产业分布出现了对称结构稳定均衡状态，当 A 地区企业数量所占比重 $s_n<1/2$ 时，两个地区单位物质资本报酬差距为负。相反，当 A 地区企业数量所占比重 $s_n>1/2$ 时，两个地区单位物质资本报酬差距为正。这就说明，当 A 地区拥有不到半数以上的企业时，B 地区对资本的吸引力会比 A 地区高。那么，经济很明显将收敛于对称结构稳定均衡状态，此时产业空间格局表现为在 A、B 两个地区均匀分布的特征。由此可见，交通运输成本的降低促进了产业向外扩散。

第二，当区域间贸易自由度 ϕ_2 =0.10 时，整体上，随着 A 地区企业数量所占比重 s_n 不断提升，两个地区单位物质资本报酬差距也呈现出不断增加的基本趋势。这就说明，当 A 地区的产业份额不断提升时，该地区对资本的吸引力也会进一步增强，进而使得当地的产业竞争力得到提高，从而吸引更多的企业集聚，最终使得大量产业部门都集中于 A 地区的“中心－外围”结构稳定均衡状态。

第三，当区域间贸易自由度 ϕ_2 =0.20 时，产业分布出现了非对称结构稳定均衡状态，当 A 地区企业数量所占比重 s_n 逐渐由 0 向 1 移动时，两个地区单位物质资本报酬差距经历了由正到负、由负到正的过程，再由正到负的过程。这就说明，当 A 地区企业数量所占比重 s_n=1/2 时，对称均衡是局部稳定的。但是，当 A 地区企业数量所占比重 s_n 过大或过小时，那么经济就不会收敛于对称均衡。此时，产业既可能集聚在 A 地区，也可能集聚在 B 地区。所以，产业空间结构呈现出非对称分布特征。

本书通过分析不同区域间贸易自由度下两个地区单位物质资本报酬差距与 A 地区企业数量所占比重 s_n 之间的关系，得到如下结果：随着区域间贸易自由度变大，产业空间分布的稳定结构将会经历对称结构稳定均衡、中心－外围结构稳定均衡、非对称结构稳定均衡三个阶段。

基于上述分析，本书进一步绘制了区际贸易自由度变化条件下产业长期空间均衡的战斧解，如图 4–4 所示。从图 4–4 中可以看出，当贸易自由度处于 $0< \phi_2 < \phi_B$ 区间时（即图 4–4 中 s_n=1/2 时短虚线部分对应的区际贸易自由度），对称结构是稳定均衡结构；当贸易自由度处于 $\phi_B < \phi_2 < \phi_S$ 区间时（即图 4–4 中弧形部分对应的区际贸易自由度），非对称结构是稳定均衡结构；当贸易自由度处于 $\phi_S < \phi_2 <1$ 区间时（即图 4–4 中 s_n=1 时短虚线部分对应的区际贸易自由度），“中心－外围”结构是稳定均衡结构。

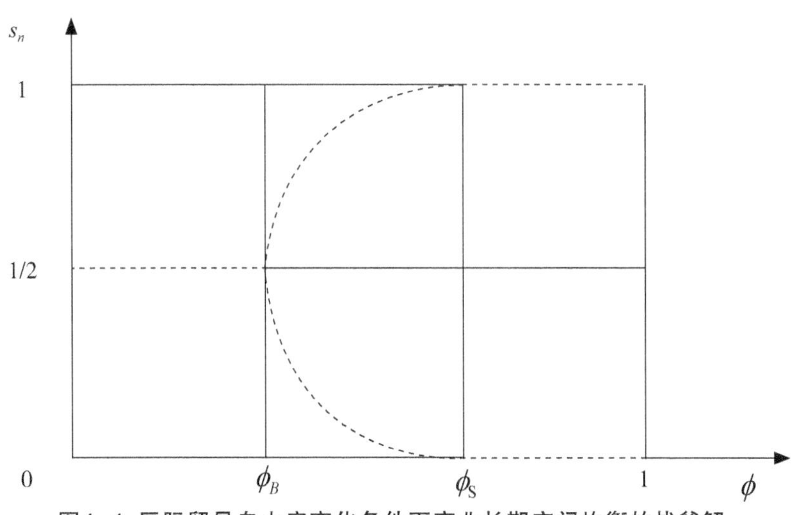

图4–4 区际贸易自由度变化条件下产业长期空间均衡的战斧解

最后，本书将分析在空间均衡状态下，贸易自由度变化所引起的产业分布变动及其经济增长效应。在产业长期空间均衡条件下，图 4–5 绘制了贸易自由度与经济增长之间的关系演变情况，其中，纵轴表示中心区名义 GDP 份额 GDP_n，横轴表示贸易自由度 ϕ。从图 4–5 中不难看出，当贸易自由度发生变动时，中心区名义 GDP 份额（GDP_n）也将发生改变。具体而言，当贸易自由度满足 $0< \phi_2 < \phi_B$ 时，A 地区产业集聚与 B 地区产业集聚水平保持一致，此时，产业的对称分布是稳定均衡结构，A 地区名义 GDP 份额为 50%。当贸易自由度满足 $\phi_B < \phi_2 < \phi_S$ 时，A 地区产业集聚水平大于 B 地区产业集聚水平，产业的非对称分布是稳定均衡结构，此时，A 地区名义 GDP 份额大于 50%。当贸易自由度满足 $\phi_S < \phi_2 <1$ 时，A 地区产业集聚水平达到最高，此时，A 地区名义 GDP 份额将会不断趋近于 100%，此时，“中心 – 外围”结构是稳定均衡结构。

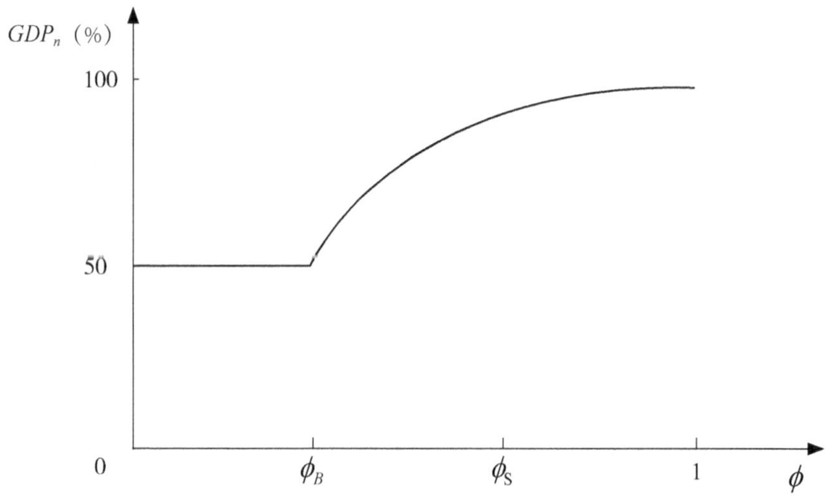

图4–5 产业长期空间均衡状态下贸易自由度与名义GDP份额变动情况

通过上述理论分析，本书得到了富有意义的研究结论：交通基础设施的完善对于产业集聚和区域经济增长而言相当重要，在区域交通基础设施投资建设不断完善的过程中，地区之间的交通运输成本将不断降低，地区之间的贸易自由度也会随之增大，这将有利于促进资本向产业集聚水平较高的区域流动，从而为地区产业发展和经济增长提供充足的资金资源，最终扩大地区经济发展规模。值得一提的是，当区域交通基础设施网络很发达，使得贸易自由度无尽趋近于1时（即交通运输成本无尽趋近于0时），区域之间的资源要素会不断向发达地区集聚，从而使中心地区产业集聚水平不断提高，外围地区产业集聚水平有所下降。此时，伴随中心地区产业集聚水平不断提高，将使得周边地区产业集聚水平有所降低，由此导致周边地区的经济增长率也有所降低。

第三节　研究假说

根据本章第二节的理论分析可知，在产业集聚能够获得“规模经济”的假定下，资本回报率促使资本、劳动力或企业向产业规模集中度较高的地区转移，而地区之间运输成本降低为生产活动向高效率地区集中创造了有利条件，由此实现了产业要素的空间均衡。这意味着，交通基础设施通过降低运输成本来改变地区之间的贸易自由度，进而有利于促进地区产业集聚来影响区域经济增长。

首先，交通基础设施建设所引起的交通运输成本的降低为产业集聚创造了有利条件。交通基础设施建设能够加强区域之间的联系，通过引导产业资本跨区域投资促进产业集聚。交通运输成本降低能够降低区域之间的贸易成本，有利于促进不同地区之间企业贸易往来，企业通过共享高技能劳动力、中间投入产出和公共基础设施，进一步通过产业集聚来实现“经济集聚效应”，从而加速地区产业集聚进程。地区产业集聚水平的提高又会使得单位产品的运输成本降低，由此提高了本地产品的市场竞争力，提升本地资本的回报率水平，从而吸引更多企业进驻，最终提升本地产业的集聚水平。

其次，产业集聚受贸易自由度高低的影响而具有不同的空间分布结构。

第一，当地区内部贸易自由度提高时，有利于促进产业向外扩散，形成“对称均衡”的产业空间分布结构；当地区内部贸易自由度降低时，则会加速经济要素向中心地区集聚，从而提高中心地区产业集聚水平。因此，对于某一地区而言，交通运输成本的不断降低会促进地区内部产业扩散。第二，当地区之间贸易自由度降低时，产业会均匀分布在两个地区，形成对称结构稳定均衡状态；当地区之间贸易自由度提高时，会使得生产效率较高地区的产业集聚水平不断提升，能够吸引更多资源要素从生产效率较低地区源源不断流入，从而经历非对称结构稳定均衡向“中心－外围”结构稳定均衡演化过程。综合上述理论分析，在产业长期空间均衡状态下，随着交通基础设施不断完善，最终会形成以中心地区为主、外围地区为辅的“中心－外围”产业空间分布形态。

最后，产业集聚过程中的不同空间分布结构会使区域经济增长出现空间分异。根据本章理论分析结果可知，在交通基础设施不断完善且交通运输成本逐步降低的过程中，产业集聚的空间分布依次经历由“对称分布”到“非对称分布”，再到“中心－外围”结构的三个演进阶段，因而地区之间的经济增长差异会呈现不断扩大的发展态势。这是产业长期空间均衡状态下资源优化配置的结果，当区域产业集聚形成“中心－外围”结构时，中心地区产业集聚水平将高于外围地区，由此使得中心地区经济增长水平不断提高，而外围地区经济增长水平有所下降，从而产生了中心地区对外围地区的“虹吸效应”。

综合前文理论研究，本书提出如下待检验假说 4.1、假说 4.2 和假说 4.3。

假说 4.1：交通基础设施建设能够降低交通运输成本，从而为产业集聚创造有利条件。总体上，交通基础设施对产业集聚具有显著的正向影响效应。

假说 4.2：产业集聚对区域经济增长具有正向促进作用，产业集聚水平越高则越有利于促进区域经济增长。同时，由于存在“虹吸效应”，产业集聚水平越高的地区，其经济增长速度越快，相反，则经济增长速度越慢。

假说 4.3：交通基础设施能够通过影响产业集聚而对区域经济增长产生正向促进作用，交通基础设施越完善则越有利于促进产业集聚，进而对区域经济增长越显著。

第四节　实证设计

一、模型设计

本章以高铁开通作为交通基础设施的度量指标。根据本书第三章实证分析可知，高铁开通属于一项“准自然实验”，为此，本书的实验组是已经开通高铁的城市，而对照组是那些未开通高铁的城市，并根据多期双重差分模型原理设计了交通基础设施影响产业集聚的面板模型，具体如下：

$$INC_{it}=C_1+\alpha_1 HSR_{it}+\alpha_2 IND_{it}+\alpha_3 FIN_{it}+\alpha_4 HUM_{it}+\alpha_5 INV_{it}+\alpha_6 FIS_{it}+\alpha_7 PUB_{it}+\alpha_8 OPE_{it}+v_i+u_t+\varepsilon_{it}$$

式中，INC_{it} 为被解释变量，表示产业集聚。HSR_{it} 为核心解释变量，表示交通基础设施，即高铁开通。其中，$HSR_{it}=City_i\times Year_t$，若 i 为已经开通高铁的城市，那么 $City_i$=1，相反则为 0；若 t 为该城市开通高铁之后的年份，那么 $Year_t$=1，相反则为 0。同时，为了避免模型因遗漏变量可能引发的内生性问题，本书进一步引入了影响产业集聚的控制变量，包括：产业结构升级（IND_{it}）、金融发展（FIN_{it}）、人力资本（HUM_{it}）、固定资产投资（INV_{it}）、财政支出（FIS_{it}）、公共服务（PUB_{it}）、对外开放（OPE_{it}）。此外，C_1 表示常数项；α_m（m=1，2，3，…，8）为交通基础设施建设以及其他控制变量的估计系数；v_i 和 u_t 分别表示个体效应和时间效应；下标“i”表示个体；下标“t”表示时间；ε_{it} 表示随机扰动项。进一步地，本书在上式的基础上，设计了产业集聚对区域经济增长的面板模型，具体如下：

$$GDP_{it} = C_2 + \beta_1 INC_{it} + \beta_2 IND_{it} + \beta_3 FIN_{it} + \beta_4 HUM_{it} + \beta_5 INV_{it} + \beta_6 FIS_{it} + \beta_7 PUB_{it} + \beta_8 OPE_{it} + v_i + u_t + \varepsilon_{it}$$

式中，GDP_{it}为被解释变量，表示区域经济增长。INC_{it}为核心解释变量，表示产业集聚。同时，为了避免模型因遗漏变量可能引发的内生性问题，本书进一步引入了影响区域经济增长的控制变量，包括：产业结构升级（IND_{it}）、金融发展（FIN_{it}）、人力资本（HUM_{it}）、固定资产投资（INV_{it}）、财政支出（FIS_{it}）、公共服务（PUB_{it}）、对外开放（OPE_{it}）。此外，C_2表示常数项，β_m（m=1，2，3，…，8）表示产业集聚以及相关控制变量的回归系数，其余变量符号的含义同上一式，此处不再赘述。

最后，为了验证交通基础设施通过产业集聚影响区域经济增长的理论假说，本书在上式的基础上，设计了如下面板数据模型：

$$GDP_{it} = C_3 + \theta_1 HSR_{it} + \theta_2 INC_{it} + \theta_3 (HSR_{it} \times INC_{it}) + \theta_4 IND_{it} + \theta_5 FIN_{it} + \theta_6 HUM_{it} + \theta_7 INV_{it} + \theta_8 FIS_{it} + \theta_9 PUB_{it} + \theta_{10} OPE_{it} + v_i + u_t + \varepsilon_{it}$$

式中，GDP_{it}为被解释变量，表示区域经济增长。HSR_{it}为核心解释变量，表示交通基础设施，以高铁开通作为测度变量。其中，$HSR_{it}=City_i \times Year_t$，若$i$为已经开通高铁的城市，那么$City_i=1$，相反则为0；若$t$为该城市开通高铁之后的年份，那么$Year_t=1$，相反则为0。$INC_{it}$为产业集聚。$HSR_{it} \times INC_{it}$为交通基础设施和产业集聚的交互项，主要用于检验交通基础设施影响区域经济增长的产业集聚作用渠道。同时，为了避免模型因遗漏变量可能引发的内生性问题，本书引入了相关控制变量，包括：产业结构升级（IND_{it}）、金融发展（FIN_{it}）、人力资本（HUM_{it}）、固定资产投资（INV_{it}）、财政支出（FIS_{it}）、公共服务（PUB_{it}）、对外开放（OPE_{it}）。此外，C_3表示常数项，θ_n（n=1，2，3，…，10）表示交通基础设施以及相关控制变量的回归系数，其余变量符号的含义同上一式），此处不再赘述。

二、变量说明

（一）被解释变量

区域经济增长（GDP）。本章以中国 284 个地级以上城市作为实证分析的样本对象，为了保证实证研究逻辑的一致性，本章延续第三章的做法，以城市人均实际 GDP 度量经济增长水平。

（二）核心解释变量

交通基础设施（HSR）。本章延续第三章的做法，根据《中长期铁路网规划（2016—2030 年）》以及《中国铁道年鉴》、中国铁路运行路线图以及高铁网（http：//www.gaotie.cn/）等相关资料将 2005—2019 年高铁站建成通车的城市全部纳入研究范围。值得说明的是，目前，学术界普遍以 2008 年京津城际铁路开通作为研究中国高铁的时间起点，本书亦是如此。鉴于前文对该变量的测度方法已经进行详细阐释，因而本章不再赘述。

（三）调节变量

产业集聚（INC）。衡量产业集聚水平的指标较多，从最简单的产业份额指标，到变差系数、赫芬代尔系数、赫希曼－赫芬代尔系数、锡尔系数以及区位熵、空间基尼系数等均被用于衡量产业集聚水平。目前，国内外有很多学者选取区位熵来衡量产业集聚水平，区位熵可以消除区域规模差异，能有效反映地理要素的空间分布。例如，O'DonoghueandGleave、程大中、刘军、徐康宁、孙浦阳、韩帅、靳舒晶、韩帅、孙浦阳、朱英明、杨连盛、吕慧君、原毅军、郭然、杨仁发、刘勤玮、苏丹妮、盛斌等都采用区位熵作为衡量产业集聚的主要指标。同时，产业集聚是由一定数量的、生产某种产品的若干个不同类型企业，以及为这些企业配套的上下游企业、相关服务业高度集中的发展过程，在对产业集聚状况进行具体分析时，某个产业的就业人数与产业集聚水平存在一定关联性，能够有效刻画该产业的专业化集聚程度。

所以，本章利用区位熵来测算产业集聚水平（单位：无），公式如下：

$$INC_{ij} = \frac{(Q_{ij} / \sum_{j=1}^{n} Q_{ij})}{(\sum_{i=1}^{m} Q_{ij} / \sum_{i=1}^{m} \sum_{j=1}^{n} Q_{ij})}$$

式中，INC_{ij} 表示产业集聚水平，Q_{ij} 表示 i 地区第 j 类产业的就业总人数（i=1，2，3，…，m；j=1，2，3，…，n）。其中，当 $INC_{ij}>1$ 时，表示 i 地区第 j 类产业相对于第 j 类产业以外的其他产业具有比较优势；当 $INC_{ij}<1$ 时，表示 i 地区第 j 类产业相对于第 j 类产业以外的其他产业具有比较劣势。

需要说明的是，中国产业类型众多，而制造业在产业发展过程中起着举足轻重的作用，其占国民经济比重也较大，因而本书主要采用城市制造业集聚水平来表征中国城市产业集聚状况，这也是学者们普遍采用的做法。

（四）控制变量

产业结构升级（IND）。本章主要根据前文第三章的做法，基于产业结构高级化的视角，采用第三产业增加值与第二产业增加值之比来进行测度。

金融发展（FIN）。金融发展是影响产业集聚和经济增长的重要因素，其能够为产业发展提供资金，为经济增长积累金融资本。对于金融发展的具体度量指标，本章主要根据前文第三章的做法，采用年末金融机构各项贷款余额与GDP之比来度量金融发展水平。

人力资本（HUM）。前文已经阐释了人力资本对区域经济增长影响的重要性程度。并且，产业集聚同样受到人力资本的深刻影响。这是因为，人力资本水平较高地区的市场需求能力也较强，其具有高科技产业较多、产品种类数量丰富、产品价格指数较低等特点，从而形成了吸引产业集聚的本地市场效应，进而对地区产业集聚水平的提升是有利的。为此，本章继续沿用第三章的做法，对人力资本指标主要采用全市每万人中在校大学生数进行度量。

固定资产投资（INV）。前文理论和实证研究均有效证明投资能够对经济增长起到显著的正向促进作用。同时，固定资产投资也是影响产业集聚不可忽视的重要因素，其能为产业发展提供必要的资本积累，为产业集聚发展奠定坚实的物质基础。为此，本章继续沿用第三章的做法，以城市全社会固定资产投资与城市 GDP 之比来对该指标进行测度，以此来分析其对产业集聚和区域经济增长的影响效应。

财政支出（FIS）。财政支出对区域经济增长具有重要影响。同时，政府通过财政支出的外部“推力”来有效促进各类经济生产要素集聚，进而对产业集聚产生影响。本章沿用第三章做法，主要采用政府支出与 GDP 之比表征财政支出力度。

公共服务（PUB）。无论是产业集聚还是经济增长，在很大程度上都会受到城市社会保障、教育资源、医疗卫生等公共服务的影响，城市公共服务供给水平越高表示越能够吸引资本、人口、产业、技术集聚，进而通过产业集聚来提升地区经济发展水平。有鉴于此，本章主要根据前文第三章的做法，采用医院床位数来作为度量城市公共服务水平的代理变量。

对外开放（OPE）。随着中国对外开放程度不断加深，对外开放在社会发展过程中发挥了重要作用，也深刻影响着地区产业集聚和经济增长。一个国家通过对外开放有助于吸引国外企业到本国投资建厂，本国企业通过“干中学”能够消化和吸收国外先进的技术水平和管理理念，有效增加知识储备，所积累知识和技术可以运用在企业日常的生产活动中，促进技术外溢，从而为提升本国全要素生产率水平奠定基础。随着跨国企业大量涌入国内市场，当地企业可以通过模仿和吸收的方式来提升产业的科学技术水平，甚至可以创造出更有竞争力的同类产品，从而有助于提升行业整体的生产效率。同时，生产力的提高还导致外部竞争力和出口以及外国直接投资吸引力的提高，从而进一步强化国家之间在制度、资本、劳动分工和技术创新上实现互动，不断促进地区产业集聚和经济增长。本章的对外开放指标主要通过城市实际利用外商直接投资额进行测度。

三、数据来源与描述性统计

为了保持统计口径的一致性，本章的实证分析样本是2005—2019年中国284个地级以上城市的面板数据，共计4260个观测数。原始数据主要来源于历年《中国城市统计年鉴》、《中国区域统计年鉴》、《中国城市建设统计年鉴》、《国民经济和社会发展统计工作报告》、万得数据库等。此外，为了消除物价变动的影响，本书从《中国统计年鉴》（历年）筛选出各省的相关价格指数并与其下辖的城市相匹配，然后将各个以货币形式表示的名义变量换算成实际变量。变量的描述性统计如表4-1所示：

表4-1 变量描述性统计

Variable	Code	Mean	Min	Max	Sta.Dev.
区域经济增长	GDP	41040.0500	2396.0000	467749.0000	32224.3500
交通基础设施	HSR	0.3920	0.0000	1.0000	0.4883
产业集聚	INC	0.8609	0.0220	2.8704	0.4855
产业结构升级	IND	0.9146	0.0943	9.4822	0.5151
金融发展	FIN	115.0281	7.5319	962.2103	63.2792
人力资本	HUM	185.9794	0.4091	3502.1800	250.6729
固定资产投资	INV	70.4905	8.7226	241.2685	29.1469
财政支出	FIS	11.4900	0.9232	193.6383	8.9180
公共服务	PUB	17071.7900	940.0000	177410.0000	16172.4000
对外开放	OPE	519040.8000	20.2554	20500000.0000	130991.0000

注：表格中的数据主要借助Stata 15.0软件计算整理获得。

第五节 产业集聚与区域经济增长的实证分析

一、基准回归结果解析

（一）交通基础设施影响产业集聚的实证解析

表 4-2 是交通基础设施影响产业集聚的回归结果，与第三章实证样本划分方法相一致，本书将全样本根据城市所在区域进行了划分。其中，第 1 列是全样本条件下交通基础设施（HSR）影响产业集聚（INC）的回归结果；第 2 至 5 列分别是东部、东北、中部和西部地区样本条件下交通基础设施影响产业集聚的回归结果。从模型（1）至模型（5）的回归结果可以看出，各模型的拟合程度较好，可决系数 R^2 分别为 0.89、0.88、0.90、0.82 和 0.88。同时，模型整体的显著性水平也比较高，F 统计值分别在 1% 或 5% 的显著性水平下显著，下文将分别对变量的回归结果展开详细解析。

首先，本书将对核心解释变量交通基础设施影响产业集聚的回归结果进行解析。从模型（1）至模型（4）的回归结果中不难发现，总体而言，交通基础设施与产业集聚之间存在正相关关系，模型（1）至模型（4）的回归系数分别为 0.0166、0.0378、0.0575 和 0.1087，并且四个模型的回归系数分别在 1% 或 10% 的显著性水平下显著，这就有效验证了前文所提出的理论假说 4.1。值得注意的是，模型（5）的实证结果显示，在 1% 的显著性水平下，西部地区交通基础设施对产业集聚具有显著的负向抑制作用，回归系数为 -0.0421，说明西部地区交通基础设施建设未能显著提升产业集聚水平，在一定程度上促进了产业向其他地区转移。这一实证结果可以用前文理论模型来进行解释，即随着交通基础设施的不断完善，最终会形成以中心地区为主、外围地区为辅的“中心－外围”产业空间分布形态，产业向较高生产效率地区集聚存在一定的合理性。

由此可见，对于全样本以及东部、东北以及中部地区而言，交通基础设施是资源要素流动和集聚的重要载体，加强交通基础设施建设能够为企业跨区域投资提供便捷，在追求规模经济效应和实现企业利润最大化的过程中促进区域产业集聚。但是，西部地区的交通基础设施对产业集聚具有负向抑制效应。因此，未来需要优化西部地区交通基础设施建设，有效引导产业向西部地区集聚。

其次，本书将对产业结构升级、金融发展、人力资本、财政支出等控制变量的回归结果进行解析，具体如下：

从产业结构升级对产业集聚的回归结果来看，模型（1）至模型（4）的回归结果表明，产业结构升级对产业集聚的影响为正向作用，回归系数分别为 0.1009、0.2786、0.0109 和 0.0496，并且模型（1）和模型（2）的回归系数均在 1% 的显著性水平下显著。值得注意的是，代表西部地区样本的模型（4）的回归结果显示，产业结构升级对产业集聚的影响为负向作用，回归系数为 –0.0970。由此可见，一方面，对于全样本以及东部地区、东北地区和中部地区而言，产业结构升级能够有效提升产业集聚水平；另一方面，西部地区产业结构升级对产业集聚的抑制作用较为明显。

表4–2 交通基础设施对产业集聚的影响

INC_{it}	模型（1） 全样本	模型（2） 东部地区	模型（3） 东北地区	模型（4） 中部地区	模型（5） 西部地区
HSR_{it}	0.0166* （1.71）	0.0378* （1.88）	0.0575*** （2.90）	0.1087*** （2.53）	−0.0421*** （−2.57）
$LnIND_{it}$	0.1009*** （6.27）	0.2786*** （5.96）	0.0109 （0.37）	0.0496 （1.51）	−0.0970*** （−4.14）
$LnFIN_{it}$	0.0212 （1.53）	0.1778*** （4.78）	−0.0576* （−1.72）	0.1293*** （2.94）	0.0108 （0.54）
$LnHUM_{it}$	0.0173*** （2.61）	0.0593*** （2.71）	0.0293** （2.45）	0.0131 （1.09）	−0.0089 （−1.17）

续表

INC_{it}	模型（1） 全样本	模型（2） 东部地区	模型（3） 东北地区	模型（4） 中部地区	模型（5） 西部地区
$LnINV_{it}$	0.0401*** （3.98）	0.0214** （2.32）	0.0342*** （3.11）	0.0193* （2.01）	0.0298* （1.77）
$LnFIS_{it}$	0.0011 （0.14）	0.0104 （0.34）	−0.0230* （−1.74）	0.0119 （0.84）	−0.0067 （−0.69）
$LnPUB_{it}$	0.0981*** （4.32）	0.1632*** （2.70）	−0.0916 （−1.36）	−0.0060 （−0.14）	0.1498*** （4.33）
$LnOPE_{it}$	−0.0013 （−0.54）	−0.0247*** （−3.50）	0.0107** （2.30）	0.0082 （1.45）	−0.0079** （−2.34）
$CONS_{it}$	0.2061 （0.84）	−0.0275 （−0.04）	1.5688** （2.28）	1.0494** （2.31）	−0.2293 （−0.64）
Dum_City	控制	控制	控制	控制	控制
Dum_Year	控制	控制	控制	控制	控制
可决系数 R^2	0.89	0.88	0.90	0.82	0.88
F-statistic	12.28***	13.70***	3.83**	2.31**	9.20***
Obs.	4260	1305	510	1200	1245

注：*、** 和 *** 分别表示在 10%、5% 和 1% 的显著性水平下显著，系数下方的括弧内为 t 值，下同。

从金融发展对产业集聚的回归结果来看，整体上，金融发展对产业集聚存在十分明显的正向影响效应，其中，模型（1）至模型（5）中金融发展的回归系数分别为 0.0212、0.1778、–0.0576、0.1293 和 0.0108，并且模型（2）、模型（4）的回归系数均在 1% 的显著性水平下显著。由此说明，金融发展在地区产业集聚提升过程中发挥着十分重要的作用，加速金融资本形成、提升金融资本效率、促进金融深化发展能够有利于提升产业集聚水平。

从人力资本对产业集聚的估计情况来看，二者之间存在一定的正相关性，其中，模型（1）至模型（4）的回归系数分别为 0.0173、0.0593、0.0293 和 0.0131，并且大部分回归系数通过了 1% 或 5% 的显著性水平检验，而模型（5）的回归结果显示，西部地区人力资本抑制产业集聚（回归系数为 –0.0089），但不显著。由此可见，不同地区间人力资本对产业集聚的影响存在一定的差异性，对于全样本以及东部地区、东北地区和中部地区而言，人力资本能够有效提升地区产业集聚水平。但是，西部地区人力资本水平仍有进一步提升的空间，这也意味着，需要进一步加大西部地区教育投入，为西部地区产业集聚积累更多的人力资本。

从固定资产投资对产业集聚的回归结果来看，二者之间存在正相关性，其中，模型（1）至模型（5）的回归系数分别为0.0401、0.0214、0.0342、0.0193和0.0298，并且各个模型的回归系数分别在1%、5%或10%的显著性水平下显著，该结果符合本书理论和实证预期。由此说明，增加城市固定资产投入有助于吸引企业进驻，进而提升产业集聚水平。

从财政支出对产业集聚的回归结果来看，总体上，财政支出对产业集聚的影响效应为正，模型（1）、模型（2）和模型（4）的回归系数分别为0.0011、0.0104和0.0119。另外，模型（3）和模型（5）的回归结果表明，东北地区和西部地区财政支出对产业集聚具有负向影响效应。其原因在于，政府财政支出对市场经济行为可能存在一定的干预，甚至存在过度干预市场经济的情形，政府制定的相关产业政策难免会对资源配置起到一定的扭曲效应，从而使得政府财政支出对产业集聚产生负面影响。

从公共服务对产业集聚的回归结果来看，模型（1）、模型（2）和模型（5）的回归结果表明，整体上，公共服务对产业集聚存在十分明显的正向影响效应，模型（1）、模型（2）和模型（5）的回归系数分别为0.0981、0.1632和0.1498，并且模型（1）、模型（2）和模型（5）的回归系数均在1%的显著性水平下显著。由此说明，公共服务在地区产业集聚提升过程中发挥着十分重要的作用，提高公共服务水平可以吸引更多的高技能人才流入本地区，从而有助于促进产业集聚，这与本书理论预期相符。另外，模型（3）和模型（4）的回归结果表明，东北地区和中部地区的公共服务对产业集聚具有负向影响效应。所以，从公共服务的角度来看，进一步提升东北地区和中部地区的公共服务水平，优化东北地区和中部地区公共服务供给将有利于提升这两个地区的产业集聚水平。

从对外开放对产业集聚的估计情况来看，模型（3）和模型（4）的实证结果显示，对外开放对产业集聚具有正向影响效应，模型（3）和模型（4）的回归系数分别为0.0107和0.0082。其中，模型（3）的回归系数在5%的显著性水平下显著。另外，模型（1）、模型（2）和模型（5）的回归结果表明，对外开放对产业集聚存在负向影响效应，并且模型（2）和模型（5）的变量回归系数分别在1%、5%的显著性水平下显著。由此说明，对外开放在东北地区和中部地区产业集聚过程中发挥着不可忽视的重要作用，这是因为对外开放促进了地区资本积累，为地区发展提供了雄厚的资金实力，从而有利于被投资地区生产出更多先进的产品，抢占国内和国外高端市场，进而能够吸引更多的企业集中，由此推动整个地区产业集聚水平稳步提升。

（二）产业集聚影响区域经济增长的实证解析

接下来，本书将对产业集聚（INC）影响区域经济增长（LnGDP）的实证结果进行解析。表4–3是产业集聚影响区域经济增长的回归结果，各个模型整体上拟合效果较好，模型（6）至模型（10）的可决系数R^2分别为0.48、0.30、0.75、0.50和0.56。同时，模型整体的显著性水平也比较高，F统计值均在1%或5%的显著性水平下显著，下文将分别对变量的回归结果进行详细解析。

首先，本书将对产业集聚影响区域经济增长的回归结果进行详细解析，模型（6）至模型（10）的回归结果显示，总体上，产业集聚水平的提升将会对区域经济增长存在着十分显著的正向促进作用，模型（6）至模型（9）的回归系数分别为0.0601、0.0941、0.1445和0.1191，并且这四个模型中产业集聚的回归系数分别在1%、5%和10%的显著性水平下显著。由此说明，无论是东部地区，还是东北地区、中部地区，产业集聚对区域经济增长始终存在十分显著的正向影响效应，该结果与前文的理论假说4.2相一致。但是，西部地区产业集聚对地区经济增长却具有抑制作用，回归系数为 –0.0824，并且该结果在 5% 的显著性水平下显著。正如本章理论分析所揭示的那样，由于存在“虹吸效应”，产业集聚水平越高的地区，其经济增长速度越快，反之，则经济增长速度越慢，甚至会出现负向影响效应。

接下来，本书将对产业结构升级、金融发展、人力资本、固定资产投资、财政支出等控制变量估计结果进行解析，具体如下：

从产业结构升级影响区域经济增长的回归结果来看，模型（6）至模型（10）的回归结果表明，产业结构升级对区域经济增长的影响为负向作用，回归系数均为负值，分别为 –0.2357、–0.1945、–0.2096、–0.2831 和 –0.2279，并且模型（6）至模型（10）的回归系数均在 1% 的显著性水平下显著。原因可能是，目前我国产业发展水平仍然有待进一步提升，产业结构转型升级面临着一定的挑战，如何优化地区产业结构并发挥产业对经济增长的正向促进作用是今后相关政策制定所要关注的重点内容。

从金融发展影响区域经济增长的回归结果来看，模型（6）、模型（7）和模型（8）的回归结果表明，金融发展对区域经济增长的影响效应主要为正。其中，模型（6）、模型（7）和模型（8）的回归系数分别为 0.1476、0.0485 和 0.2796，并且模型（6）和模型（8）的回归系数均在 1% 的显著性水平下显著。所以，全国、东部地区和东北地区的金融发展是区域经济增长的重要影响因素，加速金融资本形成、提升金融资本效率、促进金融深化发展将有助于提升全国、东部地区和东北地区的经济增长水平。

从人力资本影响区域经济增长的回归结果来看，人力资本水平的提升在一定程度上能够促进区域经济增长，同时，其对区域经济增长的影响也具有一定的区域异质性。其中，模型（6）至模型（9）的回归系数分别为 0.0162、0.0178、0.0186 和 0.0322，而模型（10）的回归结果显示，西部地区的人力资本会抑制区域经济增长水平，模型（10）的回归系数为 –0.0076，这与前文人力资本对产业集聚影响的回归结果较为相似。由此可见，进一步提升我国人力资本水平，特别是提升西部地区人力资本水平将会有助于地区经济的发展。

表4-3　产业集聚对区域经济增长的影响

$LnGDP_{it}$	模型（6） 全样本	模型（7） 东部地区	模型（8） 东北地区	模型（9） 中部地区	模型（10） 西部地区
INC_{it}	0.0601*** （2.47）	0.0941** （2.12）	0.1445* （1.92）	0.1191** （2.44）	−0.0824** （−2.41）
$LnIND_{it}$	−0.2357*** （−10.33）	−0.1945*** （4.52）	−0.2096*** （−4.28）	−0.2831*** （−5.82）	−0.2279*** （−5.51）
$LnFIN_{it}$	0.1476*** （6.27）	0.0485 （1.42）	0.2796*** （4.81）	−0.0067 （−0.13）	−0.1481*** （−4.45）
$LnHUM_{it}$	0.0162** （2.24）	0.0178 （1.50）	0.0186 （1.42）	0.0322*** （2.98）	−0.0076 （−0.63）
$LnINV_{it}$	0.0416*** （2.49）	0.0028 （0.07）	0.0665*** （2.76）	0.0167 （0.08）	0.0305 （1.13）
$LnFIS_{it}$	−0.0424*** （−5.51）	−0.0388** （−2.26）	−0.0227 （−0.93）	−0.0361*** （−2.98）	−0.0449*** （−3.47）
$LnPUB_{it}$	0.0550* （1.70）	0.1712*** （2.63）	0.0423 （0.44）	−0.0854 （−1.48）	0.1376*** （2.90）
$LnOPE_{it}$	0.0105*** （3.71）	0.0048 （1.00）	0.0078 （1.59）	0.0065 （0.86）	0.0039 （0.90）
$CONS_{it}$	10.4541*** （32.32）	9.2461*** （13.46）	11.1191*** （13.09）	11.0851*** （17.55）	9.6039*** （20.20）
Dum_City	控制	控制	控制	控制	控制
Dum_Year	控制	控制	控制	控制	控制
可决系数 R^2	0.48	0.30	0.75	0.50	0.56
F-statistic	84.11***	20.04***	188.96**	39.19**	52.96***
Obs.	4260	1305	510	1200	1245

从固定资产投资影响区域经济增长的回归结果来看，增加固定资产投资对于区域经济增长具有十分显著的正向促进作用。其中，模型（6）至模型（10）的回归系数分别为 0.0416、0.0028、0.0665、0.0617 和 0.0305，并且模型（6）和模型（8）的回归系数均在 1% 的显著性水平下显著，这符合本书的预期。

从财政支出影响区域经济增长的回归结果来看，模型（6）至模型（10）

的回归结果表明，整体上，财政支出对区域经济增长的影响为负向抑制，回归系数分别为 -0.0424、-0.0388、-0.0227、-0.0361 和 -0.0449。与此同时，大部分模型的回归系数均在 1% 的显著性水平下显著。所以，政府财政支出对区域经济增长的影响主要为负向作用。其原因前文已经进行详细阐述，此处不再赘述。

从公共服务影响区域经济增长的回归结果来看，模型（6）至模型（10）的回归结果表明，整体上，公共服务对区域经济增长存在较为显著的正向促进作用。其中，模型（6）、模型（7）、模型（8）和模型（10）的回归系数分别为 0.0550、0.1712、0.0423 和 0.1376，并且模型（6）、模型（7）和模型（10）的回归系数分别在 1% 或 10% 的显著性水平下显著，这与本书理论预期相符。

从对外开放对区域经济增长的回归结果来看，其对区域经济增长存在着正向促进作用，模型（6）至模型（10）的回归系数分别为 0.0105、0.0048、0.0078、0.0065 和 0.0039。其中，模型（6）的回归系数在 1% 的显著性水平下显著，而模型（7）至模型（10）的回归系数均不显著。由此表明，提高我国对外开放水平对于促进区域经济增长来说是有益的，同时，我国还应进一步扩大对外开放水平，特别要注重引进先进技术和产业，充分招引国外优质企业和人才，不断提升对外开放对我国区域经济增长的边际贡献率。

（三）交通基础设施、产业集聚影响区域经济增长的实证解析

前文已经有效验证了交通基础设施对产业集聚以及产业集聚对区域经济增长的正向影响效应。本节进一步将交通基础设施、产业集聚与区域经济增长联系起来，定量分析三者之间的效应关系，表 4-4 是交通基础设施通过产业集聚影响区域经济增长的回归结果，下文将分别对变量的回归结果展开详细解析。

首先，从全样本的回归结果来看：模型（11）的回归结果显示，交通基础设施对区域经济增长具有显著的正向作用，回归系数为 0.0562，并且回归

系数在 1% 的显著性水平下显著，该回归系数符号与理论预期相一致。紧接着，观察产业集聚的回归结果，产业集聚对区域经济增长具有正向促进作用，回归系数为 0.0952，并且回归系数在 1% 的显著性水平下显著，该结果符合本书预期。接下来，观察交通基础设施与产业集聚交互项对区域经济增长的回归结果发现，其对区域经济增长具有显著的正向促进作用，回归系数为 0.0726，并且交互项的回归系数十分显著，该回归系数符号与理论预期相一致。由此可见，交通基础设施确实能够通过产业集聚这一调节变量来影响区域经济增长，所以本书提出的理论假说 4.3 被有效证实。

表4-4　交通基础设施、产业集聚对区域经济增长的影响

$LnGDP_{it}$	模型（11） 全样本	模型（12） 东部地区	模型（13） 东北地区	模型（14） 中部地区	模型（15） 西部地区
HSR_{it}	0.0562*** （4.22）	0.0571** （2.38）	0.0599** （2.32）	0.0311** （2.41）	0.0722*** （2.77）
INC_{it}	0.0952*** （5.92）	0.0408 （1.31）	0.0544** （2.22）	0.1521*** （6.26）	−0.0981*** （−3.13）
$HSR_{it}\times INC_{it}$	0.0726*** （5.47）	0.0550*** （2.88）	0.1160** （2.45）	−0.0628*** （−2.81）	−0.0859*** （−3.03）
$LnIND_{it}$	−0.2317*** （−17.60）	−0.1946*** （−6.65）	−0.2080*** （−7.45）	−0.2745*** （−11.64）	−0.2237*** （−9.59）
$LnFIN_{it}$	0.1510*** （10.11）	0.0517** （2.38）	0.2779*** （9.03）	−0.0151 （−0.48）	0.1491*** （5.71）
$LnHUM_{it}$	0.0161*** （3.58）	0.0204** （2.19）	0.0155 （1.60）	0.0305*** （3.32）	−0.0068 （−0.94）
$LnINV_{it}$	0.0406*** （4.21）	0.0117 （0.55）	0.0527*** （3.10）	0.0267* （1.76）	0.0352* （1.76）
$LnFIS_{it}$	−0.0410*** （−7.59）	−0.0411*** （−2.86）	−0.0173 （−1.25）	−0.0350*** （−4.35）	−0.0455*** （−5.42）
$LnPUB_{it}$	0.0502*** （3.00）	0.1522*** （4.16）	0.0571 （1.04）	−0.0800*** （−2.73）	0.1362*** （4.82）
$LnOPE_{it}$	0.0103 （5.23）	0.0051 （1.19）	0.0061 （1.72）	0.0063 （1.28）	0.0042 （1.22）
$CONS_{it}$	10.6939*** （57.22）	9.5035*** （23.07）	11.3284*** （20.69）	11.2010*** （30.31）	9.8130*** （32.65）

续表

$LnGDP_{it}$	模型（11）全样本	模型（12）东部地区	模型（13）东北地区	模型（14）中部地区	模型（15）西部地区
Dum_City	控制	控制	控制	控制	控制
Dum_Year	控制	控制	控制	控制	控制
可决系数R^2	0.96	0.95	0.96	0.96	0.96
F-statistic	93.11***	14.83***	38.65**	21.51**	33.73***
Obs.	4260	1305	510	1200	1245

其次，从不同区域的回归结果来看：

第一，模型（12）是以东部地区样本为代表的回归结果，可以看出，交通基础设施、产业集聚以及二者交互项对区域经济增长均具有十分显著的正向作用，回归系数分别为 0.0571、0.0408 和 0.0550，并且交通基础设施和交通基础设施与产业集聚的交互项的回归系数分别在 1% 或 5% 的显著性水平下显著，该回归系数符号与理论预期相一致。

第二，模型（13）是以东北地区样本为代表的回归结果，可以看出，交通基础设施、产业集聚以及二者交互项对区域经济增长均具有显著的正向作用，回归系数分别为 0.0599、0.0544 和 0.1160，且三者均在 5% 的显著性水平下显著。

第三，模型（14）是以中部地区样本为代表的回归结果，不难看出，交通基础设施和产业集聚对区域经济增长具有显著的正向作用，回归系数分别为 0.0311 和 0.1521，而二者交互项对区域经济增长具有显著的负向作用，回归系数为 –0.0628。

第四，模型（15）是以西部地区样本为代表的回归结果，在 1% 的显著性水平下，交通基础设施对经济增长具有显著的正向作用，回归系数为 0.0722。所以，对于东部地区、东北地区而言，交通基础设施的完善能够有效促进产业集聚并通过调节产业集聚来促进区域经济增长，这也进一步论证了本书提出的理论假说 4.3。

值得注意的是，交通基础设施无法通过调节中部地区和西部地区的产业集聚来促进区域经济增长，甚至出现了负向调节作用。本书认为，中部地区和西部地区交通基础设施的完善，在一定程度上有利于地区产业集聚水平的提升，但是，正如前文理论揭示的那样，“由于存在‘虹吸效应’，产业集聚水平越高的地区，其经济增长速度越快，相反，则经济增长速度越慢”。具体而言，东部地区源源不断地从中部地区和西部地区吸引经济资源要素，从而使得中部地区和西部地区交通基础设施对产业集聚产生了负向调节效应，进而对中部地区和西部地区经济增长产生了一定的负向抑制作用。该结果预示着，在完善交通网络的过程中，需要关注发达地区与欠发达地区之间可能存在的交通资产设施资源分配不均问题，从而实现区域经济增长的协调发展。

最后，从模型的控制变量回归结果来看：整体上，金融发展、人力资本、固定资产投资、公共服务和对外开放对区域经济增长具有正向影响作用，这与前文的实证分析结果相一致，说明进一步促进金融深化发展、提高地区人力资本水平、提升地区公共服务供给、持续扩大对外开放将有助于促进地区经济增长。然而，产业结构升级和财政支出会对区域经济增长产生负向影响，这与前文的实证分析结果相一致，本书将不再对具体原因进行赘述。因此，推动地区产业转型升级、减少政府对市场的干预，让市场在资源配置过程中起决定性作用是十分关键和必要的。

二、稳健性与内生性检验

本章主要沿用第三章稳健性检验的做法，根据不同的标准对样本进行调整，采用不同的检验方法来进行稳健性检验。同时，采用工具变量法来进行内生性检验。接下来，本书将对交通基础设施、产业集聚影响区域经济增长的稳健性与内生性检验结果进行详细解析。

（一）调整不同样本进行稳健性检验

1. 剔除直辖市及省会城市的稳健性检验

沿用第三章稳健性检验的做法，本书将 284 个城市中的直辖市及省会城市剔除后，再运用多期双重差分模型进行回归分析。同时，本节运用的实证方法是双重差分法，其需要进行平行趋势检验，以此来观测实验组和对照组在政策实施前是否具有共同趋势，图 4-6 绘制了剔除直辖市及省会城市样本的平行趋势检验结果。

从图 4-6 中不难看出：高铁开通第 t–6 期、第 t–5 期、第 t–4 期、第 t–3 期、第 t–2 期、第 t–1 期的回归系数波动幅度较小，主要在零轴附近上下波动；从高铁开通第 t 期开始回归系数逐渐为正，并且显著大于 t–6 期、第 t–5 期、第 t–4 期、第 t–3 期、第 t–2 期、第 t–1 期的回归系数。由此可以基本确认本书的实验组和对照组满足了共同趋势假设，并且高铁开通前后，实验组和对照组的回归系数存在明显的差异，因而可以采用多期双重差分模型进行回归分析。表 4-5 是剔除直辖市及省会城市的稳健性检验结果，下文将分别对交通基础设施、产业集聚影响区域经济增长的稳健性检验结果展开详细解析。

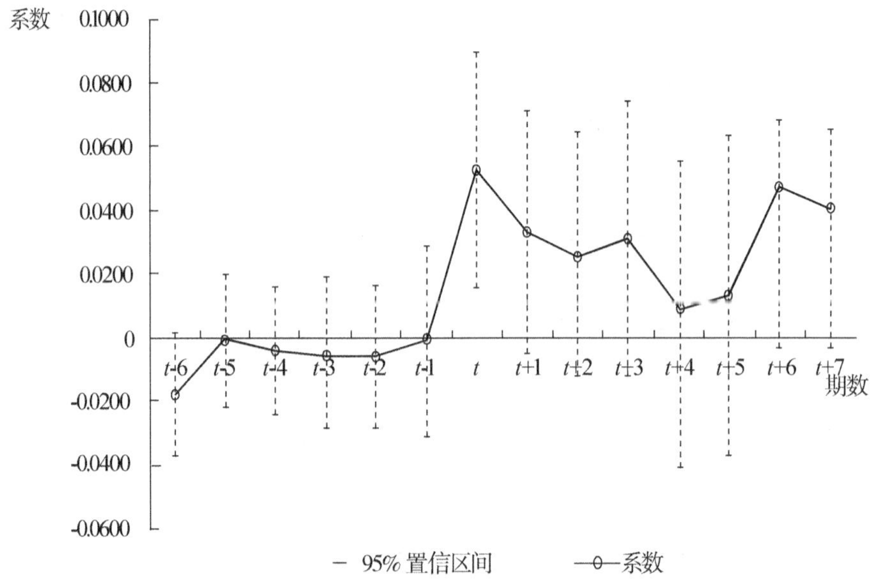

图4-6 剔除直辖市及省会城市样本的平行趋势检验

首先，本书对全样本的稳健性检验结果进行解析，具体来看：模型（16）结果显示，在 1% 的显著性水平下，交通基础设施对区域经济增长具有显著的正向作用，回归系数为 0.0585，该系数符号的方向与前文相一致。然后，观察产业集聚对区域经济增长的稳健性检验结果，产业集聚对区域经济增长具有正向促进作用，回归系数为 0.0950，且回归系数在 1% 的显著性水平下显著。接下来，进一步观察二者交互项对区域经济增长的稳健性检验结果，可以看出，在 1% 的显著性水平下，其对区域经济增长具有正向促进作用，回归系数为 0.0776，该回归系数符号的方向与前文基本保持一致。所以，交通基础设施确实能够通过产业集聚这一调节变量来影响区域经济增长，前文的研究结论已经被有效证实。

进一步地，观察不同区域样本的稳健性检验结果，可以看出：

第一，模型（17）是以东部地区样本为代表的稳健性检验结果，结果显示，交通基础设施、产业集聚以及二者交互项对区域经济增长均具有显著的正向作用，回归系数分别为 0.0684、0.0420 和 0.0637，并且交通基础设施和交互项均在 1% 的显著性水平下显著。

第二，模型（18）是以东北地区样本为代表的稳健性检验结果，结果显示，交通基础设施、产业集聚以及二者交互项对区域经济增长均具有显著的正向作用，回归系数分别为 0.0190、0.0268 和 0.1152，这三个变量的回归系数符号与前文实证结果相一致，并且交通基础设施与产业集聚交互项的回归系数在 5% 的显著性水平下显著。

表4-5　稳健性检验：剔除直辖市及省会城市

$LnGDP_{it}$	模型（16） 全样本	模型（17） 东部地区	模型（18） 东北地区	模型（19） 中部地区	模型（20） 西部地区
HSR_{it}	0.0585*** （4.13）	0.0684*** （2.76）	0.0190 （0.45）	0.0261 （1.15）	0.0919*** （3.25）
INC_{it}	0.0950*** （5.60）	0.0420 （1.28）	0.0268 （0.91）	0.1508*** （6.07）	−0.1017*** （−3.17）
$HSR_{it} \times INC_{it}$	0.0776*** （5.50）	0.0637*** （3.17）	0.1152** （2.34）	−0.0634*** （−2.81）	−0.1026*** （−3.46）
$LnIND_{it}$	−0.2254*** （−16.66）	−0.1769*** （−5.83）	−0.2007*** （−7.05）	−0.2694*** （−11.11）	−0.2238*** （−9.14）

续表

$LnGDP_{it}$	模型（16）全样本	模型（17）东部地区	模型（18）东北地区	模型（19）中部地区	模型（20）西部地区
$LnFIN_{it}$	0.1697*** （9.88）	0.0786*** （3.15）	0.2848*** （8.60）	−0.0183 （−0.48）	−0.1569*** （−5.06）
$LnHUM_{it}$	0.0131*** （2.82）	0.0188** （1.96）	0.0140 （1.40）	0.0300*** （3.20）	−0.0131* （−1.70）
$LnINV_{it}$	0.0409*** （4.03）	0.0135 （0.65）	0.0225*** （3.10）	0.0167* （1.66）	0.0089 （1.16）
$LnFIS_{it}$	−0.0354*** （−5.95）	−0.0325** （−2.04）	−0.0098 （−0.67）	−0.0314*** （−3.76）	−0.0469*** （−4.69）
$LnPUB_{it}$	0.0584*** （3.34）	0.1380*** （3.51）	0.0682 （1.20）	−0.0749** （−2.46）	0.1588*** （5.32）
$LnOPE_{it}$	0.0110*** （4.96）	0.0069 （1.51）	0.0054 （1.41）	0.0071 （1.31）	0.0042 （1.02）
$CONS_{it}$	10.5895*** （55.22）	9.5962*** （22.43）	11.1702*** （20.36）	11.0595*** （28.89）	9.5763*** （30.85）
Dum_City	控制	控制	控制	控制	控制
Dum_Year	控制	控制	控制	控制	控制
可决系数R^2	0.96	0.95	0.96	0.94	0.96
F-statistic	84.73***	12.89***	39.96***	19.77***	32.83***
Obs.	3810	1155	465	1110	1080

第三，模型（19）是以中部地区样本为代表的稳健性检验结果，结果显示，交通基础设施对区域经济增长具有显著的正向作用，回归系数为 0.0261，同时，产业集聚以及交通基础设施与产业集聚交互项对区域经济增长存在正、负两种效应，回归系数分别为 0.1508 和 -0.0634，并且回归系数均在 1% 的显著性水平下显著，这三个变量的回归系数符号基本与前文保持一致。

第四，模型（20）是以西部地区样本为代表的稳健性检验结果，可以看出，交通基础设施对区域经济增长具有正向作用，回归系数为 0.0919。但是，引入交通基础设施与产业集聚交互项之后，产业集聚对区域经济增长具有负向作用，回归系数为 -0.1017，同时，在 1% 的显著性水平下，交互项对区域经济增长具有显著的负向作用，回归系数为 -0.1026。由此可见，无论是全样本，还是东部地区和东北地区，交通基础设施的完善能够有效促进产业集聚并通过调节产业集聚来促进区域经济增长，这与前文的实证结果是一致的。但是，交通基础设施无法通过调节中部地区和西部地区的产业集聚来促进区域经济增长，甚至出现了负向调节作用，这与前文的研究结果是一致的。

2. 按城市等级分类的稳健性检验

接下来，通过划分城市等级来检验交通基础设施对区域经济增长所产生的不同影响效应，在丰富本书实证研究结论的同时，也进一步检验本书实证结论的稳健性。表 4-6 是按城市等级分类的稳健性检验结果，下文将分别对变量的稳健性检验结果展开详细解析。

首先，模型（21）是一线城市的稳健性检验结果，结果显示，交通基础设施对区域经济增长具有显著的正向作用，回归系数为 0.0637，虽然变量的回归系数不显著，但是回归系数符号与前文实证结果相一致，同时，产业集聚以及交通基础设施与产业集聚交互项对区域经济增长也具有正向促进作用，回归系数分别为 0.1234 和 0.0244。总体上，交通基础设施确实能够通过产业集聚这一调节变量来影响区域经济增长，所以前文的研究结论被进一步证实。

其次，模型（22）是二线城市的稳健性检验结果，结果显示，交通基础设施、产业集聚以及二者交互项对区域经济增长均具有显著的正向作用，回归系数分别为 0.1112、0.0630 和 0.0731，并且交互项的回归系数在 1% 的显著性水平下显著。

表4-6　稳健性检验：按城市等级分类

$LnGDP_{it}$	模型（21） 一线城市	模型（22） 二线城市	模型（23） 三线城市	模型（24） 四线城市	模型（25） 五线城市
HSR_{it}	0.0637 （0.95）	0.1112*** （3.45）	0.0346 （1.11）	0.0220 （0.88）	0.1008*** （4.96）
INC_{it}	0.1234 （1.41）	0.0630 （1.06）	0.0465 （1.55）	0.1377*** （4.70）	0.1154*** （5.61）

续表

$LnGDP_{it}$	模型（21）一线城市	模型（22）二线城市	模型（23）三线城市	模型（24）四线城市	模型（25）五线城市
$HSR_{it}\times INC_{it}$	0.0244 （0.45）	0.0731*** （3.09）	0.0439 （1.48）	−0.0651** （−2.15）	−0.1195*** （−6.68）
$LnIND_{it}$	−0.2703*** （−3.88）	−0.1353* （−1.70）	−0.1471*** （−5.70）	−0.2441*** （−13.25）	−0.2366*** （−10.24）
$LnFIN_{it}$	−0.0972* （−1.88）	−0.0107 （−0.33）	−0.1682*** （−3.79）	−0.2279*** （−10.32）	−0.1715*** （−6.31）
$LnHUM_{it}$	0.0253 （1.53）	0.0095 （0.57）	0.0351** （2.03）	0.0123* （1.89）	0.0011 （0.17）
$LnINV_{it}$	0.0307*** （3.14）	0.1357* （1.71）	0.1527*** （3.50）	0.0014 （1.12）	0.1038*** （3.76）
$LnFIS_{it}$	−0.0202 （−0.53）	−0.0139 （−0.45）	−0.0458*** （−4.11）	−0.0331*** （−3.90）	−0.0388*** （−4.31）
$LnPUB_{it}$	0.0461 （0.54）	−0.0918 （−1.41）	0.2024*** （5.55）	0.0282 （0.86）	0.0316 （1.31）
$LnOPE_{it}$	0.0077 （0.92）	0.0120*** （2.64）	0.0262*** （4.40）	0.0062* （1.92）	0.0037 （1.07）
$CONS_{it}$	11.7221*** （12.18）	11.4883*** （12.37）	8.7554*** （21.69）	11.1274*** （33.03）	10.8464*** （41.37）
Dum_City	控制	控制	控制	控制	控制
Dum_Year	控制	控制	控制	控制	控制
可决系数R^2	0.93	0.91	0.94	0.94	0.96
F-statistic	5.91***	2.43**	18.61***	63.01***	37.65***
Obs.	285	450	960	1260	1305

进一步观察三线、四线和五线城市的稳健性检验结果，可以看出：

第一，模型（23）是三线城市的稳健性检验结果，结果显示，交通基础设施、产业集聚以及二者的交互项对区域经济增长均具有显著的正向作用，回归系数分别为 0.0346、0.0465 和 0.0439，这与前文实证结果相比是稳健的。

第二，模型（24）是四线城市的稳健性检验结果，可以看出，交通基础设施能够有效促进区域经济增长，回归系数为 0.0220，而产业集聚和交通基础设施与产业集聚交互项对区域经济增长存在正、负两种作用效应，回归系数分别为 0.1377 和 -0.0651，这三个变量的回归系数符号与前文的实证结果是一致的。

第三，模型（25）是五线城市的稳健性检验结果，在 1% 的显著性水平下，提高交通基础设施建设水平、促进产业集聚均能够显著提升区域经济增长水平，但交通基础设施与产业集聚交互项对区域经济增长具有显著的负向作用，回归系数为 -0.1195。

由此可见，对于一线、二线和三线城市而言，交通基础设施的完善能够有效促进产业集聚并通过调节产业集聚来促进区域经济增长，这与前文的实证结果是一致的。对于四线城市和五线城市而言，交通基础设施和产业集聚对区域经济增长均具有正向作用，然而，引入交通基础设施和产业集聚的交互项之后，其交互项会对区域经济增长产生负向作用。

3. 按城市规模分类的稳健性检验

遵循前文做法，本书接下来将分别对超大城市、特大城市、大城市、中型城市和小城市五类样本进行实证分析，表 4-7 是按城市规模分类的稳健性检验结果，下文将分别对相关变量的稳健性检验结果展开详细解析。

首先，模型（26）是超大城市的稳健性检验结果，结果显示，交通基础设施对区域经济增长具有正向作用，回归系数为 0.2492，该回归系数符号与前文实证结果相一致；产业集聚对区域经济增长具有正向作用，回归系数为 0.3047，并且回归系数在 1% 的显著性水平下显著；交通基础设施与产业集聚交互项对区域经济增长具有正向促进作用，回归系数为 0.2114。由此可见，交通基础设施确实能够通过产业集聚这一调节变量来影响区域经济增长，所以前文的研究结论被进一步证实。

其次，模型（27）是特大城市的稳健性检验结果，结果显示，交通基础设施、产业集聚以及二者交互项对区域经济增长均具有正向作用，回归系数分别为 0.0023、0.0546 和 0.0011，并且产业集聚的回归系数在 1% 的显著性水平下显著。

表4-7 稳健性检验：按城市规模分类

$LnGDP_{it}$	模型（26） 超大城市	模型（27） 特大城市	模型（28） 大城市	模型（29） 中型城市	模型（30） 小城市
HSR_{it}	0.2492 （1.48）	0.0023 （0.09）	0.0475*** （2.95）	0.2570*** （3.50）	0.1086*** （3.75）
INC_{it}	0.3047*** （2.78）	0.0546*** （2.50）	0.0820*** （3.59）	0.1007 （1.29）	0.3063** （2.45）
$HSR_{it} \times INC_{it}$	0.2114 （1.28）	0.0011 （0.04）	0.0707*** （4.48）	−0.5958*** （−7.41）	−0.2012*** （4.12）
$LnIND_{it}$	−0.2695*** （−5.91）	−0.2060*** （−9.89）	−0.2067*** （−12.99）	−0.2158*** （−4.93）	−0.0562 （−0.53）
$LnFIN_{it}$	0.1964*** （4.05）	0.0917*** （3.95）	0.1706*** （8.17）	0.0957* （1.78）	−0.0952* （−1.68）
$LnHUM_{it}$	−0.0313 （−0.75）	0.0257*** （3.18）	0.0178*** （2.84）	0.0338* （1.84）	−0.0058 （−0.14）
$LnINV_{it}$	0.0316*** （3.02）	0.1215* （1.90）	0.1023* （1.87）	0.0113 （1.12）	0.0171* （1.76）
$LnFIS_{it}$	0.0017 （0.06）	−0.0228*** （−3.14）	−0.0519*** （−7.06）	−0.1197*** （−3.92）	0.1252*** （3.00）
$LnPUB_{it}$	0.1463** （2.21）	0.1000*** （3.33）	0.0177 （0.83）	0.1280* （1.72）	0.0931 （0.58）
$LnOPE_{it}$	−0.0097 （−0.93）	0.0051* （1.65）	0.0136*** （5.41）	0.0054 （0.77）	−0.0162* （−1.76）
$CONS_{it}$	10.3389*** （12.27）	9.7428*** （27.94）	10.9631*** （48.16）	10.3201*** （14.54）	9.8598*** （6.68）
Dum_City	控制	控制	控制	控制	控制
Dum_Year	控制	控制	控制	控制	控制
可决系数R^2	0.99	0.98	0.96	0.98	0.98
F-statistic	13.64***	21.80***	59.15***	21.57***	9.32***
Obs.	195	1290	2595	120	60

再次，模型（28）是大城市的稳健性检验结果，结果显示，交通基础设施、产业集聚以及二者交互项对区域经济增长均具有显著的正向作用，回归系数分别为 0.0475、0.0820 和 0.0707，并且变量的回归系数分别均在 1% 的显著性水平下显著，这进一步证明了前文的实证结果是稳健的。

进一步地，模型（29）是中型城市的稳健性检验结果，结果表明，在1%的显著性水平下，交通基础设施、产业集聚均有助于促进区域经济增长，二者的回归系数分别为0.2570、0.1007，但二者的交互项对区域经济增长具有显著的负向作用，回归系数为-0.5958。

最后，本书将分析小城市的稳健性检验结果，从模型（30）结果可以看出，在1%和5%的显著性水平下，交通基础设施和产业集聚对区域经济增长具有正向作用，回归系数分别为0.1086、0.3063，但二者交互项对区域经济增长具有显著的负向作用，回归系数为-0.2012。

所以，对于超大城市、特大城市和大城市而言，交通基础设施的完善能够有效促进产业集聚并通过调节产业集聚来促进区域经济增长，这与前文的实证结果是一致的。另外，对于中型城市和小城市而言，交通基础设施和产业集聚对区域经济增长均具有正向作用，但引入交通基础设施和产业集聚的交互项之后，其交互项会对区域经济增长产生负向作用。

（二）采用不同检验方法进行稳健性检验

1.PSM-DID法检验

为了解决样本选择过程中的“选择偏误”以及不可观测的但不随时间变化的组间差异，本章依然采用第三章PSM方法对实验组和对照组的研究样本进行匹配后的相关数据，然后进一步使用多期DID模型来进行回归分析。从表4-8的PSM-DID稳健性检验结果中可以看出：无论是全样本，还是四大区域样本的稳健性检验结果，均一致认为交通基础设施和产业集聚有助于提升区域经济增长水平，下文将分别对此展开详细解析。

第一，模型（31）中的交通基础设施、产业集聚以及二者交互项对区域经济增长均具有正向作用，回归系数分别为0.0491、0.0589和0.0572，并且这三个变量的回归系数均通过了显著性水平检验。

表 4-8 稳健性检验：倾向得分匹配法

$LnGDP_{it}$	模型（31） 全样本	模型（32） 东部地区	模型（33） 东北地区	模型（34） 中部地区	模型（35） 西部地区
HSR_{it}	0.0491** （2.24）	0.1028** （2.07）	0.0004 （0.01）	0.0184* （1.76）	0.0283 （0.68）
INC_{it}	0.0589*** （3.80）	0.0432 （1.30）	0.0047 （0.15）	0.1756*** （7.23）	−0.0608 （−1.55）
$HSR_{it}\times INC_{it}$	0.0572*** （3.65）	0.0451* （1.75）	0.1190** （2.11）	−0.0514** （−2.21）	−0.0134 （−0.26）
$LnIND_{it}$	−0.2328*** （−16.68）	−0.2210*** （−8.33）	−0.2268*** （−7.39）	−0.2925*** （−12.16）	−0.2068*** （−7.94）
$LnFIN_{it}$	0.2040*** （9.55）	0.1548*** （5.59）	0.2685*** （8.00）	0.0817*** （2.70）	0.1551*** （3.80）
$LnHUM_{it}$	0.0089 （1.60）	0.0060 （0.64）	0.0071 （0.71）	0.0311*** （3.05）	−0.0107 （−0.95）
$LnINV_{it}$	0.0404*** （4.23）	0.0201 （1.19）	0.0311*** （3.20）	0.0015 （1.18）	0.0183* （1.65）
$LnFIS_{it}$	−0.0320*** （−5.38）	−0.0353*** （−2.56）	−0.0060 （−0.41）	−0.0280*** （−3.30）	0.1637*** （4.99）
$LnPUB_{it}$	0.0628*** （3.16）	0.2204*** （4.80）	0.0663 （1.14）	−0.1138*** （−3.30）	0.1637*** （4.99）
$LnOPE_{it}$	0.0124*** （5.01）	0.0048 （0.92）	0.0064 （1.61）	0.0075 （1.52）	0.0099** （2.10）
$CONS_{it}$	10.7134*** （50.05）	9.4569*** （21.27）	11.2388*** （19.54）	11.7491*** （29.83）	9.4052*** （26.22）
Dum_City	控制	控制	控制	控制	控制
Dum_Year	控制	控制	控制	控制	控制
可决系数R^2	0.96	0.97	0.96	0.95	0.96
F-statistic	92.67***	17.80***	36.67***	23.99***	24.63***
Obs.	2914	712	420	859	923

第二，模型（32）是东部地区样本的稳健性检验结果，交通基础设施、产业集聚以及二者交互项对区域经济增长均具有正向作用，回归系数分别为0.1028、0.0432 和 0.0451，并且交通基础设施以及交通基础设施和产业集聚的交互项的回归系数均是显著的。

第三，模型（33）是东北地区样本的稳健性检验结果，交通基础设施对区域经济增长具有显著的正向作用，回归系数为 0.0004，同时，产业集聚、交通基础设施与产业集聚交互项的回归系数分别为 0.0047 和 0.1190，这三个变量的回归系数符号与前文的实证结果是一致的。

第四，模型（34）是中部地区样本的稳健性检验结果，交通基础设施、产业集聚对区域经济增长均具有显著的正向作用，回归系数分别为 0.0184 和 0.1756，并且变量的回归系数分别在 10% 和 1% 的显著性水平下显著。但是，交通基础设施与产业集聚交互项对区域经济增长具有负向作用，回归系数为 –0.0514，并且该回归系数在 5% 的显著性水平下显著。

第五，模型（35）是西部地区样本的稳健性检验结果，不难发现，提高西部地区交通基础设施建设水平有助于促进经济增长，回归系数为 0.0283。但是，产业集聚、交通基础设施与产业集聚交互项对区域经济增长均具有负向作用，回归系数分别为 –0.0608 和 –0.0134。

通过上述稳健性检验，可以发现：采用 PSM–DID 法进行稳健性检验的结果与前文表 4–3 和表 4–4 的实证结果是一致的，因为变量整体的符号上并没有发生明显变化，这也说明了本书研究结论具有稳健性。

2. 安慰剂检验

本书通过改变政策发生时间，即改变高铁具体的开通时间来进行安慰剂检验。在剔除直辖市及省会城市样本的基础上，将高铁开通时间分别前置 5 年、4 年、3 年、2 年和 1 年来进行安慰剂检验，反事实的政策虚拟变量设为 HSR_P，安慰剂检验结果如表 4–9 所示。整体上，通过前置高铁开通时间，回归系数的符号和显著性均发生了一定的改变，具体来看：

第一，模型（41）、模型（43）、模型（44）和模型（45）中交通基础设施的回归系数分别为 –0.0092、–0.0097、–0.0065 和 –0.0207，这就意味着，前置高铁开通时间后，其将无法对区域经济增长产生正向影响作用。

第二，模型（42）结果显示，交通基础设施对区域经济增长具有正向促进作用，但该结果不显著。同时，引入交通基础设施与产业集聚的交互项后，模型（41）至模型（45）的交通基础设施与产业集聚交互项均对区域经济增长存在显著的负向影响效应，回归系数分别为 -0.0455、-0.0462、-0.0475、-0.0066 和 -0.0563，这也说明安慰剂检验是可靠的。所以，通过安慰剂检验可以证明本章的实证结论具有稳健性。

表 4-9 稳健性检验：安慰剂检验

$LnGDP_{it}$	模型（41） 前置5年	模型（42） 前置4年	模型（43） 前置3年	模型（44） 前置2年	模型（45） 前置1年
HSR_P_{it}	−0.0092 （−1.23）	0.0081 （1.12）	−0.0097 （−1.30）	−0.0065 （−0.78）	−0.0207** （−1.98）
INC_{it}	0.0706*** （4.95）	0.0711*** （5.00）	0.0714*** （5.03）	−0.0193** （−2.10）	0.0736*** （5.16）
$HSR\_P_{it} \times INC_{it}$	−0.0455*** （−5.42）	−0.0462*** （−5.48）	−0.0475*** （−5.49）	−0.0066*** （−2.94）	−0.0563*** （−5.12）
$LnIND_{it}$	−0.2350*** （−16.32）	−0.2351*** （−16.33）	−0.2351*** （−16.34）	−0.2415*** （−16.04）	−0.2354*** （−16.39）
$LnFIN_{it}$	0.1977*** （10.65）	0.1975*** （10.65）	0.1973*** （10.66）	0.1944*** （10.36）	0.1974*** （10.65）
$LnHUM_{it}$	0.0093* （1.87）	0.0092* （1.86）	0.0093* （1.87）	0.0095* （1.87）	0.0091* （1.85）
$LnINV_{it}$	0.0376*** （3.10）	0.0727*** （4.67）	0.0685*** （3.72）	0.0085* （1.78）	0.0385*** （5.78）
$LnFIS_{it}$	−0.0341*** （−5.83）	−0.0340*** （−5.81）	−0.0341*** （−5.83）	−0.0359*** （−6.07）	−0.0340*** （−5.83）
$LnPUB_{it}$	0.0671*** （3.50）	0.0676*** （3.53）	0.0678*** （3.55）	0.0793*** （4.10）	0.0680*** （3.56）
$LnOPE_{it}$	0.0096*** （4.12）	0.0096*** （4.12）	0.0096*** （4.10）	0.0094*** （3.97）	0.0095*** （4.09）
$CONS_{it}$	10.6737*** （52.42）	10.6688*** （52.46）	10.6664*** （52.53）	10.7160*** （51.77）	10.6657*** （52.59）
Dum_City	控制	控制	控制	控制	控制
Dum_Year	控制	控制	控制	控制	控制
可决系数R^2	0.96	0.96	0.96	0.96	0.96
F-statistic	88.99***	89.20***	89.31***	86.00***	90.01***

续表

$LnGDP_{it}$	模型（41）前置5年	模型（42）前置4年	模型（43）前置3年	模型（44）前置2年	模型（45）前置1年
Obs.	3810	3810	3810	3810	3810

（三）内生性检验

为了确保相关研究结论的可靠性，本章进一步引入工具变量法进行内生性检验。根据本书第三章的做法，主要通过构建最小生成树作为模型的工具变量，以此来缓解模型潜在的内生性问题。表 4-10 是基于两阶段最小二乘法（2SLS）模型的实证分析结果，下文依次进行解析。

第一，全样本内生性检验结果显示，在 1% 的显著性水平下，交通基础设施对区域经济增长具有正向影响效应，回归系数为 0.0463，而且第一阶段检验结果表明，工具变量的回归系数显著为正，在采用最小生成树作为解释变量对被解释变量高铁开通与否的回归中，各样本最小生成树对高铁开通与否均具有显著的正向作用，并且通过 Cragg-Donald Wald F 统计量可以判定工具变量是严格外生的。观察模型（37）、模型（38）、模型（39）和模型（40）的检验结果也可以得知，工具变量均为严格外生变量。同时，产业集聚以及交通基础设施与产业集聚交互项对区域经济增长均具有显著的正向作用，回归系数分别为 0.0253 和 0.0736，并且二者的回归系数均在 1% 的显著性水平下显著。

第二，模型（37）是东部地区样本的内生性检验结果，交通基础设施、产业集聚以及二者交互项对区域经济增长均具有显著的正向作用，回归系数分别为 0.0371、0.0307 和 0.0550，并且交通基础设施以及交通基础设施与产业集聚交互项的回归系数分别在 5%、1% 的显著性水平下显著。

第三，模型（38）是东北地区样本的内生性检验结果，不难发现，交通基础设施的回归系数为 0.0473，并且产业集聚和交通基础设施与产业集聚交互项对区域经济增长具有正向作用，回归系数分别为 0.0517 和 0.1360，这三个变量的回归系数符号与全样本和东部地区的实证结果是一致的，并且分别在 1% 或 5% 的显著性水平下显著。

第四，模型（39）和模型（40）是中、西部地区样本的内生性检验结果。其中，中部地区交通基础设施、产业集聚对区域经济增长的影响为正（回归系数分别为 0.0331 和 0.1531），交通基础设施和产业集聚交互项的回归系数为 -0.0637；西部地区交通基础设施的回归系数为 0.0643，但产业集聚以及交通基础设施和产业集聚的交互项对区域经济增长的影响为负，回归系数分别为 -0.0971 和 -0.0759，并且上述变量的回归系数分别在 1% 或 5% 的显著性水平下显著，这与前文实证结果相一致。

表4-10 内生性检验：工具变量法

$LnGDP_{it}$	模型（36） 全样本	模型（37） 东部地区	模型（38） 东北地区	模型（39） 中部地区	模型（40） 西部地区
HSR_{it}	0.0463*** （2.53）	0.0371** （2.17）	0.0473*** （3.33）	0.0331** （3.21）	0.0643*** （3.17）
INC_{it}	0.0253*** （5.93）	0.0307 （1.31）	0.0517** （3.33）	0.1531*** （6.36）	−0.0971** （−2.09）
$HSR_{it} \times INC_{it}$	0.0736*** （4.27）	0.0550*** （3.77）	0.1360** （2.37）	−0.0637*** （−3.71）	−0.0759*** （−3.03）
$LnIND_{it}$	−0.3317*** （−12.60）	−0.1926*** （−6.65）	−0.3070*** （−7.25）	−0.3725*** （−11.62）	−0.3337*** （−9.59）
$LnFIN_{it}$	0.1510*** （10.11）	0.0517*** （3.37）	0.3779*** （9.03）	−0.0151 （−0.27）	0.1291*** （5.71）
$LnHUM_{it}$	0.0161*** （3.57）	0.0302** （3.19）	0.0155 （1.60）	0.0305*** （3.33）	−0.0067 （−0.92）
$LnINV_{it}$	0.0418*** （4.08）	0.0223*** （2.52）	0.0634*** （4.32）	0.0185* （1.98）	0.0373*** （4.65）
$LnFIS_{it}$	−0.0210*** （−7.59）	−0.0211*** （−3.76）	−0.0173 （−1.35）	−0.0350*** （−2.35）	−0.0255*** （−5.23）
$LnPUB_{it}$	0.0503*** （3.00）	0.1533*** （2.16）	0.0571 （1.02）	−0.0700*** （−3.73）	0.1363*** （2.73）
$LnOPE_{it}$	0.0104 （5.24）	0.0051 （1.19）	0.0061 （1.72）	0.0064 （1.27）	0.0042 （1.22）

续表

$LnGDP_{it}$	模型（36） 全样本	模型（37） 东部地区	模型（38） 东北地区	模型（39） 中部地区	模型（40） 西部地区
$CONS_{it}$	10.6949*** （37.65）	9.5045*** （21.07）	11.4274*** （24.69）	11.2010*** （41.41）	9.7140*** （21.65）
Dum_City	控制	控制	控制	控制	控制
Dum_Year	控制	控制	控制	控制	控制
第一阶段成果	0.0286*** （19.86）	0.0666*** （16.92）	0.0264*** （21.32）	0.0209*** （10.67）	0.2642*** （16.67）
Cragg-Donald Wald statistic	319.08*** [0.01]	310.87*** [0.01]	142.98*** [0.01]	97.03*** [0.01]	242.19*** [0.01]
可决系数R^2	0.96	0.95	0.96	0.94	0.96
F-statistic	82.44***	34.80***	45.57***	29.02***	41.39***
Obs.	3810	1155	465	1110	1080

注：系数下方的括弧内为 t 值，中括号内为 p 值。

第五章 基于技术创新分析的交通运输对区域经济空间关联的影响

第一节 引言

经济学家约瑟夫·熊彼特（Joseph Schumpeter）认为创新对经济增长具有基础性作用。技术创新是促进经济增长的动力源泉，优化技术创新资源的空间配置、提高区域技术创新水平是建设创新型国家的内在要求。同时，交通基础设施网络的改善势必会引发传统技术创新的时空观发生改变，进而重塑区域技术创新的空间组织形态。近年来，随着高铁建设步伐逐步加快，中心城市与外围城市的空间关联进一步加强，高铁开通下的空间关联成为驱动城市和企业创新的重要载体。由于高铁所承载的要素往往具有知识密集型特征，有利于提升外围城市的学习能力，这将产生“知识溢出效应”，从而影响地区经济增长。其基本的理论逻辑是，地区经济增长的动力源泉在于技术研发和知识溢出，其中，技术研发主要通过人员和资本投入，而知识溢出特别是隐性知识溢出是区域间知识溢出的重要途径。由于交通基础设施所具备的网络系统性特征，能够加速新技术和新知识向区域外流动，从而有利于科技型企业和高技能人才集聚，专业的科技人才和知识更有利于良好创新环境的构建，而科学技术人才面对面的交流更有利于隐含经验类的知识传播及应用，由此降低了知识传播成本，有利于提高区域内企业的技术创新动力（王国华、郭进和白俊红）。

根据前文分析可知，技术创新是驱动经济增长的重要力量，而交通基础设施建设又会对技术创新产生重要影响。因此，交通基础设施、技术创新与区域经济增长之间的关系值得深入研究。现有研究主要聚焦于交通基础设施对经济增长的影响，如 Asheim、Isaksen、Baum-Snow、刘生龙、胡鞍钢、张学良、年猛等，抑或是交通基础设施对技术创新的影响。但是，关于交通基础设施通过技术创新来影响经济增长的研究并不多见，这是本章重点关注和研究的内容之一。

21 世纪以来，以高速铁路为主的交通基础设施条件改善极大地促进了企业集聚，从而增加了企业之间的交流互动行为，这无疑将有利于提升产业整体的技术创新水平。有学者指出，中国大规模的高速铁路建设在一定程度上缩短了区域间的空间距离，减少了区域间人们通行的时间成本，使得交通基础设施对经济增长的影响效果越来越明显。与此同时，高速铁路具有速度快、安全性好、载客量大、准点率高等显著特点，有利于降低人才等创新要素的流动成本，从而能够满足那些对于时间具有较强敏感性的高素质人才流动的需求。流动人口所具有的人力资本是地区经济发展所不可或缺的重要因素之一，对于地区科技研发投入以及区域技术创新能力的提高能够起到较为显著的正向促进作用。这就意味着，作为交通基础设施重要的形式之一，高速铁路在加快创新要素流动、促进信息知识在区域之间溢出的同时，也对技术创新产生了十分深刻的影响。

总体而言，交通基础设施建设强化了创新主体的空间联系，并且重塑了国家人力资本和企业创新产出的空间分布格局。那么，在创新驱动和高质量发展阶段，交通基础设施建设怎样影响了技术创新水平，其对技术创新要素的空间配置状况施加了怎样的影响，二者之间存在何种理论机制？交通基础设施建设能否通过技术创新的“溢出效应”缩小地区经济差距，进而重塑中国区域经济空间布局？目前，交通基础设施影响技术创新的作用机制仍需进一步厘清，交通基础设施建设视角下多区域空间演化机制有待构建。同时，由于理论机制的复杂性和数据的可得性，直接并有针对性的定量分析较为缺乏，交通基础设施、技术创新与区域经济增长的定量分析亟待丰富。为此，在已有研究基础上，本章进行了如下研究和拓展。

首先，本章基于两区域、两要素和三部门空间均衡模型，系统阐述了交通基础设施通过促进知识溢出进而影响区域技术创新空间结构的作用机制。基于此，通过数值模拟分析了空间均衡下交通基础设施对区域经济增长的影响效应。与已有相关文献相比，本章分析了交通基础设施通过技术创新影响区域经济增长的“知识溢出效应”路径，并有效验证了技术创新是交通基础设施影响区域经济增长的重要作用渠道。

其次，本章尝试将交通基础设施、技术创新与区域经济增长三者联系起来，探究空间均衡下交通基础设施对技术创新和区域经济增长的内在理论机制，所构建的两区域、两要素和三部门空间均衡模型包括两个由交通基础设施连接的地区、资本和劳动力两种生产要素，以及消费、生产和技术创新三个部门，这能够分析地区间技术创新的协同演化过程。

最后，本章将城市开通高铁与否视作一项“准自然实验”，基于2005—2019 年中国 284 个城市的面板数据，将技术创新作为调节变量，运用多期双重差分模型对城市高铁开通影响区域经济增长的技术创新渠道进行实证检验，使得实证结果更为合理、准确。

第二节　技术创新与区域经济增长的空间均衡模型分析

交通基础设施所产生的“时空压缩效应” 和“经济集聚效应”，极大地降低了生产要素的流动成本，提高了劳动力和资本等生产要素在地区间的集聚水平。同时，作为区域间资源要素流动和集聚的重要载体，交通基础设施建设提高了地区之间企业相互学习的频率，促进了高素质、高技能人才在区域间的流动、交流，有效激发了企业的技术创新活力，有利于促进“信息流”“知识流”“技术流”的快速传播，从而产生“知识溢出效应”，通过新技术的推广与应用为区域经济增长提供不竭动力。

一、模型假定

本章仍以两区域模型为基准，假定存在 A、B 两个地区，二者所涉及的变量分别用下标符号“r”和“v”进行区分，这两个地区的偏好、技术、开放度以及初始资源禀赋条件具有对称性，资本和劳动力是 A、B 两个地区的主要生产要素。假定经济系统主要由农业部门、工业部门和技术创新部门构成，这三个部门分别具有如下特征：第一，农业部门具有规模报酬不变和完全竞争特征，其主要使用劳动力作为投入要素；第二，工业部门具有规模报酬递增和 Dixit-Stiglitz 垄断竞争特征，其行为假定同本书第三章、第四章对于生产者行为的假定基本是一致的；第三，技术创新部门主要运用知识资本实现技术进步，从而促进企业生产效率不断提高，同时，技术创新部门还具有“知识溢出效应”，而“知识溢出效应”的大小主要受到地理距离远近的影响。

由于本章主要聚焦于交通基础设施通过技术创新影响区域经济增长的理论机制。为了简化分析，对于交通运输成本的假设，主要采用“冰山”运输成本衡量产品在地区间的交通运输成本，本章仍然沿用第三章关于交通运输成本的假定，即工业品在本地以外的其他地区销售，则需要运送 τ（$\tau \geqslant 1$）单位的产品，其中，有 $\tau-1$ 单位的产品在运输途中“融化”掉。交通基础设施建设水平越高，交通运输成本越小，反之，交通运输成本越大。此外，本书借鉴 Kortum、Keller、Nocco、Desmet、Rossi Hansberg、易巍、龙小宁、林志帆的相关研究，假定交通运输成本会影响技术创新水平。因为有诸多的研究和证据表明，知识或技术的“溢出效应”会伴随地理距离的逐步增加而有所减弱。本章所设定的交通运输成本可以用于描述两个地区之间的地理距离远近，由于交通基础设施建设能够有效减少交通运输成本，进而间接缩短知识传播的相对地理距离，使得落后地区的企业有足够的机会通过互动、观察、模仿来学习技术领先地区企业所使用的技术，从而使得本地区企业技术创新水平有所提高。

二、消费者行为分析

首先，回顾本书第三章、第四章中“中心 – 外围”模型关于消费者行为的设定，本章同样假定代表性消费者的效用函数可用如下 Cobb–Douglas 效用函数形式表示：

$$U(C_M, C_A) = C_M^{\mu} C_A^{1-\mu}, 0 < \mu < 1$$

式中，C_M 和 C_A 分别为家庭所消费的差异化工业品数量和农产品数量，参数 μ 是消费者在工业品上的支出份额，1 – μ 是消费者在农产品上的支出份额。

以 A 地区为例，A 地区消费者预算约束条件可表示为：

$$p_{Mr} C_{Mr} + p_{Ar} C_{Ar} = Y_{hr}$$

式中，p_{Mr} 是 A 地区工业品的单位价格，p_{Ar} 是 A 地区农产品的单位价格，Y_{hr} 是 A 地区工人的收入。其中，工人的收入是劳动者的工资以及地区工业企业赚取的利润之和。

进一步地，A 地区工业品（C_{Mr}）是通过使用固定替代弹性生产函数（CES）将不同种类的工业品组合而成，其可以用如下公式表达：

$$C_{Mr} = (\int_{i=1}^{n_r + n_v} C_{Mir}^{\frac{\sigma-1}{\sigma}} di)^{\frac{\sigma}{\sigma-1}}$$

式中，σ 是家庭在消费不同工业品之间的替代弹性，而 n_r 和 n_v 分别是 A 地区和 B 地区的企业数量。由于特定地区内所有企业具有同质性，因此 A 地区的工业品价格指数为：

$$p_{Mr}=[n_r p_r^{1-\sigma}+n_v(p_v\tau)^{1-\sigma}]^{\frac{1}{1-\sigma}}$$

在预算约束式 $p_{Mr}C_{Mr}+p_{Ar}C_{Ar}=Y_{hr}$ 下最大化式 $U(C_M,C_A)=C_M^{\mu}C_A^{1-\mu},0<\mu<1$，可以得到 A 地区关于农产品和工业品的需求表达式，即：

$$C_{Ar}=(1-\mu)Y_{hr}/p_{Ar}$$

$$C_{Mr}=\mu Y_{hr}/p_{Mr}$$

三、生产者行为分析

本书假定每家企业在规模报酬递增的情况下只生产一种差异化产品，由于消费者对产品种类存在偏好，因而一家企业生产的产品可以直接用于本地消费，也可以通过支付运输成本选择运往其他地区供当地居民消费。同时，本书假定企业供给第 i 类工业品的产出函数具有如下基本表达式：

$$C(j)=a\pi+a_m w_L x(j)$$

式中，$C(j)$ 表示企业生产总成本；a 表示固定投入，即企业生产每一种工业品需要投入的物质资本；π 表示物质资本的收益率；w_L 表示劳动力的工资报酬；a_m 表示企业每生产一种工业品需要投入的劳动力；$x(j)$ 代表企业产出。

四、技术创新行为分析

一个地区的经济活动与其他地区的经济联系随着运输距离的增加而减弱，运输距离较小的地区容易与周围地区形成紧密的空间经济联系。本章研究主要聚焦当交通运输成本不断变化时，地区间技术创新会发生什么变化，并且这种变化将会导致区域经济活动呈现出怎样的空间分布特征？本书认为，如果从技术创新的溢出角度进行考虑，地区技术创新水平的提升受到地区内部企业接受知识的能力影响。当区域一体化程度比较高时，技术溢出效应也会增强，因为技术落后地区的企业有更多机会观察和了解技术领先地区的企业所使用的具体技术手段。此时，技术落后地区的企业的生产效率可以通过与技术发达地区企业的互动学习过程来得到提升。相反，如果技术落后地区与技术领先地区距离较远或交通运输成本过高，知识溢出发生的可能性则较低，这是因为技术落后地区与技术领先地区的企业互动机会较少。由此可见，技术溢出的前提条件是区域间企业之间互动学习的机会增加，因而由交通基础设施建设所引起的交通运输成本降低是促进知识溢出的重要因素。

为了阐释交通基础设施、技术创新与区域经济增长之间的理论关系，本节引入技术创新部门，该部门作为先进生产力的典型代表，主要利用创新劳动力和创新物质资本作为投入，并进行新型技术产品或新型专利的研发。本书借鉴范晓莉、郝寿义、董亚宁、杨开忠、顾芸的思路和做法，假定新型技术产品或新型专利的生产结构为：

$$Y_T = F(L_T, K_T) = [\eta_1 L_T^{\rho} + \eta_2 K_T^{\rho}]^{1/\rho}$$

式中，Y_T表示创新产出，L_T表示创新劳动力投入，K_T表示创新资本投入，η_1、η_2分别表示创新劳动力投入和创新资本投入系数，ρ表示创新劳动力和创新资本的投入要素替代参数。以A地区为例，其创新产出可表示为：

$$Y_{rT} = F(L_{rT}, K_{rT}) = [\eta_{r1} L_{rT}^{\rho} + \eta_{r2} K_{rT}^{\rho}]^{1/\rho}$$

为了刻画技术领先地区如何影响技术落后地区的生产活动，本书假设技术领先地区形成一单位的新型专利需要耗费a_T个单位的货币化投入，则技术领先地区的专利成本可表示为：

$$a_{rT} = \eta_r / [s_r + \lambda(1 - s_r)]$$

式中，$\eta_r = f(\eta_{r1}, \eta_{r2})$；$s_r$表示A地区企业工业部门所占比例；$\lambda$表示技术溢出系数，用来刻画技术领先地区对技术落后地区的知识和技术外溢效应。类似地，本书可以推导出技术落后地区的专利成本：

$$a_{vT} = \eta_v / [s_v + \lambda(1 - s_v)]$$

式中，$\eta_v = f(\eta_{v1}, \eta_{v2})$。

五、空间均衡与数值模拟

在空间均衡条件下，技术创新水平比较高的企业会从技术落后地区向技术领先地区转移。此时，技术创新领先地区的企业份额变化为：

$$s_r = [\pi(a_i) - \pi(a_i)^*]s_r(1-s_r)$$

式中，π 表示技术创新部门的收益率。接下来，本书将讨论产业集聚的空间分布问题。结合前文的理论分析，A 地区企业不断向 B 地区集聚的前提条件是这些企业在 A 地区生产不会获得额外的利润。这意味着，A 地区对工业品的实际需求量低于企业盈亏平衡产量时，B 地区的产业集聚才是可持续的均衡，令 a_R 为企业迁移临界边际生产率，则创新活动的空间区位选择动态满足：

$$\Delta\pi = \pi(a_R) - \pi(a_R)^* = \frac{\mu W^W}{\sigma\gamma K^w}[(\frac{s_W}{\Delta} + \phi\frac{1-s_W}{\Delta^*}) - (\phi^*\frac{s_W}{\Delta} + \frac{1-s_W}{\Delta^*})]a_R^{1-\sigma}$$

式中，σ 表示家庭在消费不同工业品之间的替代弹性；$s_W=W_r/W^W$、$1-s_W=W_v/W^W$、$W^W=W_r+W_v$，其中，s_W、$1-s_W$ 和 W^W 分别表示 A、B 地区总支出占比和经济系统总支出；K^w 表示资本初始总量；$\phi=\tau^{1-\sigma}$（$\tau \geqslant 1$）表示贸易自由度。

$$\Delta = s_{LT}\chi + (1-s_{LT})a_R^r + \phi^*(1-s_{LT})(1-a_R^r)$$

$$\Delta^* = \phi s_{LT}\chi + \phi(1-s_{LT})a_R^r + (1-s_{LT})(1-a_R^r)$$

式中，s_{LT} 表示创新劳动力投入比例。由此可见，如果给定 A、B 地区的技术创新差异程度，若一家工业品生产企业的市场实际需求量高于企业盈亏平衡产量，那么这家企业就能获得更多的利润，根据利润最大化原则，企业会选择向高回报地区集聚。实际上，$a_{vT} = \eta_v / [s_v + \lambda(1-s_v)]$ 考虑了这样一个事实，当技术差距非常大时，落后地区企业实现技术追赶所需要的知识和技术水平非常高，这是因为交通成本很高，落后地区无法有效接触到先进的生产知识和技术，因而会导致技术创新水平落后的局面。

进一步地，在长期空间均衡条件下，技术创新领先地区企业的份额为：

$$s_r = \phi s_{LT}\chi + \phi(1-s_{LT})a_R^r + (1-s_{LT})(1-a_R^r)$$

此外，在长期空间均衡条件下，技术创新领先地区的创新增长率和技术创新落后地区的创新增长率分别为：

$$g_r = s_r b[\frac{s_W}{\Delta} + \frac{\phi(1-s_W)}{\Delta^*}]W^W / a_T - \rho$$

$$g_v = (1-s_r) b[\frac{\phi^* s_W}{\Delta} + \frac{(1-s_W)}{\Delta^*}]W^W / a_T - \rho$$

由此可见，交通基础设施完善所引起的交通运输成本降低能够提高区域一体化程度，而区域一体化程度较高的地区，其技术创新增长率相应也越高。与此同时，对上式中的技术溢出系数 λ 求偏导数，则有：$\partial g_r / \partial \lambda > 0$，$\partial g_v / \partial \lambda > 0$。

这意味着，交通运输成本降低，技术创新领先地区和技术创新落后地区的产业创新增长率均能有所提升。所以，知识技术溢出程度越高，越有利于区域整体的技术创新水平增长。

通过上述理论分析，本书获得了如下基本结论：交通基础设施建设对于技术创新和区域经济增长而言十分重要，交通基础设施不断完善使得地区间的交通运输成本不断降低，这将有利于促进信息、知识和技术的传播、交流和应用，使得不同区域的企业之间实现了深入接触，从而能够增进地区企业之间的相互学习、相互借鉴、相互模仿，促进知识产品和创新产出的不断衍生，从而产生“知识溢出效应”，在推动区域经济增长过程中不断缩小地区之间的经济发展差距。

基于上述理论研究所得到的基本结论，本书将进一步分析交通运输成本与地区 GDP 份额的变动情况。在长期空间均衡条件下，图 5-1 从理论上刻画了交通运输成本变化与地区经济增长份额之间的关系演变情况。其中，纵轴表示地区 GDP 占比（单位：%），横轴表示贸易自由度，根据前文分析，贸易自由度是关于交通运输成本 τ 的逆指数。从图 5-1 中不难看出，当贸易自由度 ϕ 发生变动时，两个地区的 GDP 份额也将发生改变。具体而言，假定中心地区为技术领先地区，那么当交通运输成本较高时（$\tau \to \infty$），此时贸易自由度 ϕ 无尽趋于 0，所以中心地区的经济份额大于外围地区，两个地区之间的经济增长差异较大，“中心 – 外围”结构是稳定均衡结构，即技术创新活动主要发生在中心地区，外围地区技术创新活动较少。当交通运输成本较低时（$\tau \to 1$），此时，贸易自由度ϕ无尽趋于1，由于区域一体化水平也得到了较大的提高，由此使得外围地区的技术创新水平得到有效提升，外围地区的GDP份额将会实现快速增长，所以外围地区与中心地区之间的经济增长差距也将不断缩小，经济增长将呈现出“对称均衡”的空间结构特征。这意味着，交通基础设施建设能够通过提高区域整体技术创新水平来促进区域经济增长。

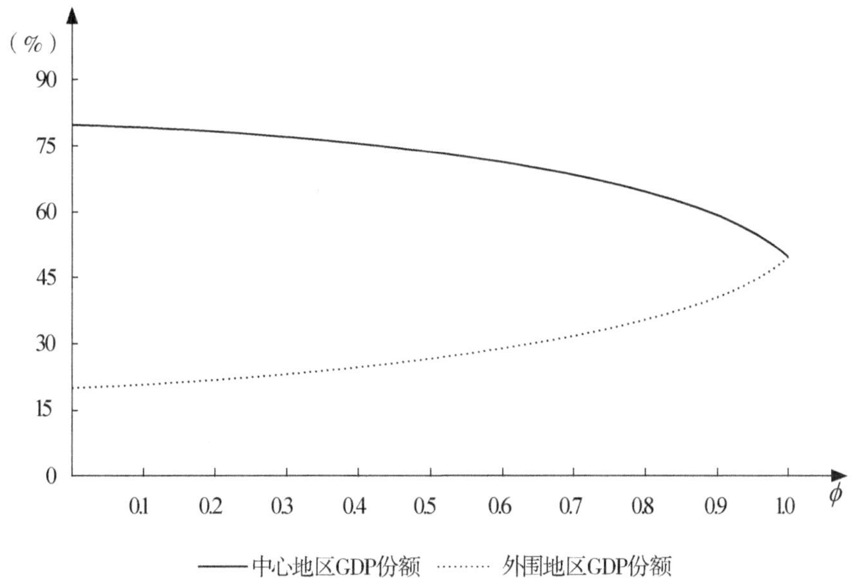

图5-1　长期空间均衡下交通运输成本与地区GDP份额变动情况

最后，本书结合图5-1绘制了贸易自由度变化条件下经济空间均衡的战斧解，如图5-2所示。从图5-2中不难发现：当贸易自由度$0<\phi<\phi_S$时，由于交通基础设施建设水平较低，技术创新领先地区与技术创新落后地区之间的交通运输成本较高，两地区之间的贸易往来较少，知识、信息、技术等的传播范围十分有限，使得两地区之间的经济增长水平呈现较大差异，因而经济增长的“中心－外围”结构是稳定的均衡结构；当贸易自由度$\phi_S<\phi<\phi_B$时，经济增长的“非对称结构”是稳定的均衡结构；当贸易自由度$\phi_B<\phi<1$时，由于交通基础设施建设水平较高，技术领先地区与技术

落后地区之间的交通运输成本较低，使得两地区之间的经济增长水平差异较小，经济增长的“对称结构”是稳定的均衡结构。

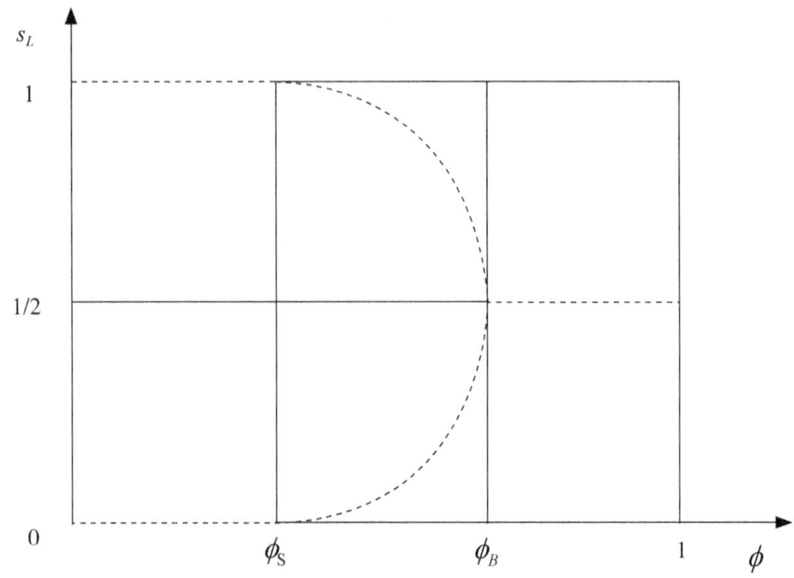

图5-2 贸易自由度变化条件下经济空间均衡的战斧解

第三节　研究假说

本章构建了一个包括技术创新部门的空间均衡模型，揭示了交通基础设施通过促进地区技术创新来影响经济增长的理论机制。根据前文理论分析可知，交通基础设施不仅是企业本地化联系的主要渠道，也是企业技术创新行为空间联系的重要载体，其有助于缩短知识信息的传播距离，有助于提高企业各类人才之间相互交流的频率，从而加速技术相对发达地区的“信息流”“知识流”“技术流”向技术相对落后的地区扩散，使得技术相对发达地区企业的知识溢出成为可能，提高了外围地区的技术创新能力，缩短了地区之间的技术创新水平差距，在缩小地区经济差距的过程中促进了区域经济增长，具体而言：

一方面，地区之间交通运输成本的降低有助于企业知识溢出的发生，由于知识溢出与地区之间的地理距离具有相关性，当地区之间的交通基础设施逐渐完善而使得交通运输成本不断降低时，知识溢出发生的概率增加，技术创新落后地区的企业有更多机会观察和了解到技术创新领先地区企业的研发、生产、运营过程，这将有利于促进区域整体技术创新水平的提升。相反，当地区之间的交通运输成本较高时，技术创新落后地区与技术创新领先地区企业之间的互动机会减少，技术创新领先地区的任何潜在知识溢出的可能性降低，技术创新落后地区接受新信息、新知识、新技术的范围十分有限，从而降低了区域整体的技术创新水平。因此，完善地区之间交通基础设施建设，降低地区之间的交通运输成本有利于促进区域技术创新水平提升。

另一方面，大量人才、企业、创新资源集聚后，便会形成一个技术创新水平较为发达的区域，若区域一体化水平较低，则会出现技术创新的“中心－外围”空间分布结构。交通基础设施建设能够有效降低创新要素、隐性知识和专利技术传播的时空成本，提升技术创新相对落后地区企业吸收先进生产技术的能力。在长期空间均衡状态下，伴随地区之间交通运输成本的不断降低，本地区向相邻地区的知识溢出程度和范围也将不断扩大，技术创新“中心区”和“外围区”之间新知识和新技术的相互交流、应用能够推动外围地区企业的技术进步和创新，从而使得技术创新的空间分布由“‘中心－外围’均衡结构”向“对称均衡结构”演变，在推动区域经济增长过程中不断缩小地区之间的经济发展差距。

综合前文理论研究，本书提出如下待检验假说 5.1、假说 5.2 和假说 5.3。

假说 5.1：交通基础设施对技术创新具有正向促进作用，交通基础设施越完善则越有利于促进“知识外溢”，进而提高整体技术创新水平。

假说 5.2：技术创新对区域经济增长具有正向促进作用，技术创新水平越高则越有利于促进区域经济增长。

假说 5.3：交通基础设施能够通过影响技术创新对区域经济增长产生正向促进作用，交通基础设施越好则越有利于促进信息、知识和技术的传播和应用，进而对区域经济增长越显著。

第四节 实证设计

前文通过构建空间均衡模型已经论证了交通基础设施、技术创新与区域经济增长之间的效应关系。接下来，本章需要设计相应的计量模型来实证检验假说 5.1、假说 5.2 和假说 5.3。

一、模型设计

为了与第三章、第四章的实证分析逻辑相一致，本节首先借助多期双重差分模型设计了交通基础设施对技术创新的面板数据模型，具体设计模型如下：

$$TEC_{it}=C_1+\alpha_1 HSR_{it}+\alpha_2 IND_{it}+\alpha_3 FIN_{it}+\alpha_4 HUM_{it}+\alpha_5 INV_{it}+\alpha_6 FIS_{it}+\alpha_7 PUB_{it}+\alpha_8 OPE_{it}+v_i+u_t+\varepsilon_{it}$$

式中，TEC_{it} 为被解释变量，表示人口流动。HSR_{it} 为核心解释变量，表示交通基础设施，主要以高铁开通建设来进行度量。其中，$HSR_{it}=City_i\times Year_t$，若 i 为已经开通高铁的城市，那么 $City_i=1$，相反则为 0；若 t 为该城市开通高铁之后的年份，那么 $Year_t=1$，相反则为 0。同时，为了避免模型因遗漏变量可能引发的内生性问题，本书进一步引入了影响人口流动的控制变量，包括产业结构升级（IND_{it}）、金融发展（FIN_{it}）、人力资本（HUM_{it}）、固定资产投资（INV_{it}）、财政支出（FIS_{it}）、公共服务（PUB_{it}）、对外开放（OPE_{it}）七项。此外，C_1 为常数项；α_m（m=1，2，3，…，8）为交通基础设施以及相关控制变量的回归系数；下标“i”和“t”分别表示个体和年份；v_i、u_t 分别表示个体效应和时间效应；ε_{it} 表示随机干扰项。

进一步地，本书在上式的基础上，设计了技术创新对区域经济增长的面板数据模型，具体如下：

$$GDP_{it} = C_2 + \beta_1 TEC_{it} + \beta_2 IND_{it} + \beta_3 FIN_{it} + \beta_4 HUM_{it} + \beta_5 INV_{it} + \beta_6 FIS_{it} + \beta_7 PUB_{it} + \beta_8 OPE_{it} + v_i + u_t + \varepsilon_{it}$$

式中，GDP_{it} 为被解释变量，表示区域经济增长。TEC_{it} 为核心解释变量，表示技术创新。同时，为了避免模型因遗漏变量可能引发的内生性问题，本书进一步引入了影响区域经济增长的控制变量，包括产业结构升级（IND_{it}）、金融发展（FIN_{it}）、人力资本（HUM_{it}）、固定资产投资（INV_{it}）、财政支出（FIS_{it}）、公共服务（PUB_{it}）、对外开放（OPE_{it}）。此外，C_2 表示常数项，β_m（m=1，2，3，…，8）表示技术创新以及相关控制变量的回归系数，其余变量符号的含义同上一式，此处不再赘述。

最后，为了有效验证本章提出的理论假说 5.3，本书在前两个公式的基础上，设计了交通基础设施、技术创新对区域经济增长的面板数据模型，具体如下：

$$GDP_{it} = C_3 + \theta_1 HSR_{it} + \theta_2 TEC_{it} + \theta_3 (HSR_{it} \times TEC_{it}) + \theta_4 IND_{it} + \theta_5 FIN_{it} + \theta_6 HUM_{it} + \theta_7 INV_{it} + \theta_8 FIS_{it} + \theta_9 PUB_{it} + \theta_{10} OPE_{it} + v_i + u_t + \varepsilon_{it}$$

式中，GDP_{it} 为被解释变量，表示区域经济增长。HSR_{it} 为核心解释变量，表示交通基础设施，以高铁开通作为测度变量。其中，$HSR_{it}=City_i \times Year_t$，若 i 为已经开通高铁的城市，那么 $City_i=1$，相反则为 0；若 t 为该城市开通高铁之后的年份，那么 $Year_t=1$，相反则为 0。TEC_{it} 为技术创新。$HSR_{it} \times TEC_{it}$ 为交通基础设施和技术创新的交互项，主要用于检验交通基础设施影响区域经济增长的技术创新作用渠道。同时，为了避免模型因遗漏变量可能引发的内生性问题，本书引入了相关控制变量，包括产业结构升级（IND_{it}）、金融发展（FIN_{it}）、人力资本（HUM_{it}）、固定资产投资（INV_{it}）、财政支出（FIS_{it}）、公共服务（PUB_{it}）、对外开放（OPE_{it}）。此外，C_3 表示常数项，θ_n（n=1，2，3，…，10）表示交通基础设施以及相关控制变量的回归系数，其余变量符号的含义同上一式），此处不再赘述。

二、变量说明

（一）被解释变量

区域经济增长（GDP）。对于该项指标，此处不再赘述，本章主要根据前文第三章的做法，主要以城市人均实际 GDP 作为衡量经济增长水平的具体指标。

（二）核心解释变量

交通基础设施（HSR）。本章主要研究高速铁路这类交通基础设施对区域经济增长的影响效应。《中长期铁路网规划（2016—2030 年）》将高铁线路分为主通道、区域铁路连接线和城际铁路三种类型。为全面考察高速铁路对区域经济增长的影响，结合前文对高速铁路概念、定义的相关说明以及度量方法，本书的高速铁路包括《中长期铁路网规划（2016—2030 年）》认定的所有高铁线路类型和设计运行速度达 250 km/h 及以上的铁路线路。本书将高铁开通视为一项“准自然实验”，为此，在我国 284 个地级以上城市观察样本之中，开通高铁的城市作为实验组，未开通高铁的城市则作为对照组。

（三）调节变量

技术创新（TEC）。技术创新是促进经济增长的动力源泉，是政府制定长期经济增长政策的重要依据。为了科学构造技术创新指标，本书首先对学界的相关观点和做法进行梳理。李国平和王春杨指出，对于怎样合理度量技术创新以及创新活动行为，学术界还没有达成一致的共识，总体而言，专利作为创新的产出结果仍然比较频繁出现在研究文献中，因而采用专利数量度量创新的产出水平是相对可行的。安虎森、周亚雄、薄文广研究了技术创新对资源型与非资源型地区间的差距的影响效应，并以科学研究从业人口与地区单位从业人口之比来刻画地区技术创新水平。余泳泽和张少辉借鉴了Aghion、Hashmi在刻画技术创新过程中的具体做法，主要利用专利授权总数量来测度技术创新水平。王俊松、颜燕、胡曙虹在借鉴Jaffe、Crescenzi、Hall、Harhoff等学者做法的基础上，使用专利授权数量来刻画城市技术创新水平，并将专利区分成发明、实用新型、外观设计3个类型。段德忠、杜德斌、谌颖、白俊红和刘怡等认为作为创新资源的核心组成部分，以专利为代表的技术创新在一定程度上能够综合评估技术创新能力及发展机制，他们以国家知识产权局专利检索及分析平台的专利转让记录为数据源，构建了城市创新技术转移能力评价指标体系，其本质上还是利用专利数据来对地区技术创新水平进行刻画。纪祥裕、顾乃华、李晓龙、冉光和等学者在金培振、殷德生、金桩的基础上，以发明专利申请数量与专利申请总数量之比来对技术创新进行刻画。技术创新是资源投入与使用效率的最终体现，专利数据能够较为真实地反映地区的技术创新水平，采用专利申请数量或是专利授权数量来衡量城市创新成果产出具有可行性。因此，很多学者采用每万人发明专利申请数量作为衡量城市技术创新水平的指标。此外，也有学者从技术进步的视角来对技术创新进行度量，如魏下海、王岳龙、程中华、于斌斌、吴新中、邓明亮、逯进、李婷婷、陈露、刘修岩等。

总体上，度量技术创新的每种方法都有其独特的理论内涵和应用范畴，目前很难找到完全合理度量技术创新的普适性方法。由于发明专利的研发成本与技术复杂度更高，并且申请程序与保护规定更严格，更能体现城市的实质性创新能力，而采用专利数据来刻画地区技术创新水平是较为常见的做法。鉴于此，本书将采用发明专利申请数量与专利总数量的比值来测算该项指标。

（四）控制变量

产业结构升级（IND）。对于产业结构指标，本章主要基于产业结构高级化的视角，运用第三产业增加值与第二产业增加值的比值进行测度。

金融发展（FIN）。对于金融发展指标，本章主要根据第三章的做法，采用年末金融机构各项贷款余额与GDP之比来度量金融发展水平。

人力资本（HUM）。前文已经有效证实了人力资本对区域经济增长具有显著影响。进一步结合本书相关的理论研究，发达的交通基础设施网络有利于促进人才等资源要素的流动，提高了人才跨地区面对面交流的频率，降低了地区之间人才交流的时间成本，人力资本的流动加快了隐性知识的传播范围，有利于提高区域技术创新动力，进而会对区域的技术创新和区域经济增长产生重要影响。不失一般性，本章主要采用全市每万人中在校大学生人数来度量城市人力资本水平。

固定资产投资（INV）。固定资产投资对于技术创新和经济增长而言是十分重要的，一方面，投资能够为经济增长积累必要的物质资本；另一方面，投资能为技术研发提供基本的物质保障，各类技术创新活动均以一定程度的投资作为前提。对于该项指标，本书依然采用第三章的做法，以城市全社会固定资产投资与城市GDP之比来对该指标进行测度，以此来分析其对技术创新和区域经济增长的影响效应。

财政支出（FIS）。政府为了实现地区技术进步和经济增长，会将一部分财政收入用于财政支出，政府主要通过财政支出的外部“推力”来有效促进技术研发和创新，进而对区域经济增长产生影响。本章主要根据前文第三章的做法，主要采用地方一般公共预算支出与GDP之比表征财政支出水平。

公共服务（PUB）。一些研究表明，地区公共服务水平的提升有利于吸引人才流入，进而对地区技术创新和经济增长起到积极作用。对于该项指标，主要根据前文第三章的做法，采用医院床位数来作为度量城市公共服务水平的代理变量。

对外开放（OPE）。对外开放在经济建中发挥了重要的推动作用，也深刻影响着技术创新。首先，对外开放具有“竞争效应”。一般而言，跨国企业技术先进，而本国企业相对来说技术水平较低，本国企业通过“干中学”

能够消化和吸收国外企业先进的技术水平和管理理念，有效增加知识和技能储备。其次，对外开放能够发挥技术的“溢出效应”，本国企业通过向国外企业学习先进的知识和技术，然后进行技术模仿和二次创新，以此来促进自身技术水平提升。最后，对外开放具有“集聚效应”，外商直接投资的增加不仅促进了地区经济发展，而且能为地区产业集聚创造可能性，对外开放提升了集聚区内企业的专业化水平，同一行业的企业在一个区域集聚后，企业之间相互交流学习会不断提升现有的技术和管理水平，使得在集聚区内企业生产的专业化水平得到提高，专业化水平提高有助于提升技术创新和区域经济增长水平。结合前文第三章的做法，本章的对外开放指标主要以城市实际利用外商直接投资额进行测度。

三、数据来源与描述性统计

为了避免研究数据口径的不统一，本章主要使用2005—2019年中国地级以上城市数据展开实证研究。由于《中国城市统计年鉴》部分年份的城市数据不完整，不失一般性，本书将剔除那些数据缺失的异常样本。根据《中国城市统计年鉴》（2020年）对行政区划的界定，共有4个直辖市、15个副省级城市以及279个一般地级市，而最终进入本书研究样本的共有284个城市，共计4260个观测数。本书从《中国城市统计年鉴》、《中国区域经济统计年鉴》、《中国统计年鉴》、万得数据库、国家统计局网站、国家知识产权局网站等资料中搜集整理了原始数据。此外，为了消除物价的影响，本书从《中国统计年鉴》（历年）筛选出各省的相关价格指数并与其下辖的城市相匹配，然后将各个以货币形式表示的名义变量换算成实际变量。表5-1是详细的变量描述性统计结果。

表5-1　变量描述性统计

Variable	Code	Mean	Min	Max	Sta.Dev.
区域经济增长	GDP	41040.0500	2396.0000	467749.0000	32224.3500
交通基础设施	HSR	0.3920	0.0000	1.0000	0.4883

续表

Variable	Code	Mean	Min	Max	Sta.Dev.
技术创新	TEC	64.0491	1.2129	97.3407	11.8112
产业结构升级	IND	0.9146	0.0943	9.4822	0.5151
金融发展	FIN	115.0281	7.5319	962.2103	63.2792
人力资本	HUM	185.9794	0.4091	3502.1800	250.6729
固定资产投资	INV	70.4905	8.7226	241.2685	29.1469
财政支出	FIS	11.4900	0.9232	193.6383	8.9180
公共服务	PUB	17071.7900	940.0000	177410.0000	16172.4000
对外开放	OPE	519040.8000	20.2554	20500000.0000	130991.0000

注：表格中的数据主要借助 Stata 15.0 软件计算整理获得。

第五节　技术创新与区域经济增长的实证分析

一、基准回归结果解析

（一）交通基础设施影响技术创新的实证解析

表 5-2 是交通基础设施影响技术创新的回归结果，同时，本书将全样本根据城市所在区域进行了样本划分。其中，第 1 列是全样本条件下交通基础设施（HSR）影响技术创新（LnTEC）的回归结果，第 2 至 5 列分别是东部地区、东北地区、中部地区和西部地区交通基础设施影响技术创新的回归结果。从模型的拟合效果来看，可决系数 R^2 分别为 0.27、0.30、0.43、0.23 和 0.32。同时，模型（1）至模型（5）的整体显著性水平也比较高，F 统计值分别在 1% 或 5% 的显著性水平下显著，下文将分别对变量的回归结果展开解析。

首先，本书将对核心解释变量交通基础设施影响技术创新的回归结果进行解析。模型（1）至模型（5）的回归结果显示，总体上，交通基础设施对技术创新存在着十分显著的正向影响效应，各模型的回归系数分别为0.0420、0.1119、0.0652、0.0419和0.0436。其中，模型（1）、模型（4）和模型（5）的回归系数均在5%的显著性水平下显著，模型（2）和模型（3）的回归系数分别在1%和10%的显著性水平下显著，该结果支持本书提出的理论假说5.1。自21世纪以来，我国政府对西部地区交通基础设施建设较为重视，投入了大量的人力、物力、财力来改善西部交通基础设施状况，这在一定程度上为东部沿海发达地区优质创新资源转移至西部地区提供了便利，发达地区城市通过“扩散效应”使得越来越多的技术创新资源向中、西部地区城市集聚，创新资源的不断集中则提升了中、西部地区城市整体技术创新水平。由此说明，加快交通基础设施建设能够为地区技术创新吸引大量优质的科学技术人员，能够为地区发展奠定坚实的人力资本，而完善的交通运输网络进一步促进了企业之间的人才交流，进而对地区技术创新水平的提升起到十分显著的正向促进作用。

其次，本书将对控制变量的回归结果进行解析，具体如下：

从产业结构升级影响技术创新的回归结果来看，整体上，产业结构升级对技术创新的影响为负向作用，模型（1）、模型（3）、模型（4）和模型（5）的回归系数分别为-0.0670、-0.0536、-0.0303和-0.1049，并且模型（1）和模型（5）中产业结构升级的回归系数均通过了显著性水平检验。值得注意的是，代表东部地区样本的模型（2）回归结果显示，产业结构升级的回归系数为0.1300，并且该回归系数十分显著。由此可见，一方面，对于全样本以及东北地区、中部地区和西部地区样本而言，产业结构升级并未有效提升技术创新水平，反而对技术创新水平起到了负向抑制作用，尤其是西部地区产业结构升级对技术创新的抑制作用较为明显；另一方面，东部地区产业结构升级能够促进技术创新，说明东部地区产业发展相对较好，其对技术创新具有显著的正向影响效应，这一结果符合本书的实证预期。

从金融发展影响技术创新的回归结果来看，模型（1）至模型（5）的回归系数分别为 0.0771、0.0124、0.1419、0.0581 和 0.0837，并且模型（1）、模型（2）、模型（3）和模型（5）的回归系数均是显著的，这与本书理论预期相符。由此可见，金融发展是影响技术创新的重要变量。正如相关研究所揭示的理论机制，提高金融发展水平可以拓宽融资渠道、增加资本供给、缓解融资约束、提高融资效率，解决地区科技研发投入资金不足等问题，缓解技术创新过程中可能面临的失败风险等问题，从而有助于促进技术创新。因此，加速金融资本形成、提升金融资本效率、促进金融深化发展将有助于提升地区技术创新能力。

从人力资本影响技术创新的回归结果来看，其在一定程度上能够有利于提升技术创新水平，同时，不同地区间也存在一定的差异。其中，模型（1）、模型（2）和模型（5）的回归系数分别为 0.0103、0.0086 和 0.0091，而模型（3）和模型（4）的实证结果显示，人力资本水平会进一步抑制技术创新，模型（3）和模型（4）的回归系数分别为 -0.0105 和 -0.0175。由此可见，人力资本对于技术创新的影响渠道较为复杂。由于人力资本指标以每万人在校大学生人数来刻画，本书认为，随着经济社会发展，高校大学生的就业面越来越广，大学生会考虑城市的发展前景以及自身生活的舒适程度（如交通、环境、教育、文化、医疗方面）等相关问题，因而人力资源会向相对发达的东部地区城市集中。同时，考虑到生活成本等问题，越来越多的大学毕业生向西部地区流动，因为西部地区生活成本以及工作竞争强度相比于东部地区和中部地区而言较小。所以，东部、西部地区人力资本水平提升在一定程度上有助于促进技术创新。

表 5-2 交通基础设施对技术创新的影响

$LnTEC_{it}$	模型（1） 全样本	模型（2） 东部地区	模型（3） 东北地区	模型（4） 中部地区	模型（5） 西部地区
HSR_{it}	0.0420★★ （2.02）	0.1119★★★ （2.56）	0.0652★ （1.66）	0.0419★★ （2.16）	0.0436★★ （1.94）
$LnIND_{it}$	−0.0670★★★ （−2.67）	0.1300★★★ （2.67）	−0.0536 （−0.92）	−0.0303 （−0.57）	−0.1049★★ （−2.44）

续表

$LnTEC_{it}$	模型（1）全样本	模型（2）东部地区	模型（3）东北地区	模型（4）中部地区	模型（5）西部地区
$LnFIN_{it}$	0.0771*** （3.50）	0.0124** （2.43）	0.1419*** （2.59）	0.0581 （1.32）	0.0837** （1.97）
$LnHUM_{it}$	0.0103 （1.24）	0.0086 （0.81）	−0.0105 （0.35）	−0.0175 （−1.18）	0.0091 （0.66）
$LnINV_{it}$	0.0025 （0.17）	0.0462 （1.57）	0.0368 （1.48）	0.0190 （0.62）	−0.0738** （1.94）
$LnFIS_{it}$	−0.0273*** （−2.94）	−0.0439*** （−2.64）	−0.0163 （−0.72）	−0.0346** （−2.17）	−0.0004 （−0.02）
$LnPUB_{it}$	0.0203 （0.52）	0.0160 （0.27）	0.3042** （1.98）	0.1195* （1.73）	0.0689 （1.26）
$LnOPE_{it}$	−0.0057* （−1.66）	0.0303*** （4.64）	0.0131 （1.45）	−0.0001 （−0.01）	−0.0058 （−1.13）
$CONS_{it}$	4.1440*** （31.35）	4.0062*** （17.62）	3.5966*** （11.69）	4.1549*** （13.95）	4.2439*** （19.10）
Dum_City	控制	控制	控制	控制	控制
Dum_Year	控制	控制	控制	控制	控制
可决系数R^2	0.27	0.30	0.43	0.23	0.32
F-statistic	5.65***	4.40***	2.06**	2.23**	2.70***
Obs.	4260	1305	510	1200	1245

注：*、** 和 *** 分别表示在 10%、5% 和 1% 的显著性水平下显著，系数下方的括弧内为 t 值，下同。

从固定资产投资对技术创新的影响效应来看，模型（1）至模型（4）的回归结果表明，整体上，固定资产投资对技术创新存在十分明显的正向影响效应，模型（1）至模型（4）的回归系数分别为 0.0025、0.0462、0.0368 和 0.0190，仅有模型（5）的回归系数为负，其回归系数为 –0.0738，并且在 5% 的显著性水平下显著。

从财政支出影响技术创新的回归结果来看，总的来说，财政支出对技术创新的影响为负向抑制，回归系数分别为 –0.0273、–0.0439、–0.0163、–0.0346 和 –0.0004。同时，模型（1）、模型（2）和模型（4）的回归系数分别在 1%

或 5% 的显著性水平下显著。由此可见，财政支出在一定程度上会阻碍技术创新，所以进一步优化财政资金支出结构，提高财政支出中的科技投入份额是十分必要的。

从公共服务影响技术创新的回归结果来看，不难看出，公共服务对技术创新存在十分明显的正向影响效应，模型（1）至模型（5）的回归系数分别为 0.0203、0.0160、0.3042、0.1195 和 0.0689，并且模型（3）、模型（4）的回归系数分别在 5%、10% 的显著性水平下显著。由此说明，公共服务在地区技术创新提升过程中发挥着十分重要的作用，提高公共服务水平可以吸引更多的高技能人才流入本地区，从而有助于促进技术创新，这与本书理论预期相符。

从对外开放影响技术创新的回归结果来看，一方面，模型（1）、模型（4）和模型（5）的回归系数分别为 –0.0057、–0.0001 和 –0.0058，并且模型（1）的回归系数在 10% 的显著性水平下显著。另一方面，模型（2）和模型（3）的实证结果显示，对外开放对技术创新存在正向促进作用，并且模型（2）的回归系数在 1% 的显著性水平下显著。由此说明，对外开放对于提高东部地区和东北地区的技术创新水平而言具有重要作用。本书认为，对外开放不仅能够提升地区经济发展水平，而且能够通过引进外资、外企的方式来为地区技术创新提供资金和经验支持，进而推动整个地区技术创新能力稳步提升。我国东部地区和东北地区城市本身靠近沿海地区，在对外贸易中具有先天优势，因而对外开放政策所带来的经济效应较为明显，从而能够吸引大量高新技术企业集群发展，最终提升地区技术创新能力和水平。

（二）技术创新影响区域经济增长的实证解析

表 5–3 是技术创新影响区域经济增长的回归结果，从中可以看出，模型的拟合程度较好，模型（6）至模型（10）的可决系数 R^2 分别为 0.47、0.40、0.76、0.48 和 0.58。同时，模型整体的显著性水平也比较高，F 统计值均在 1%

的显著性水平下显著，接下来，本书将对相关结果进行详细解析。

首先，本书将对技术创新影响区域经济增长的回归结果进行详细解析，模型（6）至模型（10）的回归结果显示，总体上，技术创新水平的提升将会对区域经济增长存在着十分显著的正向促进作用，模型（6）至模型（10）的回归系数分别为 0.1114、0.1307、0.0460、0.1153 和 0.0386。其中，模型（6）的回归系数在 1% 的显著性水平下显著，模型（7）至模型（10）的回归系数均通过了 5% 的显著性水平检验。由此表明，东部、东北、中部、西部地区的技术创新对区域经济增长均存在十分显著的正向影响效应，提高技术创新能够促进区域经济增长，该结果与前文的理论假说 5.2 相一致。

接下来，本书将对产业结构升级、金融发展、人力资本、财政支出等控制变量的回归结果进行解析，具体如下：

从产业结构升级影响区域经济增长的回归结果来看，模型（6）至模型（10）的回归结果表明，产业结构升级对区域经济增长的影响为负向作用，回归系数分别为 –0.2423、–0.1917、–0.2067、–0.2887 和 –0.2395，并且模型（6）至模型（10）的回归系数均在 1% 的显著性水平下显著。本书认为，当前我国产业结构调整仍然存在一定的滞后性，产业发展水平较低会导致其对经济增长的促进作用不明显，尤其是在市场经济竞争日益激烈的时代背景下，推动地区产业转型升级，促进地区产业高质量发展迫在眉睫。

从金融发展影响区域经济增长的回归结果来看，模型（6）至模型（10）的回归结果表明，整体上，金融发展对区域经济增长存在十分明显的正向影响效应。其中，模型（6）至模型（10）的回归系数分别为 0.1455、0.0482、0.2887、0.0111 和 0.1439，并且模型（6）、模型（8）和模型（10）的回归系数是显著的。所以，金融发展在区域经济增长提升过程中发挥着十分重要的作用，金融发展是区域经济增长的重要影响因素，加速金融资本形成、提升金融资本效率、促进金融深化发展将有助于提升区域经济增长水平，这与本书的预期相符。

表5-3 技术创新对区域经济增长的影响

$LnGDP_{it}$	模型（6）全样本	模型（7）东部地区	模型（8）东北地区	模型（9）中部地区	模型（10）西部地区
$LnTEC_{it}$	0.1114*** （5.16）	0.1307** （2.29）	0.0460** （1.94）	0.1153** （2.35）	0.0386** （2.26）
$LnIND_{it}$	−0.2423*** （−10.15）	−0.1917*** （−4.54）	−0.2067*** （−4.18）	−0.2887*** （−5.66）	−0.2395*** （−5.37）
$LnFIN_{it}$	0.1455*** （6.19）	0.0482 （1.42）	0.2887*** （4.84）	0.0111 （0.21）	0.1439*** （4.25）
$LnHUM_{it}$	0.0174** （2.36）	0.0183 （1.54）	0.0207 （1.61）	0.0340*** （2.91）	−0.0079 （−0.64）
$LnINV_{it}$	0.0428*** （4.01）	0.0152 （1.08）	0.0501*** （2.87）	0.1144** （2.45）	0.0273 （1.09）
$LnFIS_{it}$	−0.0426*** （−5.57）	−0.0401** （−2.35）	−0.0231 （−0.99）	−0.0342*** （−2.84）	−0.0455*** （−3.44）
$LnPUB_{it}$	0.0611* （1.89）	0.1713*** （2.58）	0.0519 （0.53）	0.0880 （1.46）	0.1528*** （3.37）
$LnOPE_{it}$	0.0104*** （3.62）	0.0037 （0.80）	0.0077 （1.62）	0.0075 （0.99）	0.0030 （0.70）
$CONS_{it}$	10.5149*** （32.08）	9.3716 （14.20）	10.9263*** （11.95）	11.1644*** （16.28）	9.7256*** （20.57）
Dum_City	控制	控制	控制	控制	控制
Dum_Year	控制	控制	控制	控制	控制
可决系数R^2	0.47	0.40	0.76	0.48	0.58
F-statistic	85.22***	20.70***	178.00**	33.94**	59.09***
Obs.	4260	1305	510	1200	1245

从人力资本影响区域经济增长的回归结果来看，人力资本水平的提升在一定程度上能够促进区域经济增长。其中，模型（6）至模型（9）的回归系数分别为 0.0174、0.0183、0.0207 和 0.0340，而模型（10）的回归结果显示，西部地区的人力资本会抑制区域经济增长水平，模型（10）的回归系数为 -0.0079。由此可见，进一步提升我国人力资本水平，特别是提升西部地区人力资本水平将会有助于实现地区经济发展。

从固定资产投资对技术创新的影响效应来看，模型（6）至模型（10）

的回归结果表明，整体上，固定资产投资对技术创新存在较为明显的正向影响效应，模型（6）至模型（10）的回归系数分别为0.0428、0.0152、0.0501、0.1144和0.0273，并且模型（6）、模型（8）和模型（9）的回归系数分别在1%或5%的显著性水平下显著，这符合本书的预期。

从财政支出影响区域经济增长的回归结果来看，模型（6）至模型（10）的回归结果表明，整体上，财政支出对区域经济增长的影响为负向抑制，回归系数分别为-0.0426、-0.0401、-0.0231、-0.0342和-0.0455。同时，模型（6）、模型（7）、模型（9）和模型（10）的回归系数分别在1%或5%的显著性水平下显著。所以，政府财政支出对区域经济增长的影响主要为负向作用，这与前文的实证结果较为相似。

从公共服务影响区域经济增长的回归结果来看，其对区域经济增长具有显著的促进作用，模型（6）至模型（10）的回归系数分别为0.0611、0.1713、0.0519、0.0880和0.1528，并且模型（6）、模型（7）和模型（10）的回归系数分别在1%或10%的显著性水平下显著。由此说明，提高公共服务水平可以吸引更多的高技能人才和技术研发人员流入本地区，从而为经济增长提供充足的人力资本，由此通过释放“人口红利”来实现区域经济增长，这与本书理论预期相符。

从对外开放影响区域经济增长的回归结果来看，模型（6）至模型（10）的回归结果表明，对外开放对区域经济增长存在着正向促进作用，模型（6）至模型（10）的回归系数分别为0.0104、0.0037、0.0077、0.0075和0.0030。其中，模型（6）的回归系数在1%的显著性水平下显著，而其余模型中对外开放变量的回归系数都不显著。上述实证结果表明，提高我国对外开放水平对于促进经济增长而言是有益的，我国在对外开放过程中，能够吸引国外资本流入，借鉴国外先进的生产工艺和技术创新成果的同时，还可以充分借鉴国外企业先进的管理经营理念，从而有效推动地区经济增长水平显著提升。

（三）技术创新影响区域经济增长的实证解析

前文已经有效验证了交通基础设施对技术创新以及技术创新对区域经济增长的正向影响效应。本节进一步将交通基础设施、技术创新与区域经济增长联系起来，定量分析三者之间的效应关系，表 5–4 是交通基础设施通过技术创新影响区域经济增长的回归结果，下文将分别对变量的回归结果展开详细解析。

首先，从全样本的回归结果来看：模型（11）结果显示，交通基础设施对区域经济增长具有显著的正向作用，回归系数为 0.0600，并且回归系数在 5% 的显著性水平下显著，该回归结果符合本书预期。这意味着，提升我国交通基础设施建设水平将有助于促进区域经济增长。与此同时，技术创新对区域经济增长具有正向促进作用，并且回归系数在 10% 的显著性水平下显著，该回归结果符合本书预期。由此表明，技术创新水平的提升对于促进区域经济增长而言是十分重要的途径。接下来，观察交通基础设施与技术创新交互项的回归结果可以发现，其对区域经济增长具有较为显著的正向促进作用，这与本书的预期相符。由此可见，交通基础设施确实能够通过技术创新这一调节变量来影响区域经济增长，所以本书提出的理论假说 5.3 得到了有效的证实。

其次，进一步观察不同区域的回归结果：模型（12）是以东部地区样本为代表的回归结果，可以看出，交通基础设施、技术创新以及交通基础设施与技术创新交互项对区域经济增长均具有显著的正向作用，回归系数分别为 0.0270、0.0293 和 0.0238，研究假说 5.3 得到了进一步的论证；模型（13）是以东北地区样本为代表的回归结果，可以看出，交通基础设施、技术创新以及交通基础设施与技术创新交互项对区域经济增长均具有显著的正向作用，研究假说 5.3 得到了进一步的论证；模型（14）是以中部地区样本为代表的回归结果，在 1% 的显著性水平下，交通基础设施的回归系数为 0.0753，同时，技术创新和交通基础设施与技术创新交互项对区域经济增长均具有显著的正向作用，二者的回归系数分别为 0.0197、0.0223，研究假说 5.3 得到了进一步的论证；模型（15）是以西部地区样本为代表的回归结果，交通基础设施的回归系数为 0.0368，并且技术创新和交通基础设施与技术创新交互项对区域经济增长均具有正向作用，回归系数分别为 0.0402 和 0.0123。所以，对于东部、东北、中部和西部地区而言，交通基础设施的完善能够促进技术创新水平的提升，进而实现区域经济增长，研究假说 5.3 得到了进一步的论证。

表5-4　交通基础设施、技术创新对区域经济增长的影响

$LnGDP_{it}$	模型（11） 全样本	模型（12） 东部地区	模型（13） 东北地区	模型（14） 中部地区	模型（15） 西部地区
HSR_{it}	0.0600★★ （1.97）	0.0270★★ （2.20）	0.7943★ （1.73）	0.0753★★★ （2.49）	0.0368★★ （2.25）
$LnTEC_{it}$	0.0591★ （1.83）	0.0293★★ （2.31）	0.0445★★ （2.29）	0.0197★ （1.90）	0.0402★★★ （2.76）
$HSR_{it} \times LnTEC_{it}$	0.0464★ （1.67）	0.0238★★ （2.02）	0.2112★ （1.90）	0.0223★★ （1.99）	0.0123 （0.37）
$LnIND_{it}$	−0.2415★★★ （−17.76）	−0.1911★★★ （−7.30）	−0.2015★★★ （−7.18）	−0.2835★★★ （−11.73）	−0.2393★★★ （−9.36）
$LnFIN_{it}$	0.1459★★★ （9.68）	0.0484★★ （2.25）	−0.2848★★★ （−8.81）	−0.0126 （−0.40）	−0.1433★★★ （−5.42）
$LnHUM_{it}$	0.0174★★★ （3.70）	0.0188★ （1.91）	0.0188★★ （1.96）	0.0347★★★ （3.61）	−0.0076 （−1.02）
$LnINV_{it}$	0.0414★★★ （4.20）	0.0042 （0.21）	0.0521★★★ （3.00）	0.0144 （0.95）	0.0279 （1.38）
$LnFIS_{it}$	−0.0422★★★ （−7.73）	−0.0396★★★ （−2.72）	−0.0215★ （−1.64）	−0.0339★★★ （−4.13）	−0.0464★★★ （−5.33）
$LnPUB_{it}$	0.0606★★★ （3.53）	0.1709★★★ （4.68）	0.0872 （1.44）	−0.0927★★★ （−2.97）	0.1541★★★ （5.57）
$LnOPE_{it}$	0.0103★★★ （5.17）	0.0038 （0.90）	0.0074★★ （2.09）	0.0073 （1.48）	0.0032 （0.95）
$CONS_{it}$	10.7293★★★ （55.63）	9.4788★★★ （23.46）	10.8735★★★ （17.37）	11.3593★★★ （28.70）	9.9344★★★ （32.41）
Dum_City	控制	控制	控制	控制	控制

续表

$LnGDP_{it}$	模型（11）全样本	模型（12）东部地区	模型（13）东北地区	模型（14）中部地区	模型（15）西部地区
Dum_Year	控制	控制	控制	控制	控制
可决系数R^2	0.96	0.95	0.96	0.95	0.96
F-statistic	86.40***	15.06***	38.65**	19.75**	31.68***
Obs.	4260	1305	510	1200	1245

最后，从模型的控制变量回归结果来看：整体上，金融发展、人力资本、固定资产投资、公共服务和对外开放对区域经济增长具有十分显著的正向促进作用，这与前文的实证分析结果相一致，说明进一步促进金融深化发展、提高地区人力资本水平、增加固定资产投资、提升公共服务供给水平、持续扩大对外开放将有助于促进地区经济增长。然而，产业结构升级和财政支出会对区域经济增长产生负向影响，这与前文的实证分析结果相一致，本书将不再对具体原因进行赘述。就政策层面而言，进一步推动地区产业转型升级、减少政府对市场的干预，让市场在资源配置过程中起决定性作用是十分关键和必要的。

二、稳健性与内生性检验

本章依然沿用第三章和第四章的做法，主要根据不同的标准调整样本、采用不同的检验方法来检验本章的研究结论是否具有稳健性，以此来确保本章研究结论是可靠的、可信的。同时，采用工具变量法来进行内生性检验。接下来，本书将对交通基础设施、技术创新影响区域经济增长的稳健性与内生性检验结果进行解析。

（一）调整不同样本进行稳健性检验

1. 剔除直辖市及省会城市的稳健性检验

沿用前文稳健性检验的做法，本书将 284 个城市中的直辖市及省会城市剔除后，再运用多期双重差分模型进行稳健性检验。同时，本节运用的实证方法是双重差分法，其需要进行平行趋势检验，以此来观测实验组和对照组在高铁开通前是否具有共同趋势，图 5-3 绘制了剔除直辖市及省会城市样本的平行趋势检验结果。从图 5-3 中不难看出：高铁开通第 *t*–6 期、第 *t*–5 期、第 *t*–4 期、第 *t*–3 期、第 *t*–2 期、第 *t*–1 期的回归系数波动幅度较小，主要在零轴附近上下波动。但是，从高铁开通第 *t* 期开始回归系数逐步为正值，并且显著大于第 *t*–6 期、第 *t*–5 期、第 *t*–4 期、第 *t*–3 期、第 *t*–2 期、第 *t*–1 期的回归系数。由此可以基本确认本书的实验组和对照组满足了共同趋势假设，并且高铁开通前后，实验组和对照组的回归系数存在明显的差异，因而可以采用多期双重差分模型进行回归分析。

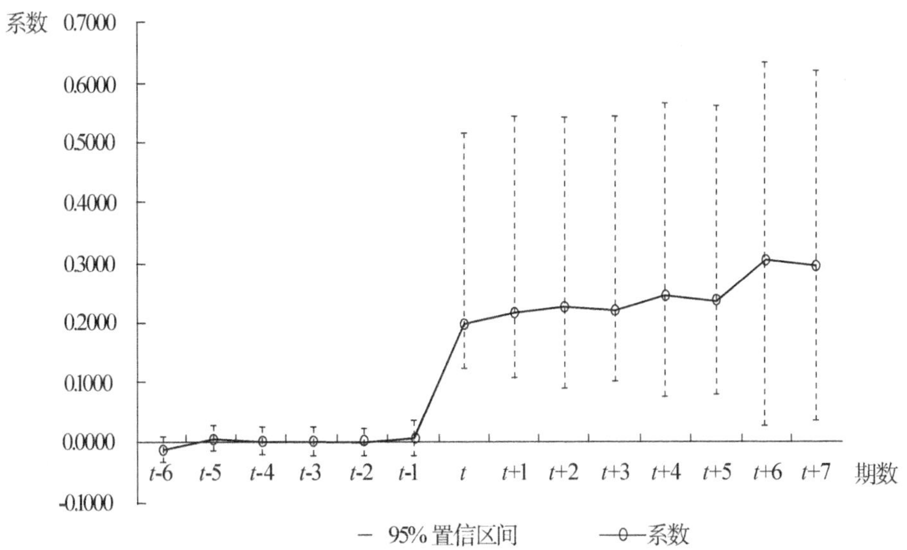

图 5-3 剔除直辖市及省会城市样本的平行趋势检验

表 5-5 是剔除直辖市及省会城市样本的稳健性检验结果，下文将分别对交通基础设施、技术创新影响区域经济增长的稳健性检验结果展开详细解析。

首先，模型（16）为全样本的稳健性检验结果，从模型（16）中可以发现，在 5% 的显著性水平下，交通基础设施对区域经济增长具有显著的正向作用，回归系数为 0.0365，说明高铁开通能够显著地促进区域经济增长，这与前文的研究结论相一致。然后，观察技术创新的稳健性检验结果，技术创新对区域经济增长具有正向促进作用，回归系数为 0.0136，但统计上并不显著。进一步地，观察交通基础设施与技术创新交互项对区域经济增长的稳健性检验结果发现，交通基础设施与技术创新的交互项对区域经济增长具有正向促进作用，回归系数为 0.0114，但不显著。总的来说，这与前文的研究结论相一致。

其次，观察不同区域样本的稳健性检验结果，可以看出：模型（17）是以东部地区样本为代表的稳健性检验结果，结果显示，交通基础设施、技术创新以及交通基础设施与技术创新交互项对区域经济增长均具有显著的正向作用，回归系数分别为 0.0513、0.0426 和 0.0105，并且交通基础设施、技术创新的回归系数分别在 5%、10% 的显著性水平下显著。模型（18）是以东北地区样本为代表的稳健性检验结果，结果显示，交通基础设施、技术创新以及交通基础设施与技术创新交互项对区域经济增长均具有显著的正向作用，回归系数分别为 0.7120、0.0466 和 0.1896，这三个变量的回归系数符号与前文实证结果相一致，并且交通基础设施、技术创新以及二者交互项的回归系数分别在 1%、5% 和 10% 的显著性水平下显著。模型（19）是以中部地区样本为代表的稳健性检验结果，结果显示，交通基础设施对区域经济增长具有显著的正向作用，回归系数为 0.2492，同时，技术创新以及交通基础设施与技术创新交互项对区域经济增长也具有正向作用，回归系数分别为 0.0210 和 0.0670。模型（20）是以西部地区样本为代表的稳健性检验结果，可以看出，交通基础设施对区域经济增长具有正向作用，回归系数为 0.0634。技术创新对区域经济增长也具有正向作用，回归系数为 0.0477，并且回归系数在 1% 的显著性水平下显著。此外，交通基础设施与技术创新交互项对区域经济增长具有正向作用，回归系数为 0.0209。

由此可见，无论是全样本，还是东部地区、东北地区、中部地区和西部地区样本，交通基础设施的完善能够有效促进技术创新并通过调节技术创新来促进区域经济增长，这与前文的理论结果和实证结论相一致。

表 5-5 稳健性检验：剔除直辖市及省会城市

$LnGDP_{it}$	模型（16）全样本	模型（17）东部地区	模型（18）东北地区	模型（19）中部地区	模型（20）西部地区
HSR_{it}	0.0365★★ （2.41）	0.0513★★ （2.37）	0.7120★★★ （3.43）	0.2492 （1.23）	0.0634 （0.41）
$LnTEC_{it}$	0.0136 （1.48）	0.0426★ （1.82）	0.0466★★ （2.15）	0.0210 （1.36）	0.0477★★★ （3.04）
$HSR\_P_{it} \times LnTEC_{it}$	0.0114 （0.54）	0.0105 （0.31）	0.1896★ （1.66）	0.0670 （1.39）	0.0209 （0.59）
$LnIND_{it}$	−0.2350★★★ （−16.69）	−0.1713★★★ （−6.27）	−0.1929★★★ （−6.76）	−0.2798★★★ （−11.18）	−0.2397★★★ （−8.88）
$LnFIN_{it}$	−0.1640★★★ （−9.48）	−0.0718★★★ （−2.89）	−0.2912★★★ （−8.47）	−0.0159 （−0.42）	−0.1512★★★ （−4.82）
$LnHUM_{it}$	0.0144★★★ （2.96）	0.0167★ （1.65）	0.0176★ （1.77）	0.0336★★★ （3.42）	−0.0141★ （−1.77）
$LnINV_{it}$	0.0208★ （1.87）	0.0968★★★ （3.90）	0.0463★★ （2.42）	−0.0020 （0.12）	0.0112 （0.53）
$LnFIS_{it}$	−0.0370★★★ （−6.12）	−0.0321★★ （−1.96）	−0.0139 （−1.00）	−0.0306★★★ （−3.56）	−0.0480★★★ （−4.59）
$LnPUB_{it}$	0.0691★★★ （3.85）	0.1600★★★ （4.10）	0.0955 （1.53）	−0.0899★★★ （−2.76）	0.1803★★★ （6.17）
$LnOPE_{it}$	0.0111★★★ （4.96）	0.0054 （1.20）	0.0071★ （1.90）	0.0080 （1.46）	0.0032 （0.79）
$CONS_{it}$	10.6370★★★ （53.85）	9.5799★★★ （23.03）	10.7199★★★ （17.07）	11.2404★★★ （27.33）	9.7021★★★ （30.81）
Dum_City	控制	控制	控制	控制	控制
Dum_Year	控制	控制	控制	控制	控制
可决系数R^2	0.96	0.95	0.96	0.94	0.96
F-statistic	79.13★★★	12.72★★★	35.28★★★	18.19★★★	30.70★★★
Obs.	3810	1155	465	1110	1080

2. 按城市等级分类的稳健性检验

接下来，本书通过划分城市等级来分析交通基础设施对区域经济增长产生的影响差异，从而进一步检验本书实证结论的稳健性。表 5-6 是按城市等级分类的稳健性检验结果，下文依次展开详细解析。

首先，从一线城市的稳健性检验结果来看：模型（21）结果显示，交通基础设施对区域经济增长具有显著的正向作用，回归系数为 0.2504，虽然回归系数并不显著，但是回归系数符号与前文实证结果相一致。接下来，观察技术创新的稳健性检验结果，技术创新对区域经济增长具有正向促进作用，回归系数为 0.0112。然后，观察交通基础设施与技术创新交互项对区域经济增长的稳健性检验结果发现，交通基础设施与技术创新的交互项对区域经济增长具有正向促进作用，回归系数为 0.0506。由此可见，交通基础设施确实能够通过技术创新这一调节变量来影响区域经济增长，所以本章的研究结论被进一步证实。

进一步观察二线、三线、四线和五线城市的稳健性检验结果，可以看出：模型（22）为二线城市的稳健性检验结果，结果显示，交通基础设施、技术创新以及交通基础设施与技术创新交互项对区域经济增长均具有显著的正向作用，回归系数分别为 0.1668、0.0288 和 0.1110，并且交通基础设施和技术创新交互项的回归系数均在 1% 的显著性水平下显著；模型（23）为三线城市的稳健性检验结果，结果显示，交通基础设施、技术创新以及二者交互项对区域经济增长具有十分显著的正向效应，三者的回归系数分别为 0.0081、0.0451 和 0.0042，这与前文实证结果相一致，因而具有稳健性；模型（24）为四线城市的稳健性检验结果，结果显示，交通基础设施的回归系数为 0.2062，同时，技术创新和交通基础设施与技术创新交互项对区域经济增长均具有正向作用，回归系数分别为 0.0032 和 0.0548；模型（25）是五线城市的稳健性检验结果，结果显示，交通基础设施同样能够促进区域经济增长，回归系数为 0.1143，但是技术创新对区域经济增长具有负向作用，回归系数为 –0.0246，此外，交通基础设施与技术创新交互项对区域经济增长也具有负向作用，回归系数为 –0.0292。所以，对于一线、二线、三线、四线城市而言，建设和完善交通基础设施能够有效促进技术创新并通过调节技术创新来促进区域经济增长，这与前文的实证结果相比具有一定的相似性。

值得注意的是，对于五线城市来说，虽然交通基础设施能够对区域经济增长起到正向促进作用，但是交通基础设施无法通过调节技术创新来促进区域经济增长，这也意味着，未来要进一步发挥交通基础设施的“知识溢出效应”，加强创新资源要素在城市之间的流动，引导一线、二线、三线、四线城市信息、知识和技术等相关资源向五线城市扩散、转移，以此带动五线城市经济发展。

表5-6 稳健性检验：按城市等级分类

$LnGDP_{it}$	模型（21） 一线城市	模型（22） 二线城市	模型（23） 三线城市	模型（24） 四线城市	模型（25） 五线城市
HSR_{it}	0.2504 （0.70）	0.1668*** （4.27）	0.0081 （0.06）	0.2062 （1.15）	0.1143 （0.87）
$LnTEC_{it}$	0.0112 （0.17）	0.0288 （1.49）	0.0451** （2.00）	0.0032 （0.23）	−0.0246* （−1.69）
$HSR_{it} \times LnTEC_{it}$	0.0506 （0.60）	0.1110*** （3.18）	0.0042 （0.13）	0.0548 （1.27）	−0.0292 （−0.93）
$LnIND_{it}$	−0.2406*** （−3.59）	−0.1252* （−1.74）	−0.1439*** （−5.66）	−0.2542*** （−13.90）	−0.2554*** （−9.88）
$LnFIN_{it}$	0.0837 （1.48）	0.0286 （0.90）	0.1587*** （3.68）	0.2291*** （10.38）	0.1671*** （6.00）
$LnHUM_{it}$	0.0256 （1.61）	−0.0028 （−0.13）	0.0364** （2.12）	0.0116* （1.74）	0.0017 （0.24）
$LnINV_{it}$	0.3892*** （3.26）	0.1471* （1.66）	0.0307 （0.61）	0.0297** （2.00）	0.0077 （0.48）
$LnFIS_{it}$	−0.0318 （−0.85）	−0.0128 （−0.41）	−0.0474*** （−4.22）	−0.0285*** （−3.36）	−0.0433*** （−4.63）
$LnPUB_{it}$	0.0096 （0.12）	−0.0774 （−1.16）	0.2151*** （5.66）	0.0426 （1.27）	0.0337 （1.37）
$LnOPE_{it}$	0.0088 （1.00）	0.0115*** （2.51）	0.0246*** （4.08）	0.0060* （1.83）	0.0043 （1.27）
$CONS_{it}$	11.7236*** （12.39）	11.6595*** （11.72）	8.8220*** （21.50）	11.1292*** （31.51）	11.0715*** （40.07）
Dum_City	控制	控制	控制	控制	控制
Dum_Year	控制	控制	控制	控制	控制
可决系数R^2	0.93	0.91	0.94	0.96	0.98

续表

$LnGDP_{it}$	模型（21）一线城市	模型（22）二线城市	模型（23）三线城市	模型（24）四线城市	模型（25）五线城市
F-statistic	5.65***	2.32**	18.61***	62.86***	30.09***
Obs.	285	450	960	1260	1305

3. 按城市规模分类的稳健性检验

遵循前文做法，本书接下来将分别对超大城市、特大城市、大城市、中型城市和小城市五类样本进行实证分析，表 5–7 是按城市规模分类的稳健性检验结果，下文将分别对变量的稳健性检验结果展开详细解析，具体如下：

首先，从超大城市的稳健性检验结果来看：模型（26）结果显示，在 10% 的显著性水平下，交通基础设施对区域经济增长具有正向作用，回归系数为 0.7641，这符合本书预期。其次，观察技术创新的稳健性检验结果，结果显示，技术创新对区域经济增长具有正向促进作用，回归系数为 0.0598。最后，观察交通基础设施与技术创新交互项对区域经济增长的稳健性检验结果，结果显示，交通基础设施与技术创新的交互项对区域经济增长具有正向促进作用，回归系数为 0.1692。

由此可见，虽然按照城市规模分类之后，技术创新对区域经济增长的回归系数不显著，但回归系数的符号并未发生改变，所以本章的研究结论被进一步证实。

表5–7 稳健性检验：按城市规模分类

$LnGDP_{it}$	模型（26）超大城市	模型（27）特大城市	模型（28）大城市	模型（29）中型城市	模型（30）小城市
HSR_{it}	0.7641* （1.76）	0.1118** （2.13）	0.0795*** （3.60）	0.6876*** （2.57）	0.6869*** （2.54）
$LnTEC_{it}$	0.0598 （1.49）	0.0150 （0.93）	0.0158 （1.60）	0.0742 （1.62）	−0.0255 （−0.34）
$HSR_{it} \times LnTEC_{it}$	0.1692 （1.19）	0.0270 （1.03）	0.0227 （0.73）	0.1612 （1.54）	−0.1974 （−0.28）
$LnIND_{it}$	−0.3090*** （−5.95）	−0.2151*** （−10.03）	−0.2095*** （−13.28）	−0.2412*** （−3.83）	−0.2225* （−1.77）

续表

$LnGDP_{it}$	模型（26）超大城市	模型（27）特大城市	模型（28）大城市	模型（29）中型城市	模型（30）小城市
$LnFIN_{it}$	0.2047*** （3.77）	0.0830*** （3.67）	0.1691*** （8.04）	0.0026 （0.03）	−0.0686 （−1.03）
$LnHUM_{it}$	0.0286 （0.71）	0.0280*** （3.41）	0.0192*** （3.01）	0.0483* （1.93）	−0.0356 （−0.64）
$LnINV_{it}$	0.0909* （1.79）	0.0361** （1.93）	0.0435*** （3.57）	0.0651 （1.48）	−0.1294* （1.77）
$LnFIS_{it}$	−0.0161 （−0.53）	−0.0215*** （−2.90）	−0.0531*** （−7.15）	−0.0701 （−1.55）	0.0831* （1.71）
$LnPUB_{it}$	0.1499* （1.78）	0.1058*** （3.48）	0.0226 （1.04）	0.2648*** （3.32）	0.0666 （0.44）
$LnOPE_{it}$	−0.0097 （−0.78）	0.0050 （1.60）	0.0140*** （5.50）	0.0081 （0.97）	−0.0110 （−1.03）
$CONS_{it}$	10.2823*** （11.24）	9.6587*** （27.04）	11.0457*** （47.37）	9.0193*** （10.66）	11.2512*** （9.13）
Dum_City	控制	控制	控制	控制	控制
Dum_Year	控制	控制	控制	控制	控制
可决系数R^2	0.98	0.98	0.96	0.96	0.96
F-statistic	12.54***	20.58***	59.80***	10.07***	3.12***
Obs.	195	1290	2595	120	60

进一步地，观察其他不同规模城市的稳健性检验结果，可以得到以下基本结果：

第一，模型（27）是特大城市的稳健性检验结果，结果显示，交通基础设施、技术创新以及交通基础设施与技术创新交互项对区域经济增长均具有正向促进作用，回归系数分别为 0.1118、0.0150 和 0.0270，并且回归系数在 5% 的显著性水平下显著。

第二，模型（28）是大城市的稳健性检验结果，结果显示，交通基础设施、技术创新以及交互项对区域经济增长的正向促进作用十分显著，回归系数分别为 0.0795、0.0158 和 0.0227，并且交通基础设施的回归系数在 1% 的显著性水平下显著，这进一步证明了前文的实证结果具有稳健性。

第三，模型（29）是中型城市的稳健性检验结果，结果表明，在 1% 的显著性水平下，交通基础设施对区域经济增长具有正向促进作用，回归系数为 0.6876；技术创新对区域经济增长具有正向促进作用，回归系数为 0.0742；交通基础设施与技术创新交互项对区域经济增长也具有正向促进作用，回归系数为 0.1612。

第四，模型（30）是小城市的稳健性检验结果，可以看出，在 1% 的显著性水平下，交通基础设施对区域经济增长具有正向促进作用，回归系数为 0.6869；技术创新对区域经济增长具有负向作用，回归系数为 -0.0255；交通基础设施与技术创新交互项对区域经济增长具有显著的负向作用，回归系数为 -0.1974。

本书经过上述分析，可以发现：一方面，对于超大城市、特大城市、大城市和中型城市而言，交通基础设施的完善能够有效促进技术创新并通过调节技术创新来促进区域经济增长。另一方面，对于小城市而言，交通基础设施对区域经济增长具有正向作用，但引入交通基础设施和技术创新的交互项之后，二者的交互项会对区域经济增长产生负向作用。这意味着，进一步完善小城市交通基础设施建设，畅通大城市技术创新资源向小城市的流动渠道，推动各种创新要素有序、高效流动，促进各类知识和技术扩大传播范围是十分必要的。

（二）采用不同检验方法进行稳健性检验

1.PSM-DID 检验

本章依然采用第三章 PSM 方法对实验组和对照组的研究样本进行匹配后的相关数据，然后进一步使用多期 DID 对交通基础设施、技术创新影响区域经济增长的边际效应进行回归分析。表 5-8 是采用 PSM-DID 法进行稳健性检验的结果。其中，模型（31）至模型（35）分别为全样本以及东部、东北、中部、西部地区的稳健性检验结果，从中可以看出，交通基础设施（HRS）和技术创新（LnTEC）对区域经济增长均存在正向促进作用。下文将对此展开详细解析。

第一，模型（31）是全样本的稳健性检验结果，交通基础设施、技术创新以及二者交互项对区域经济增长均具有正向作用，回归系数分别为 0.1034、0.1161 和 0.0178，并且交通基础设施和技术创新的回归系数均在 10% 的显著性水平下显著。

第二，模型（32）是东部地区样本的稳健性检验结果，交通基础设施、技术创新以及二者交互项对区域经济增长均具有正向作用，回归系数分别为 0.0650、0.0748 和 0.0014，交通基础设施、技术创新的回归系数分别在 5%、1% 的显著性水平下显著。

第三，模型（33）是东北地区样本的稳健性检验结果，交通基础设施对区域经济增长具有显著的正向作用，回归系数为 0.3784，并且该系数在 10% 的显著性水平下显著。同时，技术创新、交通基础设施和技术创新交互项对区域经济增长也具有正向作用，回归系数分别为 0.0599 和 0.1131，这与前文的实证结果相一致。

第四，模型（34）是中部地区样本的稳健性检验结果，在 10% 的显著性水平下，交通基础设施对区域经济增长具有正向促进作用，回归系数为 0.1340。同时，技术创新和交通基础设施与技术创新交互项对区域经济增长均具有正向作用，回归系数分别为 0.2275 和 0.0398，并且技术创新的回归系数在 5% 的显著性水平下显著。

第五，模型（35）是西部地区样本的稳健性检验结果，交通基础设施对区域经济增长具有正向作用，回归系数为 0.2065，并且该回归系数不显著。进一步地，西部地区的技术创新以及交通基础设施与技术创新交互项对区域经济增长均具有正向作用，回归系数为 0.0583 和 0.0542，但二者并不显著。

综上所述，采用 PSM-DID 法进行稳健性检验的结果与前文实证结论基本一致，因为变量整体的符号方向并没有发生明显变化，由此说明本章研究结论具有稳健性。

表 5-8 稳健性检验：倾向得分匹配法

$LnGDP_{it}$	模型（31） 全样本	模型（32） 东部地区	模型（33） 东北地区	模型（34） 中部地区	模型（35） 西部地区
HSR_{it}	0.1034* （1.64）	0.0650** （2.30）	0.3784* （1.73）	0.1340* （1.64）	0.2065 （0.47）
$LnTEC_{it}$	0.1161* （1.66）	0.0748*** （2.64）	0.0599*** （2.75）	0.2275** （2.00）	0.0583 （1.07）
$HSR_{it}×LnTEC_{it}$	0.0178 （0.47）	0.0014 （0.01）	0.1131 （0.89）	0.0398 （0.80）	0.0542 （0.53）
$LnIND_{it}$	−0.2346*** （−16.59）	−0.1910*** （−6.96）	−0.2163*** （−6.84）	−0.3038*** （−12.21）	−0.2084*** （−7.79）
$LnFIN_{it}$	0.2031*** （9.43）	0.1591*** （5.61）	0.2839*** （7.89）	0.0826*** （2.66）	0.1538*** （3.75）
$LnHUM_{it}$	0.0090* （1.64）	0.0032 （0.36）	0.0099 （0.98）	0.0351*** （3.35）	−0.0089 （−0.80）
$LnINV_{it}$	0.0244* （1.91）	0.0711*** （2.90）	0.3324* （1.66）	0.0094 （0.55）	0.0714* （1.77）
$LnFIS_{it}$	−0.0340*** （−5.72）	−0.0451*** （−3.19）	−0.0094 （−0.67）	−0.0263*** （−2.87）	−0.0425*** （−3.80）
$LnPUB_{it}$	0.0684*** （3.38）	0.2203*** （4.98）	0.1004 （1.57）	−0.1273*** （−3.42）	0.1768*** （5.40）
$LnOPE_{it}$	0.0124*** （4.98）	0.0044 （0.82）	0.0071* （1.82）	0.0090* （1.79）	0.0090* （1.91）
$CONS_{it}$	10.7823*** （49.48）	9.6109*** （22.17）	10.6994*** （16.16）	11.9256*** （28.01）	9.5688*** （26.82）
Dum_City	控制	控制	控制	控制	控制
Dum_Year	控制	控制	控制	控制	控制
可决系数R^2	0.96	0.97	0.96	0.95	0.96
F-statistic	91.25***	20.21***	34.76***	20.94***	26.26***
Obs.	2914	712	420	859	923

2. 安慰剂检验

本书通过改变政策发生时间，即改变高铁具体的开通时间来进行安慰剂检验。在剔除直辖市及省会城市样本的基础上，将高铁开通时间分别前置 5 年、4 年、3 年、2 年和 1 年来进行安慰剂检验，反事实的政策虚拟变量设为 HSR_P，安慰剂检验结果如表 5-9 所示。根据表 5-9 不难看出，通过前置高铁开通时间，回归系数的符号和显著性均发生了明显的改变，具体如下：

首先，模型（41）至模型（45）的稳健性检验结果显示，交通基础设施对区域经济增长具有负向作用，回归系数分别为 -0.0119、-0.0082、-0.0073、-0.0076 和 -0.0083，并且交通基础设施的回归系数均不显著。

其次，模型（41）至模型（45）的稳健性检验结果显示，无论是技术创新，还是交通基础设施和技术创新的交互项，二者整体上对区域经济增长的影响均显著为负。其中，技术创新对区域经济增长的回归系数分别为 -0.0194、-0.0192、-0.0193、-0.0192 和-0.0193，交通基础设施和技术创新的交互项对区域经济增长的回归系数分别为-0.0061、-0.0062、-0.0064、-0.0069 和-0.0074。

上述稳健性检验结果充分说明安慰剂检验是有效的，因为回归系数的符号与前文截然相反，由此进一步证明本书的实证研究结论具有稳健性、可靠性、严谨性。

表5-9 稳健性检验：安慰剂检验

$LnGDP_{it}$	模型（41） 前置5年	模型（42） 前置4年	模型（43） 前置3年	模型（44） 前置2年	模型（45） 前置1年
HSR_P_{it}	−0.0119 （−1.59）	−0.0082 （−1.14）	−0.0073 （−0.98）	−0.0076 （−1.53）	−0.0083 （−1.61）
$LnTEC_{it}$	−0.0194★★ （−2.11）	−0.0192★★ （−2.10）	−0.0193★★ （−2.10）	−0.0192★★ （−2.10）	−0.0193★★ （−2.10）
$HSR\_P_{it}\times LnTEC_{it}$	−0.0061★★★ （−3.10）	−0.0062★★★ （−3.15）	−0.0064★★★ （−3.12）	−0.0069★★★ （−5.37）	−0.0074★★★ （−2.45）
$LnIND_{it}$	−0.2411★★★ （−16.03）	−0.2413★★★ （−16.03）	−0.2414★★★ （−16.03）	−0.2352★★★ （−16.36）	−0.2416★★★ （−16.04）
$LnFIN_{it}$	0.1948★★★ （10.35）	0.1946★★★ （10.36）	0.1944★★★ （10.36）	0.1973★★★ （10.66）	0.1945★★★ （10.36）
$LnHUM_{it}$	0.0096★ （1.91）	0.0095★ （1.89）	0.0095★ （1.89）	0.0092★ （1.86）	0.0094★ （1.87）
$LnINV_{it}$	0.0458★★★ （4.65）	0.0332★★★ （3.11）	0.0280★★ （2.28）	0.0173★ （1.77）	0.0324★★★ （3.65）

续表

$LnGDP_{it}$	模型（41）前置5年	模型（42）前置4年	模型（43）前置3年	模型（44）前置2年	模型（45）前置1年
$LnFIS_{it}$	−0.0360*** （−6.09）	−0.0359*** （−6.06）	−0.0359*** （−6.06）	−0.0342*** （−5.86）	−0.0358*** （−6.06）
$LnPUB_{it}$	0.0766*** （3.95）	0.0780*** （4.02）	0.0786*** （4.07）	0.0682*** （3.57）	0.0794*** （4.10）
$LnOPE_{it}$	0.0094*** （3.97）	0.0094*** （3.97）	0.0093*** （3.96）	0.0096*** （4.10）	0.0093*** （3.96）
$CONS_{it}$	10.7361*** （51.75）	10.7255*** （51.77）	10.7203*** （51.81）	10.6633*** （52.52）	10.7163*** （51.79）
Dum_City	控制	控制	控制	控制	控制
Dum_Year	控制	控制	控制	控制	控制
可决系数R^2	0.99	0.96	0.96	0.96	0.96
F-statistic	85.80***	85.84***	85.85***	89.90***	85.92***
Obs.	3810	3810	3810	3810	3810

（三）内生性检验

为了确保相关研究结论的可靠性程度，本章进一步引入工具变量法进行内生性检验。根据本书第三章的做法，主要通过构建最小生成树作为模型的工具变量，以此来缓解模型潜在的内生性问题。表 5-10 是基于两阶段最小二乘法（2SLS）模型的内生性检验结果，下文将对其进行详细解析。

第一，全样本的内生性检验结果显示，交通基础设施对区域经济增长具有显著的正向影响效应（回归系数为 0.0365），并且第一阶段检验结果表明，工具变量的回归系数显著为正，在采用最小生成树作为解释变量对被解释变量高铁开通与否的回归中，各样本最小生成树对高铁开通与否均具有显著的正向作用，并且识别弱工具变量的 Cragg-Donald Wald F 统计量表明工具变量是严格外生的。同时，模型（37）至模型（40）的检验结果也显示工具变量均为严格外生变量。此外，技术创新以及交通基础设施与技术创新交互项对区域经济增长均具有显著的正向作用，回归系数分别为 0.0136 和 0.0115，并且技术创新的回归系数在 10% 的显著性水平下显著。

第二，模型（37）是东部地区的内生性检验结果，交通基础设施、技术创新以及二者交互项对区域经济增长均存在正向作用，回归系数分别为0.0513、0.0536 和 0.0105，并且交通基础设施和技术创新的回归系数分别通过了 5%、10% 的显著性水平检验。

第三，模型（38）是东北地区的内生性检验结果，在 1% 的显著性水平下，交通基础设施对区域经济增长具有显著的正向作用，回归系数为 0.4701，并且技术创新和交通基础设施与技术创新交互项对区域经济增长也具有正向作用，回归系数分别为 0.0566 和 0.1696，这三个变量的回归系数符号与全样本和东部地区的实证结果是一致的。

第四，模型（39）是中部地区的内生性检验结果，交通基础设施对区域经济增长具有正向作用，回归系数为 0.3593。同时，技术创新和交通基础设施与技术创新交互项对区域经济增长具有负向作用，回归系数分别为 –0.0310 和 –0.0670，但是回归系数均不显著。

第五，模型（40）是西部地区的内生性检验结果，交通基础设施对区域经济增长具有正向作用，回归系数为 0.0635。同时，技术创新对区域经济增长具有正向作用，回归系数为 0.2577，并且该回归系数在 1% 的显著性水平下显著。另外，交通基础设施与技术创新的交互项对区域经济增长也具有正向作用，回归系数为 0.0309，但回归系数并不显著。

表5–10　内生性检验：工具变量法

$LnGDP_{it}$	模型（36） 全样本	模型（37） 东部地区	模型（38） 东北地区	模型（39） 中部地区	模型（40） 西部地区
HSR_{it}	0.0365★★ （2.10）	0.0513★★ （3.37）	0.4701★★★ （3.53）	0.3593 （1.33）	0.0635 （0.51）
$LnTEC_{it}$	0.0136★ （1.69）	0.0536★ （1.63）	0.0566★★ （3.15）	−0.0310 （−1.36）	0.2577★★★ （3.05）
$HSR_{it}\times LnTEC_{it}$	0.0115 （0.55）	0.0105 （0.31）	0.1696 （1.56）	−0.0670 （−1.39）	0.0309 （0.59）
$LnIND_{it}$	−0.2150★★★ （−7.79）	−0.1713★★★ （−7.27）	−0.1929★★★ （−7.77）	−0.2767★★★ （−11.16）	−0.2397★★★ （−6.66）

续表

$LnGDP_{it}$	模型（36）全样本	模型（37）东部地区	模型（38）东北地区	模型（39）中部地区	模型（40）西部地区
$LnFIN_{it}$	−0.1740*** （−8.47）	−0.0717*** （−2.79）	−0.2912*** （−7.47）	−0.0159 （−0.42）	−0.1512*** （−4.62）
$LnHUM_{it}$	0.0144*** （2.97）	0.0177* （1.75）	0.0177* （1.77）	0.0336*** （3.42）	−0.0141* （−1.77）
$LnINV_{it}$	0.0197* （1.87）	0.0577*** （2.66）	0.2981* （1.82）	0.0153 （0.45）	0.0609* （1.80）
$LnFIS_{it}$	−0.0370*** （−6.23）	−0.0332** （−2.96）	−0.0239** （−2.00）	−0.0306*** （−3.56）	−0.0480*** （−4.59）
$LnPUB_{it}$	0.0692*** （3.85）	0.2600*** （4.20）	0.0955*** （2.53）	−0.0899*** （−3.76）	0.2803*** （6.27）
$LnOPE_{it}$	0.0222*** （4.96）	0.0113** （2.30）	0.0072* （2.90）	0.1580** （1.96）	0.0033 （0.79）
$CONS_{it}$	20.6370*** （51.85）	9.5799*** （34.03）	20.7299*** （31.07）	22.3404*** （32.33）	9.7032*** （28.81）
Dum_City	控制	控制	控制	控制	控制
Dum_Year	控制	控制	控制	控制	控制
第一阶段成果	0.0218*** （11.82）	0.0297*** （12.92）	0.0301*** （11.56）	0.0260*** （10.86）	0.0251*** （12.57）
Cragg-Donald Wald statistic	235.61*** [0.01]	260.19*** [0.01]	130.87*** [0.01]	93.64*** [0.01]	269.03*** [0.01]
可决系数R^2	0.96	0.95	0.96	0.94	0.96
F-statistic	91.25***	23.17***	25.76***	19.76***	27.12***
Obs.	3810	1155	465	1110	1080

注：系数下方的括弧内为 t 值，中括号内为 p 值。

综合上述实证分析，可以发现：采用工具变量法进行稳健性检验的结果与前文的实证研究结果较为一致，即交通基础设施的完善对技术创新产生了正向调节效应，这有利于促进区域经济增长，由此进一步验证了本章研究结论的稳健性。

第六章 研究结论与政策展望

第一节 研究结论

本书按照“总—分—总”的结构谋篇布局，通过构建空间均衡模型，深入研究了交通基础设施对区域经济增长的影响效应及作用渠道。首先，本书在系统梳理研究文献、严格进行概念界定和详细阐述经典理论的基础上，从交通基础设施影响区域经济增长的时空压缩效应、经济集聚效应、知识溢出效应入手，厘清了空间均衡下交通基础设施通过作用于人口流动、产业集聚和技术创新来影响区域经济增长的理论机制，构建了空间均衡视角下交通基础设施影响区域经济增长的理论分析框架，验证了交通基础设施影响区域经济增长的经验事实。其次，基于总体分析框架，本书在第三、四、五章采取理论分析与实证检验相结合的方式，逐一探讨了交通基础设施影响区域经济增长的人口流动、产业集聚和技术创新三大渠道。最后，基于分论部分的分析，对全文进行总结并提出政策建议。

本书通过研究得出如下结论：

第一，分析了人口流动与区域经济增长之间的关系。首先，交通基础设施在资源要素的空间分布演化过程中起到了重要作用，其所产生的“时空压缩效应”能够有效引导人口向高资本集聚水平地区流动。人口空间分布的稳定结构将会经历对称结构稳定均衡、“中心－外围”结构稳定均衡、非对称结构稳定均衡三个阶段。在长期空间均衡条件下，当人口向某地区集聚达到一定水平时，其将有利于推动地区经济增长。其次，实证结果表明，交通基础设施能够显著促进东部、东北、中部地区人口流入，但会加速西部地区人口外流，其对西部地区人口流动具有“廊道效应”。人口流动对东部、东北、中部和西部地区的经济增长具有显著的正向作用，人口流入数量增多可以为本地区积累人力资本，这有利于聚集更高教育水平的熟练型劳动力，并通过人力资本自身所具有的技术创新能力提升经济发展效率，从而充分释放“人口数量红利”来促进区域经济增长。对于全国以及东部、东北、中部地区而言，交通基础设施均能够通过正向调节人口流动来促进区域经济增长，但从西部地区来看,交通基础设施对人口流动的负向调节将会降低经济增长水平。

第二，分析了产业集聚与区域经济增长之间的关系。首先，交通基础设施建设能够加强区域之间的联系，通过引导产业资本跨区域投资促进产业集聚，有利于企业通过集聚来实现“规模经济”，从而加速地区产业集聚进程。其次，当交通基础设施建设水平不断提高而使得地区之间交通运输成本逐步降低时，产业空间分布的稳定结构依次经历“对称结构稳定均衡”“非对称结构稳定均衡”“‘中心－外围’结构稳定均衡”三个阶段，使得中心地区经济增长份额不断提高，外围地区经济增长份额不断下降，区域经济的空间均衡呈现“中心－外围”状态。最后，实证结果表明，交通基础设施对产业集聚具有显著的正向影响效应，其能够显著提升东部、东北、中部地区产业集聚水平，但是会对西部地区产业集聚形成负向抑制作用。无论是东部地区，还是东北地区、中部地区，其产业集聚对区域经济增长始终存在十分显著的正向影响效应,但是西部地区的产业集聚对地区经济增长存在负向抑制效应。无论是全国样本，还是东部地区、东北地区样本而言，交通基础设施能够通过调节产业集聚来促进区域经济增长，但是对于中部地区和西部地区而言，交通基础设施无法通过调节产业集聚来促进区域经济增长，其主要表现为负向调节效应。

第三，分析了技术创新与区域经济增长之间的关系。首先，交通基础设施建设有助于缩短知识信息的传播距离，促进信息流、知识流、技术流的传播，在长期空间均衡状态下，交通基础设施条件的改善能够提高区域一体化水平，扩大技术发达地区对技术落后地区的知识溢出效应，从而使得技术创新的空间分布由"'中心–外围'均衡结构"向"对称均衡结构"演变，在提高地区总体技术创新水平的过程中，有效促进区域经济增长。其次，实证结果表明，无论是全样本，还是东部、东北、中部和西部地区样本，交通基础设施对技术创新存在显著的正向促进作用，即交通基础设施越完善则越有利于促进技术外溢，进而提高整体技术创新水平。技术创新是区域经济增长的主要动力源泉，对于全样本以及东部、东北、中部和西部地区样本而言，技术创新对区域经济增长始终具有显著的正向影响效应，所以提高技术创新水平能够显著促进区域经济增长。对于全样本以及东部、东北、中部和西部地区样本而言，交通基础设施的完善均能够促进技术创新，进而提升区域经济增长水平，当某一地区技术创新水平较高而成为技术创新中心地区时，如果地区之间的交通基础设施条件得以改善，那么将有助于发挥"知识溢出效应"来提升外围地区技术创新水平，进而通过缩小两地区技术创新差异来促进区域经济增长。

第二节 政策展望

本书研究结论为验证交通基础设施与区域经济增长之间的关系提供了有力证据，也为相关政策制定提供了经验依据。完善交通基础设施建设，能够有效引导经济要素资源转移、配置，为生产活动向高效率地区集中创造有利条件，扩大各类知识和技术的传播范围，进而对区域经济增长产生显著的正向影响。未来要持续强化欠发达地区或外围地区交通基础设施建设，充分发挥交通基础设施对人口流动、产业集聚和技术创新的正向作用，有效缓解地区间经济增长不平衡所造成的发展差异，最终推动并实现区域经济协调发展。基于研究结论，本书提出以下政策建议可供决策参考。

一、完善交通基础设施布局，推动区域经济协调发展

交通基础设施建设对区域经济增长具有显著的正向促进作用。建议对交通基础设施进行科学布局，进一步增加交通基础设施网络节点的数量和密度，逐步扩大和改善交通基础设施网络的联通性，使交通基础设施建设更能满足区域经济发展需要。其中，高铁作为我国一项重大的交通基础设施建设工程，提高了东部地区和中、西部地区之间的交通便捷性和地区可达性，也提升了区域经济一体化水平，加强了东部地区和中、西部地区间的经济来往。目前，东部地区的高铁网络相对密集、规模相对较大，未来对于该区域的高铁建设项目应更加强调对“质”的把控，将重点聚焦在打造更加现代化、运营更加完善的交通网络方面。由于中、西部地区的高铁网络密度相对稀疏、规模相对较小，未来对于中、西部地区高铁建设时应该更加关注“量”的提升，建议增强对中、西部地区加大投资建设以高速铁路为主要的交通基础设施项目，不断延伸和扩张中、西部地区的高速铁路网络，优先和重点建设重要节点城市的交通基础设施，逐步提高中、西部地区的高铁网络覆盖率，从而为区域经济协调发展提供高效的交通基础设施保障。

二、强化人才资源政策支撑，重塑人口空间分布格局

完善区域交通基础设施体系能够提升交通服务的便捷性。本书研究表明，交通基础设施建设在促进人口流动的同时也改变了区域经济空间格局。交通基础设施建设，尤其是高速铁路建设将改变居民的出行方式、产业的空间布局和资源的分布结构。一般情况下，高技能的劳动力和人力资本都会不断地向经济发达地区流动，使得对经济发展欠发达的地区产生了显著的“虹吸效

应”，导致其经济发展更为缓慢。因此，本书建议进一步提升区域交通运输服务水平，充分发挥交通基础设施对人口流动的正向效应，提高欠发达地区人口集聚程度，促进区域人才协同发展。同时，应该牢牢把握聚才兴业发展逻辑，完善吸引人才资源的相关制度，创新特色人才培养和引进机制，为人才提供更多的就业机会和更优质的就业环境，将人才引进和智力引进相结合，提高地区人才吸引力，促进区域内高技能人才集聚，提升区域内劳动力整体素质，为区域经济高质量发展储备更多的人力资本。最后，构建交通区域一体化运行机制，完善地区之间的交通基础设施建设，提高区域间的交通便利性和舒适性，鼓励区域间各类人才相互交流与合作，营造区域人才共享、自由、开放的人才流动环境，为区域经济平衡增长提供优质的人才资源。

三、加大交通基础设施投资，有效引导产业资源配置

交通基础设施对产业集聚具有显著的正向作用，是引导经济要素集聚的重要媒介，是促进产业集聚的有效手段。在建设交通基础设施过程中，不仅要关注交通运输便利性的提高，还要着眼于产业发展规划，充分依托开通后与中心城市的空间联系，有效优化资源配置并合理引导生产要素流动。同时，交通基础设施的布局与建设要以优化产业布局为导向，避免交通基础设施过度投资而导致的效率低下。首先，建议结合城市资源禀赋和区位优势，合理利用高铁引导城市的产业布局，有序引导产业在地区间转移，使得交通基础设施建设和产业发展的基本规律相适应。其次，有效引导生产资源的合理配置，不断推进区域内产学研合作成果的深度转化，让高技能劳动力、产业资本和科学技术之间充分融合，促进城市产业良性发展。最后，关注产业过度集聚情形，一旦产业存在过度集聚现象，其产生的“拥挤效应”会对地区经济发展带来消极影响，交通基础设施所带来的经济效益也会有所降低，因而要对产业集聚过度地区进行合理的转移和分散，通过优化产业的空间布局来促进区域经济协调发展。

四、发挥技术创新溢出效应，促进区域创新协作共享

创新是引领经济发展的第一动力，在创新驱动不断提速、市场机制不断完善、创新活力日益增强的背景下，交通基础设施对创新资源要素流动的影响越发明显。交通基础设施建设有助于缩短知识信息的传播距离，扩大技术发达地区对技术落后地区之间的知识溢出效应，有效促进区域整体经济增长。因此，优化交通基础设施网络要重视技术创新的溢出机制，有效引导技术研发、创新资金、科技人员的空间流动和布局。首先，充分发挥地区技术创新比较优势，对于创新能力较为突出的地区，要积极利用交通基础设施，特别是注重高铁对创新人才和创新资本的引导作用，鼓励基础研发和重点技术攻关，通过打造区域性、综合性科学中心和区域性创新高地，使其变为区域技术创新的动力源和溢出源；对于创新能力较弱、创新环境有待提高的地区，应重点考虑如何借助交通基础设施增强来实现与技术创新集聚区联动发展，在技术转化和产业化方面集聚创新资源，形成区域创新空间梯度。其次，积极利用交通基础设施，特别是利用高铁对沿线地区技术创新资源转移的机遇，营造多样化、包容性的城市创新环境，打破发达地区产品和技术创新的空间分割程度，鼓励建设全国性、区域性、地方性技术创新中心，有效引导技术创新要素向欠发达地区梯度转移，提升技术研发和技术创新的空间平衡性。

五、构建现代综合交通体系，提高交通运输服务效能

推进综合运输服务发展和提质增效是现代综合交通运输体系建设的本质要求与根本目的。综合运输服务的发展方式要更加注重质量效益，在强调融入全国交通基础设施网络建设的同时，要更加重视城市跨区域连接和转换之间的交通建设，加快促进城市群、都市圈运输一体化发展。首先，加快构建多层次、高品质的旅客出行服务系统和全链条、一体化的货运物流服务系统，推动各种运输方式功能融合、运输结构进一步优化，提升交通网络运输经济效益。其次，发挥综合交通组合优势，持续深化陆、海、空交通基础设

施建设，推动铁水、公铁、空陆等联运发展，加强高铁快运、航空货运能力建设，深入推进多式联运示范工程建设，构建公、铁、水、空融合协同的多式联运网络。最后，注重交通高效衔接、辐射带动，提高交通运输效率。推动新建综合客运枢纽各种交通方式场站集中布局、空间共享、服务协同，加强不同交通方式之间的无缝衔接，全面提升交通基础设施服务于社会经济发展的能力，促进区域经济协调发展。

参考文献

[1] 卡尔·马克思．资本论（第一卷）[M]．北京：人民出版社，2004.

[2] 莱昂·瓦尔拉斯．纯粹经济学要义[M]．北京：商务印书馆，1989.

[3] 阿尔弗雷德·马歇尔．经济学原理[M]．北京：人民日报出版社，2009.

[4] 张翱，孙久文．数字经济、城市专业化格局与比较优势 [J]．科学学研究，2022（9）：1-14.

[5] 安虎森．空间经济学原理[M]．北京：经济科学出版社，2005.

[6] 安虎森．新经济地理学原理[M]．北京：经济科学出版社，2009.

[7] 安虎森．新区域经济学[M]．大连：东北财经大学出版社，2015.

[8] 白俊红，刘怡．市场整合是否有利于区域创新的空间收敛 [J]．财贸经济，2020，41（1）：96-109.

[9] 卞元超，吴利华，白俊红．高铁开通是否促进了区域创新？[J]．金融研究，2019（6）：132-149.

[10] 曹佳斌．城市交通可达性改善与制造业空间分布[J]．广东社会科学，2019（1）：35-45.

[11] 曾国安，苏诗琴．土地价格对城市综合杠杆率的影响及近邻空间溢出效应研究[J]．经济问题，2022（1）：9-19.

[12] 陈昊，陈海英，王柏皓．市民化能提高地方政府教育投入吗？——以户籍制度改革为例[J]．财经研究，2021，47（12）：79-92.

[13] 陈露，刘修岩．产业空间共聚与企业全要素生产率[J]．现代经济探讨，2021（10）：88-97.

[14] 陈晓佳，徐玮，安虎森．交通结构、市场规模与经济增长[J]．世界经济，2021，44（6）：72-96.

[15] 陈秀山，张可云．区域经济理论[M]．北京：商务印书馆，2003.

[16] 程名望，刘金典．中国劳动力省际转移特征及其影响因素——基于博弈论视角[J]．人口与经济，2019（2）：28-43.

[17] 戴琼瑶，刘家强，唐代盛．中国人力资本红利及空间效应研究[J]．人口研究，2021，45（5）：33–48.
[18] 邓国营，冯倩．住房价格对我国人口流动的影响[J]．财经科学，2020（2）：66–78.
[19] 邓翔，玉国华．金融结构转型与收入分配优化[J]．经济理论与经济管理，2020（9）：50–69.
[20] 邓翔，袁满，李双强．西部大开发二十年基础设施建设效果评估[J]．西南民族大学学报（人文社会科学版），2021，42（6）：141–151.
[21] 邓仲良，张可云．中国经济增长的空间分异为何存在？——一个空间经济学的解释[J]．经济研究，2020，55（4）：20–36.
[22] 董晓芳，刘逸凡．交通基础设施建设能带动县域经济发展么？——基于2004—2013年国家级高速公路建设和县级经济面板数据的分析[J]．南开经济研究，2018（4）：3–20.
[23] 董亚宁，顾芸，陈威，杨开忠．地方品质、劳动力区位与区域创新发展——基于新空间经济学理论[J]．西北人口，2020，41（4）：47–57.
[24] 董亚宁，顾芸，杨开忠，范博凯．公共服务、城市规模与人才区位——基于新空间经济学理论的分析[J]．科技进步与对策，2021，38（1）：132–139.
[25] 段德忠，杜德斌，谌颖，管明明．中国城市创新技术转移格局与影响因素[J]．地理学报，2018，73（4）：738–754.
[26] 付才辉．新结构经济学一般均衡理论初探[J]．武汉大学学报（哲学社会科学版），2018，71（6）：129–138.
[27] 高洪波．城乡融合视域中的城乡基本公共服务供给与创新——基于新技术变革逻辑[J]．人民论坛·学术前沿，2021（2）：74–83.
[28] 高鸿业．西方经济学（微观部分）[M]．北京：中国人民大学出版社，2018.
[29] 葛翔宇，黄永强，周艳丽．交通基础设施投资与经济增长——基于准自然实验的证据[J]．系统工程理论与实践，2019，39（4）：922–934.
[30] 顾芸，董亚宁．地方品质对异质性劳动力流动的影响——基于中国 CMDS 微观调查数据的分析[J]．财经科学，2021（11）：80–92.
[31] 郭广珍，刘瑞国，黄宗晔．交通基础设施影响消费的经济增长模型[J]．经济研究，2019，54（3）：166–180.
[32] 郭进，白俊红．高速铁路建设如何带动企业的创新发展——基于 Face-to-Face 理论的实证检验[J]．经济理论与经济管理，2019（5）：60–74.
[33] 郭丽燕，黄建忠，庄惠明．人力资本流动、高新技术产业集聚与经济增长[J]．南开

经济研究，2020（6）：163–180.
[34] 韩永辉，黄亮雄，王贤彬. 产业政策推动地方产业结构升级了吗？——基于发展型地方政府的理论解释与实证检验[J]. 经济研究，2017，52（8）：33–48.
[35] 何小钢，罗奇，陈锦玲. 高质量人力资本与中国城市产业结构升级——来自“高校扩招”的证据[J]. 经济评论，2020（4）：3–19.
[36] 何雄浪，王舒然. 贸易成本、技术溢出与产业空间均衡[J]. 产经评论，2020，11（4）：93–108.
[37] 何雄浪，姚雨霜. 人力资本流动、技术溢出与产业空间均衡——基于新经济地理学OTT 分析框架的模型拓展[J]. 经济学报，2022，9（3）：1–23.
[38] 何雄浪，叶连广. 技术溢出、环境污染与经济增长[J]. 南开经济研究，2022（1）：56–73.
[39] 何雄浪. 多要素流动、技术溢出与资本创造[J]. 西南民族大学学报（人文社会科学版），2020，41（2）：130–141.
[40] 贺勇，廖诺，张紫君. 我国省际人才集聚对经济增长的贡献测算[J]. 科研管理，2019，40（11）：247–256.
[41] 胡煜，李红昌. 交通枢纽对城市集聚经济的影响研究——基于中国地级市数据的实证研究[J]. 经济问题探索，2017（2）：76–83.
[42] 黄书雷，方行明，鲁玉秀，米军. 交通和信息基础设施对经济增长的影响机制、效应评估和路径优化研究[J]. 经济问题探索，2021（10）：100–111.
[43] 纪祥裕，顾乃华. 知识产权示范城市的设立会影响创新质量吗？[J]. 财经研究，2021，47（5）：49–63.
[44] 江三良，赵梦婵，程永生. 异质性人力资本集聚与产业结构升级——基于知识溢出匹配视角[J]. 经济经纬，2020，37（5）：81–89.
[45] 江艇，孙鲲鹏，聂辉华. 城市级别、全要素生产率和资源错配[J]. 管理世界，2018，34（3）：38–50+77+183.
[46] 金环，于立宏. 数字经济、城市创新与区域收敛[J]. 南方经济，2021（12）：21–36.
[47] 金培振，殷德生，金桩. 城市异质性、制度供给与创新质量[J]. 世界经济，2019，42（11）：99–123.
[48] 雷淑珍，王艳，高煜. 交通基础设施建设是否影响了区域创新[J]. 科技进步与对策，2021（9）：1–10.
[49] 李国平，孙瑀，朱婷. “十四五”时期优化我国经济空间结构的若干对策建议[J]. 改革，2020（8）：30–45.

[50] 李兰冰，阎丽，黄玖立．交通基础设施通达性与非中心城市制造业成长：市场势力、生产率及其配置效率[J]．经济研究，2019，54（12）：182–197.
[51] 李晓龙，冉光和．数字金融发展如何影响技术创新质量？[J]．现代经济探讨，2021（9）：69–77.
[52] 李勇辉，沈波澜，林森．生产性服务业集聚、空间溢出与城市技术创新——基于长江经济带 108 个城市面板数据的实证分析[J]．经济地理：2021（10）：1–17.
[53] 李在军，姜友雪，秦兴方．地方品质驱动新时期中国城市创新力时空演化[J]．地理科学，2020，40（11）：1812–1821.
[54] 梁琦，肖素萍，李梦欣.数字经济发展、空间外溢与区域创新质量提升——兼论市场化的门槛效应[J].上海经济研究，2021（9）：44–56.
[55] 逯进，李婷婷.产业结构升级、技术创新与绿色全要素生产率——基于异质性视角的研究[J].中国人口科学，2021（4）：86–97+128.
[56] 罗能生，孙利杰.交通发展对区域经济差距的影响[J].城市问题，2019（8）：51–60.
[57] 罗双成，刘建江，石大千，万佳乐.创新的高速路：高铁对制造业创新的影响[J].中国经济问题，2021（4）：172–187.
[58] 马光荣，程小萌，杨恩艳.交通基础设施如何促进资本流动——基于高铁开通和上市公司异地投资的研究[J].中国工业经济，2020（6）：5–23.
[59] 马红梅，郝美竹.中国高铁建设与沿线城市生产性服务业集聚：影响机制与实证检验[J].产业经济研究，2020（1）：99–113.
[60] 毛捷，黄春元.地方债务、区域差异与经济增长——基于中国地级市数据的验证[J].金融研究，2018（5）：1–19.
[61] 梅晓红，葛扬，康丽.城市政府行政效率对碳排放的影响——基于高铁和 NGO 的调节作用[J].软科学，2021（11）：1–10.
[62] 年猛.交通基础设施、经济增长与空间均等化——基于中国高速铁路的自然实验[J].财贸经济，2019，40（8）：146–161.
[63] 任宏，李振坤.中国三大城市群经济增长的影响因素及其空间效应[J].城市问题，2019（10）：63–68.
[64] 任晓红，王钰，但婷.高铁开通对中小城市经济增长的影响[J].城市问题，2020（1）：91–97.
[65] 施震凯，邵军，浦正宁.交通基础设施改善与生产率增长：来自铁路大提速的证据[J].世界经济，2018，41（6）：127–151.
[66] 张芷若，谷国锋.中国科技金融与区域经济发展的耦合关系研究[J].地理科学，2020，40（5）：751–759.

[67] 赵扶扬，陈斌开.土地的区域间配置与新发展格局——基于量化空间均衡的研究[J].中国工业经济，2021（8）：94–113.

[68] 赵涛，张智，梁上坤.数字经济、创业活跃度与高质量发展——来自中国城市的经验证据[J].管理世界，2020，36（10）：65–76.

[69] 赵曜，柯善咨.筛选效应、异质企业内生集聚与城市生产率[J].财贸经济，2017，38（3）：52–66.